Eva Pfanzelter
Option und Gedächtnis

Eva Pfanzelter

Option und Gedächtnis
Erinnerungsorte der Südtiroler Umsiedlung 1939

unter Mitarbeit von
Elisa Heinrich und Sabine Merler

Die Drucklegung erfolgte mit Unterstützung der Abteilung deutsche Kultur der Südtiroler Landesregierung, der Autonomen Region Trentino-Südtirol sowie der Abteilung Kultur der Tiroler Landesregierung.

 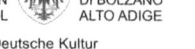 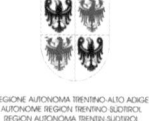 Gefördert von

© Edition Raetia, Bozen 2014

Grafisches Konzept: Dall'O & Freunde
Umschlag: Philipp Putzer, Farbfabrik, Percha
Druckvorstufe: Typoplus, Frangart
Korrektur: Ex Libris Genossenschaft, Bozen
Druck: Tezzele by Esperia

ISBN 978-88-7283- 507-4

Unseren Gesamtkatalog finden Sie unter www.raetia.com
Bei Fragen und Anregungen wenden Sie sich bitte an: info@raetia.com

Inhalt

Anstelle eines Vorworts: Über die Arbeit mit Zeitzeuginnen
und Zeitzeugen 7

Einleitung: Kollektives Gedächtnis und Erinnerungskultur............. 11

Die Option: Die Umsiedlung der deutschen Minderheit
in Südtirol 1939 15
    Vorgeschichte 15
    Wegbereitung 20
    Ablauf 25
    Folgen 35
    Fazit 41

25 Erinnerungsorte: Zeitzeuginnen und Zeitzeugen erzählen 47
    Generationen 50
    Schule 58
    Faschismus 66
    Kirche 74
    31. Dezember 1939 82
    Propaganda 90
    Heimat 98
    Gehen 104
    Zwischenstation Hotel Victoria 112
    Militärdienst 120
    Heimatfront 130
    Südtirolersiedlung 138
    Brenner 146
    Zurückkommen 154

Nationalsozialismus	164
Konflikt und Konsens	172
Sprache	180
Schweigen	188
1989	196
Musik	204
Ladiner	212
Fremdsein	220
Verfolgung	228
Italienerinnen und Italiener	238
Südtirolervereine	246
Anhang	**251**
Verzeichnis der Zeitzeuginnen und Zeitzeugen	251
Abbildungsverzeichnis	252
Verwendete und weiterführende Literatur	253

Anstelle eines Vorworts: Über die Arbeit mit Zeitzeuginnen und Zeitzeugen

Vor dem Schreiben steht immer die Informationsbeschaffung. In diesem Fall bestand diese neben der klassischen Analyse wissenschaftlicher Literatur aus der Sammlung von Interviews mit Zeitzeuginnen und Zeitzeugen. Die Rolle der Zeitzeugenschaft in der Historiografie ist seit Jahrzehnten unbestritten, wenn auch ihre Einordnung und Relevanz kulturellen und gesellschaftlichen Vorlieben unterliegt. So sind die langfristigen psychologischen Folgen traumatischer Erlebnisse und ihre Tradierung im Familienkreis mittlerweile gut erforscht. Die Geschichtswissenschaften beschäftigen sich seit dem Paradigmenwechsel in den 1970er-Jahren mit *Oral History* und legen dabei auf das komplexe Verhältnis von Zeitzeuginnen und Zeitzeugen zu historischen Ereignissen besonderes Augenmerk. In einem Projekt wie dem vorliegenden ist der Gruppe der Befragten gemein, dass sie die Option von 1939 als gemeinsamen Erfahrungsraum haben. In den Gesprächen werden daher ähnliche Muster und Typen erkennbar, die über Generationen weitergegeben werden und somit Teil des kulturellen Gedächtnisses sind.
Die Resonanz auf die Suche nach Gesprächspartnerinnen und Gesprächspartnern für dieses Forschungsprojekt war unerwartet hoch. Auch sprachen die Menschen ausführlich über ihre damaligen Erlebnisse: Die Gespräche dauerten alle über eine Stunde, einige sogar mehrere Stunden. Weiteres Merkmal der Gespräche war, dass die Zeitzeuginnen und Zeitzeugen trotz der durch die Zeit eingetretenen neutralisierten Distanz emotional erzählten: Oft mussten die Gesprächspartner Sätze neu beginnen, fanden keine Worte für das, was sie sagen wollten, überdeckten lachend traumatische Erlebnisse, sangen längst vergessen geglaubte, einmal eingedrillte nationalsozialistische und faschistische Lieder in die Kamera, die Stimme brach, manche weinten. Diese Intensität zeugt bis heute davon, dass viele Menschen die Option als Trauma erlebten und dass dieses Erlebnis für manche Familiengeschichte zum Lebensthema wurde. Das Sprechen über die NS-Zeit hingegen folgte überwiegend jenen Sprachfiguren, die die eigene Beteiligung und die Verwicklung der unmittelbaren Nachbarschaft bagatellisieren und die eigene Opferrolle unterstreichen bzw. das Verständnis für die

eigenen Verhaltensweisen auf diese Opferrolle reduzieren. Die Erinnerungen werden daher auch anekdotenhaft, in Form von kurzen Geschichten erzählt. Das Sprechen über tatsächliche Opfer wie etwa die Juden erschöpfte sich häufig in Andeutungen. Stereotype Bilder wie etwa jenes vom „reichen Juden", „barbarischen Russen", „guten Amerikaner", „autoritären Italiener" und „unterdrückten Deutschen" bilden den Bezugsrahmen, innerhalb dessen die Geschichten erzählt und gedeutet werden können. Gerade in diesen stereotypen Bildern und sich kaum ändernden Deutungsmustern, zum Beispiel wenn es darum geht, von den Gräueltaten in den deutschen Konzentrationslagern erst nach 1945 erfahren zu haben, zeigt sich, wie resistent Erinnerung gegen Veränderung ist.[1]

Der Umstand, dass die Interviews auf Video aufgezeichnet wurden und die Gesprächspartner sich deswegen nicht allein auf das Gesagte, sondern auch auf das Gesehenwerden konzentrierten, beeinflusste die Stimmung zwischen den Interviewpartnern zusätzlich. In der Forschungspraxis beschäftigen sich Historikerinnen und Historiker nur in einem ersten Arbeitsschritt mit den Videoaufzeichnungen. Danach werden die Gespräche transkribiert, also niedergeschrieben. Bei diesen Transkriptionen kommt es schon allein deswegen zu Verfälschungen, weil Gestik und Mimik oder etwa Pausen und Stimmungsschwankungen nur unzulänglich festgehalten werden können. Die damit einhergehenden Probleme der ungenauen Darstellung sind dem Forschungsteam bewusst und erfordern daher besondere Sensibilität bei der Auswertung sowie der Wiedergabe der Gespräche.

Die vorliegenden Texte basieren auf transkribierten Interviews, welche von der Projektgruppe bestehend aus Eva Pfanzelter, Elisa Heinrich und Sabine Merler unter Mithilfe von Hansjörg Stecher zwischen Juli 2013 und August 2014 geführt wurden. Als Kommunikationssprache wurde bewusst der Südtiroler Dialekt gewählt, um die Menschen in ihrer ursprünglichsten Art erzählen zu lassen. Dadurch ergaben sich bei der Transkription der Gespräche neben den oben genannten Verfälschungen auch durch die Umschreibung in die Hochsprache Entstellungen, die allenfalls durch eine phonetische Transkription zu vermeiden wären, was jedoch nicht zielführend erschien. Eine typische Mitschrift eines in die Hochsprache übersetzten Interviewausschnittes sah wie folgendes Beispiel aus:

„Also ich weiß dann – haben wir müssen die Uniform für die Balilla, nicht wahr, also Jungfaschisten: Jetzt wir haben – wir Bauernkinder, wir haben [zeigt mit den Händen] diese fünf Lire [für die tessera] nie gekriegt. [längere Pause] Weil die haben ja kein Geld gehabt – wir haben zu essen gehabt und Ding, da haben

die Weiberleute, die Bäuerinnen, die haben halt diese Eier, die sie verkauft haben und ein paar Kleinigkeiten – das war das Bargeld! Da diese fünf Lire – das war immerhin ein ziemliches ... ein ziemlicher Betrag, fünf Lire! Die hat sie nicht nicht geben wollen, aber sie hat sie nicht gehabt, nicht wahr! Und da hat man keine Uniform gekriegt! [lacht] (Paul Thöni)

Eine solche Transkription ist für die wissenschaftliche Nutzung notwendig, doch war schnell klar, dass die Gespräche für den vorliegenden Band in flüssigerer Form wiedergegeben werden müssen, um sie auch lesbar zu machen. In die Texte wurde so wenig wie möglich eingegriffen, der Duktus und die Unmittelbarkeit der gesprochenen Sprache beibehalten. Um die Lesbarkeit zu erleichtern, wurden Wiederholungen und Redundanzen stillschweigend getilgt. Stilistische und grammatikalische Eingriffe, Umstellungen und fallweise Ergänzungen wurden ebenfalls stillschweigend vorgenommen. In Einzelfällen musste stärker eingegriffen, an manchen Stellen konnte der Text nur sinngemäß wiedergegeben werden. Manchmal wurde auch die Reihenfolge der Erzählungen verändert, um den Sinn und die Zusammenhänge zu erhalten. Gestik, Mimik und Pausen sind gänzlich aus den Texten getilgt worden. An manchen Stellen haben wir jedoch Stammeleien, unvollständige Sätze und Pausen (in Form von drei Punkten „...") beibehalten, vor allem wenn es darum geht, zu zeigen, wie die Menschen nach Worten ringen. Manchmal erzählten die Gesprächspartnerinnen und Gesprächspartner auch von Ereignissen oder machten Wertungen, die nicht korrekt sind oder mit deren Inhalt wir uns nicht identifizieren. Die Aufnahme in den Text erschien uns jedoch wichtig, da diese Passagen vom Überleben und der Tradierung ideologischer Muster und Denkweisen zeugen. Diese Stellen haben wir mit einem [sic!] gekennzeichnet. Ebenso sind Richtigstellungen und Erläuterungen in eckigen Klammern gesetzt.

Das oben zitierte Interview des Zeitzeugen Paul Thöni liest sich nach den beschriebenen Eingriffen so:

„Wir mussten die Uniform der Balilla, also der Jungfaschisten, tragen, aber wir Bauernkinder haben die fünf Lire für die tessera, *also diesen Mitgliedsausweis nie gekriegt. Wir haben ja kein Geld gehabt. Die Bäuerinnen haben damals Eier und ein paar Kleinigkeiten verkauft – das war das einzige Bargeld! Fünf Lire war ein ziemlicher Betrag, die hat mir meine Mutter nicht geben wollen, oder sie hat sie nicht gehabt. Und so hab ich keine Uniform gekriegt!*

Trotz dieser Eingriffe legten wir besonderen Wert auf die sinngemäß korrekte Wiedergabe der Gespräche in geschriebener Form. Sollten hier falsche Interpretationen geschehen sein, so waren sie nicht beabsichtigt. Es geht in den Texten

auch nie um Schuldzuweisungen, sondern um das Aufzeigen von kollektiven Gedächtnismustern und tradierten Erinnerungen mit dem hauptsächlichen Ziel, jüngeren Generationen die Zwischenkriegs- und Kriegszeit in Südtirol noch einmal anhand der Erfahrungen ihrer Vorfahren näherzubringen. Dafür, dass so viele Menschen bereit waren, ihre Erlebnisse und Erinnerungen mit uns zu teilen, und für das Vertrauen, das sie uns für die Nutzung ihrer sehr persönlichen Berichte entgegenbrachten, möchten wir uns nachdrücklich bedanken.
Einen persönlichen Dank möchte ich dem Projektteam aussprechen: Elisa Heinrich und Sabine Merler haben mit großem persönlichem Einsatz und emotionalem Engagement von Anfang an die Interviews mit den Zeitzeuginnen und Zeitzeugen vorbereitet und durchgeführt. Unterstützt wurden sie dabei im Vinschgau von Hansjörg Stecher und vom Kamerateam der Vereinigten Bühnen Bozen. Darüber hinaus haben die drei Projektmitarbeiterinnen und -mitarbeiter zusammen mit Julia Tapfer und Sophie Ellensohn in stundenlanger akribischer Arbeit die Gespräche transkribiert und für die Publikation vorbereitet. Dieser Dauereinsatz und ihre anhaltende leidenschaftliche Mitarbeit verdienen besondere Wertschätzung. Dem Verlag Edition Raetia und besonders Thomas Kager gilt meine Dankbarkeit, da er weit über die normalen Verpflichtungen hinaus das Projekt bis zum Abschluss überaus professionell und freundschaftlich betreut hat. Nicht zuletzt möchte ich Gerlinde Egger meine Anerkennung für ihre unermüdliche Geduld beim Lektorieren der Texte aussprechen. Last, but not least sind Dankesworte an die Geldgeber für die Realisierung dieses Projektes angebracht: Der Jubiläumsfonds der Österreichischen Nationalbank ermöglichte mit seiner Unterstützung dieses Forschungsprojekt (Projektnummer 15268) zur Erinnerungsgeschichte an die Südtiroler Option. Die Kulturabteilung der Südtiroler Landesregierung, die Kulturabteilung des Landes Tirol und die Autonome Region Trentino-Südtirol förderten die Publikation des vorliegenden Bandes.

Eva Pfanzelter

Einleitung: Kollektives Gedächtnis und Erinnerungskultur

Wer sich mit der Südtiroler Erinnerungskultur[2] beschäftigt, stellt fest, dass die heimische Geschichtsschreibung spät in das „Zeitalter des Gedenkens"[3], wie der französische Historiker Etienne François die letzten 30 Jahre nennt, eingestiegen ist. Mittlerweile befasst sich die historische Zunft aber auch hierzulande zunehmend mit dem Begriffspaar „Geschichte und Erinnerung", nicht zuletzt angetrieben durch in den Medien thematisierte „Erinnerungskriege", die sich vor allem an den Denkmälern des Faschismus entfachen. Diese aus Stein gemeißelten Relikte der Diktatur Benito Mussolinis stehen dabei den „Denkmalbauten" der Autonomie-Ära in Form der neun Südtiroler Landesmuseen gegenüber. Letztere werden als Ausdruck der Südtiroler Identität aller drei Sprachgruppen gewertet und erfüllen somit eine wertvolle kulturpolitische, nahezu „staatenbildende"[4] Funktion, indem sie regionale Vielfältigkeit und Besonderheit dokumentieren sowie die Vitalität und Eigenständigkeit der Region zur Schau stellen.

Das Bewusstsein für die identitätsstiftende Wirkung historischer Erinnerung gedeiht im regionalgeschichtlichen Kontext hervorragend. Erst das Primat der Erinnerung zeigte aber andererseits, wie sehr sich das kollektive Gedächtnis der deutsch- bzw. ladinischsprachigen[5] von jenem der italienischsprachigen Südtirolerinnen und Südtiroler unterscheidet. Für die Erinnerung des deutschsprachigen Südtirols kann die Herausbildung einer eigenen Geschichtsschreibung festgestellt werden. Georg Grote, Lehrender an der School of Languages and Literatur in Dublin, bezeichnet sie in Ermangelung passenderer Begrifflichkeiten als „Nationalhistoriografie Südtirols"[6]. Was jedoch kennzeichnet diese spezifische Geschichtskultur der deutschsprachigen Minderheit? Welche Kristallisationspunkte historischer Ereignisse – im Fachjargon „Erinnerungsorte" genannt – lassen sich im subjektiven und im kollektiven Gedächtnis der Südtirolerinnen und Südtiroler heute ausmachen?

„Erinnerungslandschaften", „Erinnerungsorte" oder „Lieux de mémoire", wie der ursprüngliche Begriff des französischen Kulturwissenschaftlers Pierre Nora lautet, bezeichnen dabei nicht allein Ortschaften, Landschaften und Gebäude oder Denkmale. Es geht vielmehr darum, jene Kristallisationspunkte im kollektiven Gedächtnis einer sozialen Gruppe zu identifizieren, die eine symbolische Bedeutung und damit identitätsstiftende Funktion haben. Erinnerungsorte können somit sehr wohl Orte, Häuser und Monumente sein, aber auch Personen, Kunstwerke, mythische Gestalten, Ereignisse, Institutionen oder Begriffe. Im kollektiven Gedächtnis der deutschsprachigen Südtirolerinnen und Südtiroler ist die Umsiedlung von 1939, die Option, bis heute einer der zentralen, identitätsstiftenden „Orte". In ihr spiegelt sich Südtirols Opferthese: Diese legitimiert eine „separate Identität", die sich durch das eigene Leiden, für das Italien als Nation und der Faschismus als Regime verantwortlich gemacht werden, definiert.[7]

Doch trotz seiner zentralen Stellung gibt es weder bei den faschistischen Relikten noch in den Südtiroler Landesmuseen oder an anderen Erinnerungsorten eine ausprägte Denkmalkultur für die Umsiedlung von 1939. Im Gegenteil, die Option als identitätsstiftender Kristallisationspunkt ist im öffentlichen Raum wenig sichtbar: Im Bergfried von Schloss Tirol, dem Südtiroler Landesmuseum für Kultur- und Landesgeschichte, fand sich bis Juli 2014 die einzige museale Darstellung der Optionszeit[8]. Seit Juli dieses Jahres wird die Zeit der Faschismen in der umfassenden Dauerausstellung „BZ '18–'45. Ein Denkmal, eine Stadt, zwei Diktaturen" in der Krypta des Siegesdenkmals in Bozen – und hier besonders in den Räumen 10 und 11 – ausführlich thematisiert. In Nordtirol ist das Thema etwas verschleiert durch den sogenannten „Optionskoffer" am „Schauplatz Tirol" im Tirol Panorama[9] in Innsbruck zu entdecken. Im Garten der Schutzengelkirche im Innsbrucker Stadtteil Pradl findet man einen Gedenkstein zur Umsiedlung, in Jenbach sowie Wörgl gibt es Gedenktafeln. Daneben sind vor allem an bereits durch moderne Bauten ersetzten oder noch vorhandenen Südtirolersiedlungen Hinweise auf die Option der Südtiroler Bevölkerung zu finden.

An der Feststellung, dass die Option ungeachtet ihres hohen Stellenwertes in der Erinnerungskultur des deutschsprachigen Südtirols im öffentlichen Raum verhältnismäßig wenig sichtbar ist, setzt das am Institut für Zeitgeschichte der Universität Innsbruck angesiedelte und vom Jubiläumsfond der Österreichischen Nationalbank finanzierte Projekt „Die Südtiroler Option 1939: Rezeption, Erinnerungs- und Erfahrungsgeschichte(n), museale Darstellung"[10] an. Der Fokus liegt auf der Erinnerungskultur, weil diese das Verhältnis einer Gruppe von Menschen zur eigenen Vergangenheit untersucht. Es geht also nicht einzig um wissenschaftliche Analysen zu einem historischen Ereignis, sondern um eine Untersuchung unterschiedlicher Schichten und Prozesse historischen Bewusstseins: Die Aufmerksamkeit wird auf die Akteurinnen und Akteure der Ereignisse selbst, auf die Medien als Verteilungsinstitutionen, auf die Repräsentationen im öffentlichen Raum und die kreative Rezeption seitens der Gesellschaft gerichtet. Für jede und jeden Einzelnen ist es nicht direkt möglich, Zugang zur

Vergangenheit zu erhalten. Um sich der Vergangenheit zu nähern, muss sie
repräsentiert und in kreativer Weise zusammenfassend dargestellt werden. Das
Wissen um vergangene Ereignisse und dessen Nutzung in der Gegenwart ist
daher immer Interpretation von Geschichte. Das historische Bewusstsein von
Menschen (und damit einhergehende Identitätskonstrukte) entsteht also durch
Kommunikation und sozialen Austausch im Rahmen des öffentlichen Umgangs
mit der Vergangenheit, es entsteht eben im Rahmen der Erinnerungskultur.[11]

Um den dadurch im kollektiven Gedächtnis vorhandenen Erinnerungsorten der
Umsiedlung von 1939 näherzukommen, ging es im Rahmen unseres Projektes
darum, ein weiteres und – 75 Jahre nach den Ereignissen – vermutlich wohl ein
letztes Mal Gespräche mit Zeitzeuginnen und Zeitzeugen der Option der ersten
Generation zu führen. Zu einem weit geringeren Teil sprachen wir mit jenen der
zweiten Generation sowie mit Historikerinnen und Historikern. Seit Mai 2013
wurden so rund 70 Interviews hauptsächlich in Süd- und Nordtirol aufgezeichnet. Ein Teil davon entstand in konstruktiver Zusammenarbeit mit einem Kamerateam der Vereinigten Bühnen Bozen unter der Leitung von Regisseur Alexander Kratzer, der zeitgleich Recherchen für eine Theaterproduktion im Februar
2014 durchführte.[12] Die auf Video aufgezeichneten Gespräche werden ab 2015
im Amt für Film und Medien in der Abteilung Deutsche Kultur in Bozen einer
breiten Öffentlichkeit zur Verfügung stehen – und damit einen Erinnerungsort
an die Option in Form eines Videoarchivs darstellen.

Das Projektteam befragte Menschen der Geburtsjahrgänge 1913 bis 1936 (und
einzelne der Jahrgänge 1937 bis 1962) nach ihren Lebensgeschichten und
Erfahrungen vor, während und nach der Umsiedlung. Hinzu kamen Gespräche
mit der Historikerin Martha Verdorfer und dem Historiker Leopold Steurer, die
vor allem zu den Jahren der Aufarbeitung der Optionsereignisse, den 1980er-
Jahren, befragt wurden. Grundsätzlich aber lag der Fokus auf den Erinnerungen an die Option. Da die Rekonstruktion der Ereignisse mittlerweile als weitgehend abgeschlossen gelten kann, ging es also viel weniger um das Sammeln
von historischen Fakten und Einzelheiten. Das Projektteam versuchte vielmehr
herauszufinden, welche Erinnerungsorte der Option im kollektiven Gedächtnis
zu finden sind.

Die Erinnerungsorte in diesem Band, der als Lesebuch zur Option verstanden
werden will, sind daher nicht immer identisch mit den Kristallisationspunkten,
wie sie in den Geschichtswissenschaften schon reflektiert wurden.[13] Sie spiegeln
jedoch die Erinnerungen der Zeitzeuginnen und Zeitzeugen im Lande. Nach einer
umfassenden qualitativen Analyse der Gesprächsprotokolle von 180 Stunden

Videomaterial fiel uns die Reduktion auf 25 „Orte" nicht leicht, denn immerhin musste dem Projektteam aus 697 in den Interviews identifizierten Symbolen, 39 Begriffsnetzen und 17 Themenfamilien eine sinnvolle und nachvollziehbare Synthese gelingen. Das Resultat stellt daher in vielerlei Hinsicht einen Kompromiss dar: Die hier genannten und beschriebenen Erinnerungsorte stehen als Synonym für zahlreiche andere Namen, Ortschaften, Themen, Daten, Personen und Begriffe, die in Summe die Erinnerung der Menschen in Südtirol an die Umsiedlung von 1939 ausmachen.

Diese Erinnerungsorte an die Option sind nicht durch sichtbare Denkmale im öffentlichen Raum offengelegt. Man findet sie allenfalls im Kontext der zeithistorischen Ausstellungen. Dafür mag es zahlreiche Gründe geben, die nicht zuletzt auch mit der ambivalenten Haltung zu den Diktaturen der Zwischenkriegs- und Kriegszeit zu tun haben. Denn mit öffentlichen Mahnmalen an die Option ginge zwangsläufig eine permanente Auseinandersetzung mit der eigenen faschistischen und nationalsozialistischen Vergangenheit – der Täterschaft aller drei Sprachgruppen – einher. Eine solche Auseinandersetzung bedeutet – wie es der deutsche Althistoriker Christian Meier fordert – „Arbeit an der Vergangenheit, die es mit dem Gros, nicht nur mit den Hauptschuldigen zu tun hat". Eine Vergangenheitsbewältigung dieser Art sei freilich mutig, aber auch „verteufelt schwierig, nicht nur, weil sie Selbstkritik bedeutet".[14] Viel einfacher ist es, auf das eigene vermeintliche Heldentum, das eigene Märtyrertum und – im Falle Südtirols – auf die braune respektive schwarze Vergangenheit des jeweils anderen zu zeigen. Dabei scheint vor allem in Hinsicht auf die Option der Weg zu einer öffentlichen Auseinandersetzung mit dem Verhalten aller involvierten Gruppen nicht mehr weit: Es geht nicht um eine Abrechnung mit den Schuldigen, denn „diese ist – fast – erledigt"[15] wie es Christian Meier für die Aufarbeitung in Deutschland formuliert und wie es auch für Südtirol gilt. Es geht vielmehr darum, dass ganze Gesellschaften sich das Ausmaß ihres eigenen Handelns verdeutlichen. Denn nur dadurch sei garantiert, dass jede und jeder weiß, dem Schiedsspruch der Zukunft zu unterliegen. Und dieses Wissen kann Maßstab gegenwärtigen Handelns sein. Wie Imre Kertész in seiner einzigartigen Holocaust-Darstellung meint: „Es gehe nicht um Schuld, sondern nur darum, dass man etwas einsehen müsse, schlicht und einfach, allein dem Verstand zuliebe, des Anstandes wegen, sozusagen."[16]

Die Option: Die Umsiedlung der deutschen Minderheit in Südtirol 1939

Im Folgenden geht es um eine kurze Darstellung der historisch gesicherten Fakten und Ereignisse, die für ein Verständnis der Zeit unablässig sind und die Einordnung der Erinnerung der Zeitzeuginnen und Zeitzeugen erleichtern sollen.[17]

Vorgeschichte

Integration in den italienischen Staat

Das Südtirolproblem besteht seit dem Ersten Weltkrieg. Italien hatte sich in den Londoner Geheimverträgen von 1915 unter anderem Triest, das Trentino und Südtirol bis zum Brenner als Kriegsbeute für den Kampf an der Seite der Alliierten gesichert. Der Kriegseintritt Italiens im Mai 1915 besiegelte damit im Grunde die Teilung der K.-u.-k.-Monarchie im Tiroler-Trentiner Grenzgebiet. Als im Friedensvertrag von Saint Germain Südtirol 1919 ohne Sonderbestimmungen zu Italien kam, bedeutete dies nicht nur die Errichtung einer neuen Grenze am Brenner: Das bis dahin mehrheitlich deutschsprachige Südtirol musste sich von Grund auf neu orientieren und organisieren. Die deutschsprachigen Parteien in Südtirol schlossen sich ungeachtet ihrer bisherigen Parteiorientierung zum Deutschen Verband (DV) zusammen, um gemeinsam besser für die Belange der deutschsprachigen Minderheit in Italien eintreten zu können. Wirtschaftlich musste eine Umorientierung von Norden bzw. Osten in Richtung Süden erfolgen. Auch sprachlich waren die Deutschsprachigen unvermittelt eine Minderheit, die einer italienischen Mehrheit auf gesamtstaatlicher Ebene gegenüberstand.

Erschwerend kamen historische Erbschaften zum Tragen: Bereits vor dem Ersten Weltkrieg hatte es einen Tiroler Nationalismus, der nur zum Teil als Reaktion auf den italienischen bzw. Trentiner Irredentismus verstanden werden kann, gegeben. Die zunehmenden irredentistischen Forderungen territorialer Art im Trentino hatten als Gegenpart eine breite deutschtümelnde Anhängerschaft einer großdeutschen Gesamtlösung und eines großdeutschen Nationalismus, vor allem propagiert in Schützen-, Gesangs-, Turn- und Alpenvereinen. Assimilierungsreden österreichischer bzw. deutscher Art mit Vorschlägen für Eindeutschungsmaßnahmen des Trentino waren in diesen Vereinigungen keine Seltenheit gewesen. Auf der anderen Seite hatte besonders der Trentiner Irredentismus antiösterreichische bzw. antideutsche Formen angenommen, die auf eine radikale Italienisierung des Gebietes südlich des Alpenhauptkammes abzielten. Als folgenschwer müssen die Weltkriegsjahre, in denen es in Tirol seit dem Frontwechsel 1915 eine radikale antiitalienische Kriegshetze und Propaganda gegeben hatte, gesehen werden. Dazu kam für die deutschsprachige Minderheit, dass sie sich als unbesiegter Verlierer wähnte, hatte doch kein italienischer Soldat während des Krieges Südtiroler Boden betreten und trotzdem gebärdete sich Italien als Eroberer.[18]

Unter diesen Vorzeichen waren selbst die ersten, relativ liberalen Jahre im italienischen Staatsgefüge schwierig, zumal der gesamte Verwaltungsapparat von den italienischen Behörden übernommen und neu organisiert wurde. Dies bedeutete unter anderem die Ausweisung von rund 10.000 Bahnangestellten, Post- und Gerichtsbeamten, die von Berufs wegen in Südtirol waren, jedoch den sogenannten Heimatschein für andere Teile des Habsburgerreiches besaßen. Diese Auswanderung wird oft auch die „erste Option" genannt. Die Umstellung brachte außerdem finanziell schwere Verluste vor allem für Kleinsparer mit sich und destabilisierte die Wirtschaft insgesamt, weil der wirtschaftliche Austausch bisher vorwiegend mit anderen Teilen der K.-u.-k.-Monarchie geschehen war. Dennoch besserte sich die wirtschaftliche Situation in Südtirol wesentlich schneller als in anderen Gebieten der ehemaligen Habsburgermonarchie.

Südtirol kam als „Alto Adige" in der Zivilverwaltung zum „Generalkommissariat für die Venezia Tridentina". Kommissar Luigi Credaro betrieb zeitweise eine als minderheitenfreundlich geltende Politik, die sich jedoch zunehmend am zentralistischen Kurs der Regierung in Rom orientierte. Bald gehörten diese ersten zögerlichen Autonomieverhandlungen und Versuche eines Zusammenlebens aber der Vergangenheit an: Anlässlich der Eröffnung der Bozner Mustermesse am 24. April 1921 überfielen „Schwarzhemden", so der Name der faschistischen Schlägertruppen, aus dem Süden einen Trachtenumzug. Der Marlinger Lehrer Franz Innerhofer wurde dabei getötet, es gab mehrere Verletzte. Vom 1. bis 2. Oktober 1922 veranstalteten faschistische Schlägertrupps, wie in einem Probelauf für Rom, einen „Marsch auf Bozen" und setzten Julius Perathoner als Bürgermeister von Bozen ab.[19]

Die Aktion gab einen Vorgeschmack auf die künftige Behandlung der deutschsprachigen Minderheit, wie sie nach dem „Marsch auf Rom" am 28. Oktober

1922 an der Tagesordnung stand: Ziel des Faschismus war eine Italianisierung, Assimilierung und Entnationalisierung der *allogeni*, der Fremdstämmigen, in der nördlichsten Provinz des Landes. Diese sollte schließlich in zwei Phasen erfolgen: der Italianisierung und Faschisierung bis in die zweite Hälfte der 1920er-Jahre und, als diese nicht erfolgreich war, der Majorisierung und symbolischen Landnahme im Rahmen der *conquista del suolo*, also der „Eroberung des Bodens", ab den späten 1920ern.

Assimilierung

Aufbauend auf einen 32 Punkte umfassenden Maßnahmenkatalog zur Entnationalisierung der Deutschsprachigen, verfasst und verkündet vom Trentiner Irredentisten und glühenden Nationalisten Ettore Tolomei im Frühjahr 1923, ging es im ersten Jahrzehnt der faschistischen Diktatur um eine Italianisierung und besonders auch um eine Faschisierung des Gebietes. Hauptangriffsziele der Maßnahmen waren in Südtirol die deutsche Sprache und Kultur. Als erstes veranlassten faschistische Direktiven die Ersetzung der deutschen Ortsnamen durch italienische, die Auflösung von Vereinen und in den Schulen die sukzessive Ablösung der deutschen Sprache durch die italienische. In der Verwaltung und vor Gericht war als Amtssprache dann nur mehr Italienisch erlaubt. Ab 1925 erfolgte ein Verbot der deutschen Presse, die Gemeindeautonomie wurde abgeschafft und italienische *Podestà* anstelle der Bürgermeister eingesetzt. Sogar der Name Tirol und Varianten davon wurden verboten. Zur Gleichschaltung der Bevölkerung errichteten die Faschisten auch in Südtirol ein enges Netz an Vereinsstrukturen und -einrichtungen. Wie im restlichen Italien lockten sie darüber hinaus die Südtirolerinnen und Südtiroler mit Vergünstigungen, Gratisausspeisungen und Schuluniformen in die faschistischen Jugend-, Frauen-, Freizeit- und Sportorganisationen.[20]

Majorisierung

Der Faschismus setzte zudem auf die symbolische Kraft von Denkmälern und Bauten. Besonders in den Grenzregionen ging es darum, die Präsenz des Faschismus nach außen hin sichtbar zu machen. In den 1920er-Jahren entstanden monumentale Beinhäuser in Gossensaß im Eisacktal, Innichen im Pustertal und Burgeis im Vinschgau. Durch willkürliche historische Verzerrung wurden hier gefallene italienische Soldaten beigesetzt, die 80 Kilometer weiter südlich an der Front gefallen waren. Die faschistischen Behörden zielten zudem auf die steinernen Relikte der K.-u.-k.-Monarchie: Bereits 1926 legte die römische Bürokratie den Grundstein für das Siegesdenkmal, das an die Stelle des halb errichteten Kaiserjägerdenkmals für die Gefallenen des Ersten Weltkrieges kam. 1928 wurde es fertiggestellt und pompös eingeweiht. 1933 wurde der Laurinbrunnen zerstört, das Walther-von-der-Vogelweide-Denkmal 1935 vom Waltherplatz entfernt und im entlegenen Roseggerpark aufgestellt, in Meran und Bruneck wurden in den späten 1930er-Jahren Alpini-Denkmäler errichtet und in Waidbruck ein Reiterstandbild geschaffen, welches ob seiner Ähnlichkeit mit dem Faschistenführer umgangssprachlich „Aluminium-Duce" genannte wurde. Das Sparkassengebäude und das Stadtmuseum in Bozen wurden architektonisch geschliffen, um die als deutsch bzw. tirolerisch geltenden Stilelemente zu eliminieren.[21]

Zur Majorisierungspolitik zählten auch die Modernisierungsbestrebungen mittels forcierter Industrialisierung durch die Errichtung einer Industriezone in Bozen, einer Ammoniakfabrik bei Sinich sowie Kraftwerkbauten wie etwa auf der Töll, in Pfitsch, Kardaun und Barbian. Im Zuge dieser Industrialisierungsmaßnahmen kam es zu einem massiven Zuzug von italienischen Arbeiterinnen und Arbeitern – auch das war Teil des Majorisierungskalküls: Weil die Italianisierung bzw. Entnationalisierung nicht wirklich erfolgreich verlaufen war, versuchten die Faschisten es nun mit einer massiven Ansiedlung von Menschen aus dem Süden, die ab Mitte der 1930er-Jahre tatsächlich zu Tausenden in die neue Provinz kamen. Meist stammten sie aus den Hauptsitzen der in Südtirol angesiedelten Industrie und vor allem aus den ärmlichen, übervölkerten Gebieten um Padua und Venedig. Wenige hatten eine Ausbildung und viele wanderten wegen existenzbedrohender Armut nicht zum ersten Mal aus. Die meisten konnten nicht als fanatische Parteigänger bezeichnet werden. Im Gegenteil, oft hatte sie die Weigerung zum Parteieintritt in jene Notlage gebracht, die ihnen nicht viele Möglichkeiten außer der Abwanderung in den Norden offen ließ. In Südtirol brauchte es kein Parteibuch. Wichtiger war Kinderreichtum. Für die zuwandernden Italienerinnen und Italiener wurde ein Bauprogramm initiiert. Dadurch entstanden in der Nähe der Bozner Industriezone wie etwa in Neugries, heute Don Bosco, neue Arbeiterwohnviertel, die ausschließlich italienischsprachige Arbeiterfamilien beherbergten. Diese *Semiruali*, das heißt „halbländlichen" Gebäude für zwei bis vier Familien mit einem großen Gemüsegarten waren dem Geburtshaus von Benito Mussolini nachempfunden.[22]

Daneben erhielt in den 1930er-Jahren die *conquista del suolo* im Zuge der Wirtschaftskrise neuen Aufwind. Die zum Zweck der Übernahme versteigerter Höfe in Südtirol und in Friaul ins Leben gerufene *Ente di Rinascita Agraria per le Tre Venezie* (ERA) versuchte italienische besitzlose Bauern als Pächter auf die ersteigerten Höfe zu bringen. Doch trotz ständig ausgeweiteter Kompetenzen scheiterte diese Landnahme teils daran, dass es den Deutschsprachigen dank finanzieller Unterstützung aus dem Deutschen Reich gelang, die Krisenjahre halbwegs schadlos zu überstehen. Teils war es für die meist aus armen Gegenden stammenden Bauern schwer, sich den Bedingungen der Berg- und Almwirtschaft anzupassen. Das führte dazu, dass sie sich entweder relativ schnell integrierten oder aber die harte Berglandwirtschaft wieder aufgaben und in ihre Heimatdörfer zurückkehrten.

Reaktionen der deutschsprachigen Minderheit

Der Reaktions- bzw. Aktionsradius der Deutschsprachigen in Südtirol auf Assimilierung und Majorisierung war begrenzt und verlief zwischen Anpassung, Boykott und fallweisem Widerstand. Hatte das Trachtenwesen und Tiroler Brauchtum vor allem in den ersten Jahren der italienischen Herrschaft eine bis dahin ungekannte Blüte erlebt, so wurden die weißen Stutzen und das Edelweiß im Laufe der 1920er-Jahre Symbole des Widerstandes. Ausgeschlossen aus öffentlicher Verwaltung und Partizipation gab es bald nur noch die „Rückzugsheimat" als Ort der Identifikation: Diese befand sich vornehmlich im Privaten und in der Natur, die in diesem Moment zu einem Element des „Deutschseins" – im Gegensatz zum „Italienischsein" in der Stadt – wurde.

Die deutschsprachige Presse war ab 1922 sukzessive verboten worden, einzig einige Zeitungen des Verlagshauses Vogelweider konnten dank kirchlicher Intervention weiterhin erscheinen, mussten sich jedoch notgedrungen der italienischen Zensur unterwerfen. Es war schließlich auch die Kirche unter Kanonikus Michael Gamper, die aufgrund des Konkordats durch das katholische Vereinswesen ein Minimum an deutschsprachigem Kulturleben anbieten konnte. Sie war auch federführend bei der Errichtung der sogenannten Katakombenschule. Einem Aufruf Gampers im „Volksboten" folgend, wo er, um einen deutschsprachigen Unterricht zu gewährleisten, zum Privatunterricht aufforderte, kam es ab 1925 zum systematischen Aufbau einer Geheimschule. Gamper war einer der führenden Organisatoren – zusammen mit engagierten Lehrerinnen und Lehrern sowie in eigens dafür eingerichteten Kursen geschulten jungen Mädchen. Die Katakombenschulen gewährleisteten zumindest einige Stunden monatlichen Privatunterrichts, der im Verborgenen in Stadeln und

Bauernstuben und mit Lehrmaterial aus Österreich bzw. zunehmend aus Deutschland abgehalten wurde. Auf diese Weise konnte die deutsche Minderheit weiterhin ihre Sprache und Schrift erlernen, wenn auch mehr schlecht als recht.[23]

Wegbereitung

Neuorientierung

Mit dem allgemeinen Parteienverbot 1926 verschwand die offizielle Vertretung der Minderheit aus den Gremien der politischen Partizipation. Der Deutsche Verband hatte in den Nachkriegsjahren als politisches Organ die Alleinvertretung übernommen und damit die politische Orientierung der deutschsprachigen Minderheit vorgegeben. Schon in den ersten Jahren der faschistischen Diktatur gab es aber eine Art Loslösung radikalerer und politisierter Jugendschichten – besonders in den Städten und aus den Reihen der ehemaligen Alpenvereine und Turnerbünde – vom als konservativ und konziliant geltenden DV, die sich im Laufe der 1920er-Jahre verstärkte. Hinzu kam eine Umorientierung vieler Südtirolerinnen und Südtiroler vom habsburgischen Österreich hin zu Deutschland. Aus dem ehemaligen K.-u.-k.-Monarchimus wurde innerhalb weniger Jahre ein radikalisiertes Tirolertum, das sich in den 1930er-Jahren zunehmend am Großdeutschen Reich orientierte.

Ohne faschistische Assimilierungs- und Majorisierungspolitik ist dieser Umschwung nicht wirklich erklärbar. Der Verlust von Heimat und die sukzessive Auflösung kultureller, politischer und ökonomischer Zusammenhänge der Südtiroler – und im Übrigen auch der Tiroler – Gesellschaft hatte dramatische gesellschaftliche Auswirkungen zur Folge. Die Verunsicherung bewirkte breite Suchbewegungen nach ideologischem Halt und politischer Hoffnung. Der historische Tiroler Nationalismus mit der zum Teil radikalen deutschtümelnden Anhängerschaft in zahlreichen Traditionsvereinen äußerte sich im Einflussbereich des Nationalsozialismus zunehmend als Deutschtum im Sinne einer „Abgrenzungsidentität" zum Italienischsein. Genährt wurde diese Tendenz durch die Hoffnungen, die in den unnachahmlichen Aufstieg Deutschlands durch die Machtübernahme der Nationalsozialisten gesetzt wurden. Die Schwäche der Außenpolitik des Rumpfstaates Österreich, die beinahe ausschließlich das Primat der wirtschaftlichen Notwendigkeit bedienen konnte, führte schließlich dazu, dass Österreich infolge des vom Friedensvertrag von Saint Germain bestimmten Anschlussverbotes und der vermeintlichen Lebensunfähigkeit als kleine Alpenrepublik bald die Beziehungen zu Italien zu verbessern begann. In Südtirol wurde dies als Verrat empfunden.[24]

Außenpolitik des Dritten Reiches

In Deutschland selbst war nach 1918 die Revision des Friedensvertrages von Versailles ein primäres Ziel der Innen- und Außenpolitik. Dies sollte teils mithilfe von Vertragspolitik erreicht werden, teils wurden die reaktionären Verbände des „Grenz- und Auslandsdeutschtums", vor allem seit der Machtübernahme Hitlers 1933, massiv durch das Versprechen eines Großdeutschlands unterstützt. Das Signal für eine neue, eigenständige und nicht vom Versailler Vertrag diktierte Außenpolitik stellte der Austritt aus dem Völkerbund wenige Monate nach dem Machtwechsel dar. Die Saar-Abstimmung 1935, die zwar im Versailler Vertrag festgelegt war, instrumentalisierten die Nazis propagandistisch aufs Äußerste: Das Abstimmungsergebnis von 90,7 Prozent für das Deutsche Reich wurde zum Symbol für alle anderen deutschsprachigen Enklaven.
Die Wiedereinführung der allgemeinen Wehrpflicht in Deutschland 1935/36 im Zuge der Saar-Abstimmung und die damit eindeutig militärisch-aggressivere Außenpolitik des Landes schürte daneben ebenso die Hoffnungen auf „Erlösung" Südtirols. Auf der anderen Seite stand der Abessinienkrieg in Italien, der den Südtirolern die Zumutung eines Kriegsdienstes bescherte. Viele Stellungspflichtige flohen bereits zu diesem Zeitpunkt nach Österreich oder Deutschland, um dem Kriegseinsatz an der Seite von Italienern zu entkommen. Der „Anschluss" Österreichs am 12. März 1938 mit dem „Plebiszit" vom 10. April wurde dann als weiterer Beweis für ein künftiges Großdeutschland gesehen. Als nach der Abtrennung der sudetendeutschen Gebiete im September 1938 schließlich am 15. März 1939 die Einverleibung der Resttschechei im Protektorat Böhmen und Mähren erfolgte, kannte die Begeisterung der „Auslandsdeutschen" keine Grenzen.[25]
Daneben entwickelte das Dritte Reich auch eine ungeheure wirtschaftliche Sogkraft für jene, die in Südtirol aufgrund beruflicher Chancenlosigkeit permanent am Existenzlimit lebten. Die Verheißung eines beispiellosen wirtschaftlichen Aufstieges und der technischen Modernisierung sowie einer mitreißenden Jugendkultur zeigten schon bald ihre propagandistische Wirkung. Unter dem italienischen Faschismus war all dies nur unter Aufgabe des eigenen „Volkstums" zu haben, im Nationalsozialismus konnte das alles unter Beibehaltung des „Deutschtums" erreicht werden. In diesem Kontext zeichnete sich ein Generationenbruch

ab. Die wirtschaftlichen Versprechen gepaart mit massiven finanziellen Förderungen aus Deutschland spielten in den 1930er-Jahren vor allem für den Erfolg des Völkischen Kampfrings Südtirols (VKS), der illegalen NS-Bewegung, eine bedeutende Rolle.

Ein sozialer Bruch hingegen ergab sich in den 1930er-Jahren daraus, dass die faschistische Repressionspolitik die wohlhabende Bauernschaft, die städtische Bevölkerung und das reiche Bürgertum weniger betraf bzw. diese sich schneller mit dem neuen Machtsystem arrangierten: Kinder wurden etwa in die durch die Kirche geschützten Internate geschickt und Geschäftsbeziehungen ins deutschsprachige Ausland konnten weiterhin unterhalten werden bzw. gelang vielen die Neuorientierung Richtung Süden aufgrund vorhandener Geschäftskontakte. Zudem gab es direkte Kooperationen mit den neuen Machthabern. Der Klerus wiederum war durch die Lateranverträge geschützt. Für sie alle entstand keine unmittelbare existenzielle Notlage. Es ging eher um Autonomie, Kooperation und Arrangement. Diese Gruppen von Menschen waren die treibenden Kräfte im Deutschen Verband, dessen Mitglieder dann zunehmend mit Bonzen, Opportunisten und Kapitalisten gleichgesetzt wurden.

Anders erging es allerdings Menschen aus der unteren Bauern-, Handwerker-, Arbeiter- und Angestelltenschicht. Sie besaßen die Möglichkeiten zur Kooperation und zum Arrangement oft nicht. Für sie wurde die notwendige soziale und wirtschaftliche Umorientierung zur lebensbedrohlichen Notlage, was sie empfänglicher für extreme Ideologien und Verheißungspropaganda machte: Die nationalsozialistische Volkstumsideologie, die eine staatliche Einheit aller Deutschen versprach, stellte damit auch die Lösung aller hauseigenen sozialen und wirtschaftlichen Probleme inklusive einer Hoffnung auf Revanche in Aussicht. Vor diesem Hintergrund kann die Wirkkraft der in den 1930er-Jahren massiv einsetzenden Propaganda nicht hoch genug eingeschätzt werden.[26]

Bevölkerungsumsiedlungen in beiden Diktaturen

Die Idee der Aussiedlung großer Bevölkerungsgruppen war in den Diktaturen der Zwischenkriegszeit nichts Neues. Ideen und Konzepte dafür gab es auf italienischer und deutscher Seite, wer die Initiative letztlich ergriff, ist eigentlich belanglos. Versuche der Zwangsassimilierung betrafen etwa im faschistischen Italien mehrere Zielgruppen, wie etwa Menschen in Slowenien, Kroatien, Aosta und Albanien. Seit Ettore Tolomei – erstmals 1914/15 – kam es immer wieder zu Überlegungen über eine Aussiedlung der deutschsprachigen Minderheit in Südtirol. Das nationalsozialistische Deutschland wiederum hatte im Rahmen seiner Eroberungspolitik bilaterale Umsiedlungsverträge für rund eine Million sogenannter „Volksdeutscher" etwa in der Sowjetunion, in Estland, Lettland, Ungarn und Kroatien geschlossen. Solche Umsiedlungen fügten sich einerseits in das rassenideologische und großraumpolitische Denken ein: Die „Volksdeutschen" sollten ins Reich „heimgeholt" werden und konnten bei Bedarf flexibel den eroberten „Lebensraum" im Osten besiedeln. Andererseits verschafften sie dem Land aber auch reichlich „Menschenmaterial" für die Aggressionskriege im Osten, denn meistens wurden die männlichen Umsiedler gleich nach ihrer Ankunft im Reich für die Wehrmacht rekrutiert. Nicht zuletzt kalkulierte die reichsdeutsche Administration mit dringend notwendigen Arbeitskräften und Devisen, die es im Austausch – im Fall der Bewohner Südtirols mit Italien – für das abzulösende Vermögen der Umsiedelnden bekam. Für das faschistische Italien wiederum verschwand mit der Aussiedlung der Südtiroler ein permanenter Konfliktherd und die Brennergrenze, um die man besonders seit dem „Anschluss" Österreichs an das Deutsche Reich im März 1938 zunehmend gebangt hatte.

Hitler selbst hatte schon seit den frühen 1920er-Jahren in Schriften und Aussagen auf Südtirol verzichtet. In „Mein Kampf" und in einem 1926 in einer Auflage von 10.000 Stück erschienenen Sonderdruck mit dem Titel „Die Südtirolfrage und das deutsche Bündnisproblem", in zahlreichen Reden und öffentlichen Feststellungen unterstrich er die Notwendigkeit, Südtirol dem Bündnis mit Italien zu opfern, für das er keine Alternative sah. Nur durch eine enge Verbrüderung mit dem Faschismus und mit Mussolini könne Deutschland seine außenpolitischen Ziele in Europa und der Welt erreichen. Südtirol stand damit der deutsch-italienischen Verständigung im Weg und wegen zweihunderttausend Deutscher konnte und wollte der Diktator diese nicht behindern. In Deutschland und in Österreich führte diese Haltung Hitlers zu Diskussionen innerhalb und außerhalb der NSDAP, in Südtirol glaubte ihm sowieso niemand. Hier wurden Hitlers Aussagen als außenpolitisches Kalkül interpretiert. Besonders die Mitglieder der illegalen Gruppierungen waren aber überzeugt davon, dass Hitler das Land letztlich doch „heim" ins Reich holen würde. Diese Meinung blieb auch unbeeindruckt davon, dass die Achse Berlin-Rom – die mit Mussolinis Freundschaftsbekenntnis in Mailand 1936 und Italiens Völkerbundaustritt 1937 eine Annäherung sowie im Stahlpakt vom Mai 1939 seine Erfüllung fand –, Zeichen des unverkennbar stärker werdenden Naheverhältnisses der beiden Diktaturen war.[27]

Nationalsozialismus in Südtirol

1928 versuchten die ideologisch stark divergierenden Gruppierungen in Südtirol sich in der Arbeitsgemeinschaft und später dann im Gau-Jugend-Rat (GJR) zu sammeln. Kritik galt dabei dem DV besonders wegen seiner Kompromissbereitschaft gegenüber dem Faschismus. Noch gab es jedoch weder eine einheitliche Ausrichtung noch eine gemeinsame Orientierung der unterschiedlichen Bünde. Als sich 1933 der Nationalsozialismus an die Alleinherrschaft putschte, kam es in Südtirol praktisch über Nacht zu einer Entscheidung für den Nationalsozialismus und den Aufbau einer illegalen NS-Organisation. Im Juni 1933 schlossen sich Jugendgruppen zur Südtiroler Heimatfront (SHF) zusammen. Anfang 1934 benannte sich diese in Völkischer Kampfring Südtirols um und verfasste ein sechs Punkte umfassendes politisches Programm mit Anlehnung an den Nationalsozialismus.

Die Propagandatätigkeit der Illegalen und der Zulauf zu ihnen nahmen von da an jährlich stark zu, sodass ab 1937/38 von einer Ablösung des DV durch den VKS in der ideologischen Führung der Volksgruppe gesprochen werden kann. 1937 beispielsweise entstanden auch die VKS-Frauenschaft und die VKS-Jungenschaft, die nun auch weitere Teile der Bevölkerung in die Bewegung einbanden. Die Berge und die Volksgemeinschaft wurden die Topoi des VKS. Für die Ideologie der Volksgemeinschaft war das Vorhandensein eines „Gegenvolkes" Voraussetzung und gleichzeitig Instrument der Integration und Mobilisierung gegen den äußeren Feind. Das „Gegenvolk" in Südtirol gab es schon, es waren die Italienischsprachigen. Die Träger der Ideologie war nun erst recht der deutsche Bauer in den Bergen gegen den italienischen Beamten bzw. Arbeiter in der Stadt.

Für Südtirol bedeutet der Nationalsozialismus in den 1930er-Jahren eine Homogenisierung und Uniformierung der Gesellschaft. Provoziert wurde die Haltung durch den italienischen Faschismus, mitgetragen wurde sie durch die Deutschtümelei im Sinne eines „bäuerlichen Deutschseins". Zeitgleich zu diesem Homogenisierungs- und Integrationsprozess war ein Identitätswechsel zu konstatieren, der vom „deutschsprachigen Südtirolersein" weg- und zum „volksdeutschen Angehörigen einer großen Gemeinschaft" hinführt. Daraus erklärt sich auch in letzter Konsequenz die „Dienstbotenrolle" bzw. die „Treuehaltung" gegenüber dem Deutschen Reich in der Zeit der Option.[28]

Ablauf

Umsiedlungsabkommen

Am 23. Juni 1939 leitete Heinrich Himmler, Reichsführer SS und Chef der Deutschen Polizei, im Gestapo-Hauptamt in der Prinz-Albrecht-Straße in Berlin eine Sitzung von fünf italienischen und zwölf deutschen Delegierten. In zwei Besprechungsstunden beschlossen die Teilnehmenden konfliktfrei und in bestem Einvernehmen die Umsiedlung der deutschsprachigen Südtiroler Minderheit ins Deutsche Reich. Das Südtirolproblem sollte damit für die beiden Diktaturen endgültig beseitigt werden, die Südtirolfrage nicht länger eine Irritation zwischen Adolf Hitler und Benito Mussolini darstellen. Als Option wird diese Abwanderung in die Geschichte eingehen, da die Deutschsprachigen in den Gebieten südlich des Brenners „frei wählen", also eine Option haben sollten: Sie konnten sich für einen Verbleib im Land unter italienischer Führung oder für eine Abwanderung ins Deutsche Reich entscheiden.

In der Berliner Besprechung wurde eine Umsiedlung in drei Etappen beschlossen. Als erste sollten die in Südtirol lebenden Reichsdeutschen, dann die „nichtbodengebundenen" Volksdeutschen und schließlich die „bodengebundenen" Volksdeutschen ins Reich abwandern. Für die deutsche Administration war das Ziel eine Totalumsiedlung, für die italienische eine Teilumsiedlung. Bis Ende August 1939 waren dann folgende Punkte zwischen den Diktaturen geklärt: Der territoriale Geltungsbereich wurde auf die Provinz Bozen und die deutschen Sprachinseln bzw. gemischtsprachigen Gemeinden der Provinzen Trient, Belluno und Udine sowie der Endtermin zunächst auf Ende 1941 festgelegt. Die Optionsmodalitäten sollten bei den italienischen Gemeindebehörden oder neu zu errichtenden deutschen Ein- und Rückwandererstellen (Amtliche Deutsche Ein- und Rückwandererstellen, ADERSt) abgewickelt, die Ablöse der Immobilien durch eine deutsch-italienische Wertfestsetzungskommission festgestellt sowie die Mitnahme oder Einlagerung von beweglichen Gütern durch Speditionen organisiert werden. Unklar blieb, wer überhaupt als „Volksdeutscher" zu gelten hatte und somit überhaupt optieren durfte. Auch die Festlegung der wirtschaftlichen Bestimmungen des Umsiedlungsvertrags erwies sich als äußerst schwierig, da eine Schlechterstellung der Umsiedelnden vermieden werden sollte. Noch schwieriger gestalteten sich die Verhandlungen um die Verrechnung des abzulösenden Umsiedlungsvermögens zwischen beiden Staaten. Deutschland beabsichtigte mit dem erwarteten Devisenberg italienische

Warenlieferungen und die Löhne seiner etwa 60.000 italienischen Gastarbeiter zu bezahlen. In Italien hingegen wurde die Frage immer lauter, seit wann eine im Krieg eroberte Provinz auch noch zu bezahlen sei. Die Verhandlungen um einen Sonderwechselkurs und das abzulösende Umsiedlungsvermögen waren im September 1939 vorerst festgefahren.[29]

Nachdem sich Mitte Oktober Himmler persönlich in die Verhandlungen eingeschaltet hatte, wurde der Endtermin für die Optionserklärung mit 31. Dezember 1939, jener für den Abschluss der Umsiedlung auf den 31. Dezember 1942 festgelegt. Am 21. Oktober 1939 unterzeichneten die Bevollmächtigten beider Länder die ersten drei Abkommen. Der Öffentlichkeit wurden jedoch nur die „Richtlinien für die Rückwanderung der Reichsdeutschen und Abwanderung der Volksdeutschen aus dem Alto Adige in das Deutsche Reich" präsentiert. Die beiden anderen Verträge über die wirtschaftliche Regelung der Umsiedlung blieben geheim. In diesen hatte Rom eine Regelung durchgesetzt, mit der die Zahl von Umzusiedelnden auf ein gewünschtes Ausmaß beschränkt werden und der Sonderwechselkurs nur für eine Gesamtsumme von einer Milliarde Lire – das war ungefähr $1/15$ bis $1/20$ des geschätzten gesamten Vermögens der Menschen in Südtirol – gelten sollte.

Einer jener strittigen Punkte, die bis zum Ende der Umsiedlung zwischen den deutschen und den italienischen Stellen nie wirklich geklärt wurden, war die Frage der Optionsberechtigung. Wer waren denn genau die „Volksdeutschen" bzw. die *allogeni*, von denen in den Richtlinien die Rede war? Während die italienischen Verhandlungspartner die Erlaubnis zur Option von möglichst objektiven Kriterien, wie „deutsche Abstammung und Sprache", abhängig machen wollten, forderten die Deutschen das Prinzip des subjektiven Bekenntnisses ein, das heißt als Volksdeutsche seien diejenigen anzusehen, die „sich zum Deutschtum bekennen und vom Deutschen Reich als solche anerkannt" würden. Es herrschte allerdings Einigkeit darüber, dass Ehefrauen und Minderjährige kein Optionsrecht besaßen.

Die Wahl selbst begann am 31. Oktober 1939. Tatsache ist aber, dass bereits vor diesem Datum viele die Optionserklärung abgegeben hatten. Wer Militärdienst im italienischen Heer ableistete, für den bestand bereits seit Anfang September die Möglichkeit, bei einer Option für die deutsche Staatsbürgerschaft aus dem italienischen Heer auszuscheiden. Tatsächlich beeinflusste diese frühe Option junger Wehrpflichtiger die Wahl ganzer Familien.[30]

Propaganda

Die Propaganda für eine Abwanderung ins Deutsche Reich setzte allerdings schon viel früher ein. Bereits im April 1939 erfuhr eine VKS-Delegation in München von Hitlers Beschluss der „Aussiedlung". Damit befand sich der VKS in einem Dilemma: Seit 1933 war einerseits auch in seinem Programm die „Vereinigung aller geschlossen siedelnden Deutschen" ein erklärtes Ziel und der Aufbau der Bewegung nach dem „Führerprinzip" inkludierte „bedingungslose[s] Bekenntnis zum Deutschen Reich". Andererseits kam ein Verlassen Südtirols für die VKS-Anhängerschaft zunächst nicht in Frage. Dies war wohl ausschlaggebend für die erste Schockreaktion und die Bekanntgabe einer gemeinsamen Widerstandslinie bei einem Treffen von DV und VKS am 28. Juni 1939, wenige Tage nach der Berlin-Besprechung. Darin hieß es: „lieber verwelschen, als die Heimat zu verlassen". Allerdings hielt diese Argumentation nur kurz. Bereits einen Tag nach Verkündigung der gemeinsamen Kampflinie gab es eine interne Mitteilung an die VKS-Anhängerschaft, „als harte Soldaten dem Volke die geschworene Treue" zu halten und sich den Weisungen des Führers zu unterwerfen, um die „Ehre" zu retten, das letzte Gut, das einem bliebe. Am 8. Juli teilte die VKS-Führung dem DV den Beschluss mit, „alle miteinander hinauszugehen". Danach wurde die Bewegung konsequent auf die Umsiedlung eingeschworen und die Frontstellungen für die kommenden Auseinandersetzungen waren festgelegt. Die Anhängerschaft des Deutschen Verbandes, die selbst in Orientierungslosigkeit versank, hatte weder propagandistisch noch finanziell oder organisatorisch der sich nun entfaltenden Propagandamaschinerie des VKS etwas entgegenzuhalten. Stärkstes Argument der „Geher", wie die Optierenden fürs Deutsche Reich bald genannt wurden, war die „Sizilianische Legende". Das Gerücht, wonach alle Dableibenden, also jene, die für einen Verbleib in Südtirol stimmten, nach Sizilien umgesiedelt werden sollten, wurde vermutlich vom NS-Propagandaapparat in Umlauf gesetzt. Doch ausbleibende Dementi der faschistischen Behörden und die Absage des Empfangs einer Delegation der Dableiberseite beim Duce, der die Gerüchte hätte zerstreuen sollen, untergruben jede Richtigstellung. Die Argumente des DV bezogen sich dann hauptsächlich auf den drohenden Heimatverlust, die Unsicherheit der Auswanderung und die Verfolgung der Religion im Dritten Reich. Die Option war für den DV somit eine Entscheidung zwischen „Heimat und Fremde".
Der VKS, der bald auf das Wissen und die finanzielle Unterstützung der NS-Propagandamaschinerie vertrauen konnte, warf hingegen die Frage des deutschen

Bekenntnisses, das geschlossene Siedlungsgebiet, den Opfergang fürs Vaterland und besonders wirtschaftliche und materielle Versprechen in die Waagschale. Die Option fürs Deutsche Reich wurde damit eine ethnische Entscheidung zwischen „*daitsch*" oder *walsch*", also deutsch oder italienisch. Ab Mitte September wurde zudem in den ADERSt-Stellen in Bozen, Meran, Brixen, Bruneck und Sterzing sowie den zahlreichen Ortsversammlungen die geschlossene Umsiedlung und gemeinsame Neuansiedlung aller Südtiroler Haushalte propagiert. Zur Unterstützung dieses Arguments gab Heinrich Himmler Mitte Oktober den Beskiden-Plan bekannt. Doch das angepeilte Siedlungsgebiet in Galizien war der Kriegsgeneration noch aus dem Ersten Weltkrieg in schlechter Erinnerung, sodass der Plan schnell wieder fallen gelassen und die Entscheidung über das tatsächliche Ansiedlungsgebiet auf einen späteren Zeitpunkt verschoben wurde.[31]

Tatsache ist, dass ab Sommer 1939 die Propaganda zum wichtigsten Instrument der VKS-Führung wurde. Der Konflikt mit der Gegenseite beschränkte sich allerdings bald nicht mehr auf politische Unstimmigkeiten. Die Auseinandersetzungen entzweiten Dorf- und Stadtgemeinschaften, Freundschaften und Familien. Gegenseitige Verleumdungen, Wandschmierereien, Prügel und Denunziationen waren nicht selten. Die Ausgrenzung von Dableiber-Familien aus der Dorfgemeinschaft stand auf der Tagesordnung. In den größeren Zentren und Städten bildeten sich dann auch eigene Dableiber-Gruppierungen, die den Kontakt zur Gegenseite ebenso mieden wie umgekehrt. In den Dörfern waren die Menschen den Anfeindungen jedoch oft, weil hoffnungslos in der Minderheit, hilflos ausgeliefert. Diese sozialen Misshandlungen sollten psychische und emotionale Wunden schlagen, die bei vielen Menschen ein Leben lang anhielten, was im Übrigen bis heute an den Erzählungen von Zeitzeuginnen und Zeitzeugen zu erkennen ist. Die Italienerinnen und Italiener, die als Verwaltungs- und Lehrpersonal in den Dörfern oder in den Arbeiterwohnvierteln lebten, sahen der Auflösung der Gemeinschaft der Deutschsprachigen zu einem großen Teil unbeteiligt zu. War der italienische Faschismus mit Assimilierungs- und Majorisierungspolitik am Zusammenhalt der deutschen Minderheit gescheitert, so geschah unter nationalsozialistischem Einfluss die Auflösung traditioneller Loyalitäten innerhalb weniger Wochen. Die Deutschsprachigen stürzten sich in einen ideologischen Bürgerkrieg, der den nachhaltigen Zusammenbruch der Gemeinschaft bedeutete.[32]

Ergebnisse

Nach Ablauf der Optionsfrist am 31. Dezember 1939 veröffentlichten beide Regime immer wieder neue Optionsergebnisse. Gemeinsam meldeten faschistische und NS-Behörden am 10. Jänner 1940 erste offizielle Zahlen: Sie sprachen von 69,4 Prozent Deutschland-Optierenden und 11,9 Prozent Optierenden für Italien; 18,7 Prozent wurden der sogenannten „grauen Option" zugerechnet, also jenem Personenkreis, der keine Erklärung abgegeben hatte. Die VKS-Führung meldete indes in den ersten Jännertagen in Anlehnung an die Saar-Abstimmung die magische Zahl von 90,7 Prozent für das Dritte Reich an den Gauleiter von Tirol, Franz Hofer, der dieses Ergebnis umgehend nach Berlin weiterleitete. Während der Kriegsjahre – es gab die Möglichkeit der Umoption und für den Klerus endete die Optionsfrist erst am 30. Juni 1940 –, wurden immer wieder neue Optionsergebnisse bekannt gegeben. Ein Endergebnis gab es nie, weil die Option nie abgeschlossen wurde. In der wissenschaftlichen Literatur geht man heute von etwa 86 Prozent Optantinnen und Optanten für Deutschland aus.[33]

Eine wichtige Rolle spielte die Option des Brixner Bischofs Johannes Geisler am 25. Juni 1940. Ohne Zweifel bestärkt durch den Einfluss seines Generalvikars, Alois Pompanin, der als Ladiner zu einem vehementen Vertreter der Deutschland-Option gehörte, fuhr der Bischof propagandistisch gut vorbereitet durch die von Menschen gesäumten Straßen der Stadt bis zum ADERSt-Büro in Brixen, um dort gemeinsam mit seinen Mitarbeitern die Erklärung für die Auswanderung ins Deutsche Reich abzugeben. Er nahm dabei den Bischofsring ab, da er als Deutscher und nicht als Bischof optieren wolle und sprach in Diskrepanz dazu den Satz: „Ein Hirte geht mit seiner Herde!" Die Deutschland-Option des Bischofs wurde von den ADERSt- und AdO-Stellen für die eigene Propaganda ausgeschlachtet und das, obwohl sie in auffallendem Gegensatz zur Wahl des restlichen Klerus stand. Die überwiegende Mehrheit der Pater und Priester in den Diözesen Brixen und Trient stimmte gegen die Umsiedlung. Dies obwohl Bischof Geisler bereits 1937 die Verlesung der Enzyklika „Mit brennender Sorge", in der die nationalsozialistische Rassenpolitik und die Behandlung der Kirche in Deutschland kritisiert wurden, verboten hatte. Ende Oktober 1939 hatte er außerdem ein Options- und Propagandaverbot an den Klerus erlassen, seine eigenen Optionsabsichten jedoch nicht versteckt gehalten.

Das Ende der Optionsfrist mit Jahresende 1939 für die restliche Bevölkerung bedeutete jedoch nicht das Ende der Schikanen. Im Gegenteil, die Spaltung zwischen der Mehrheit der Optantinnen und Optanten für Deutschland und der

Minderheit jener, die für Italien oder gar nicht optiert hatten, vertiefte sich in den ersten Monaten des Jahres 1940 zusehends. Die Propaganda mit gegenseitigen Verleumdungen, Spotttiraden und Flugblättern ging umso mehr weiter, als es die Möglichkeit der Umoption gab und jede Seite versuchte, Mitglieder der jeweils anderen für sich zu gewinnen. Die VKS-Stellen wurden nun durch die Einrichtung der Arbeitsgemeinschaft der Optanten (AdO) ersetzt, deutsche Schulstunden für die Auswanderungswilligen eingeführt.[34]

Und Südtiroler Familien bereiteten sich auf die Auswanderung vor. Menschen, Häuser und Besitztümer wurden fotografiert, das Eigentum durch die Wertfestsetzungskommission geschätzt, das mobile Gut zusammengepackt, eingelagert oder vorausgeschickt. Papiere, vom deutschen Pass über den Einbürgerungsantrag bis zum Ahnenpass, aus dem die arische Abstammung hervorzugehen hatte, mussten vorbereitet werden. Wehrpflichtige Südtiroler mussten einen Antrag auf Entlassung aus dem italienischen Militärdienst einreichen. Das eigens für die Optantinnen und Optanten vereinfachte Einbürgerungsverfahren wurde dann ausschließlich von den Einbürgerungsstellen des Gauleiters von Tirol in Innsbruck durchgeführt, das die Einbürgerungsurkunden an die ADERSt-Stellen in Südtirol weiterleitete. Unverklausuliert bedeutete dieses bürokratische Vorgehen, dass trotz Optionserklärung längst nicht alle Abwanderungswilligen automatisch die deutsche Staatsbürgerschaft und Einbürgerungsurkunden erhielten, da sie zunächst die Hürde der Rassenreinheit zu überwinden hatten: Kriminelle, Kranke und Behinderte gehörten nicht dazu und so passierte es auch, dass einige straffällig Gewordene trotz Einzug in die Deutsche Wehrmacht keinen Staatsbürgerschaftsnachweis erhielten. Außerdem mussten jene, die tatsächlich abwanderten, einen Abwanderungsantrag für sich und die Familienangehörigen stellen: Bis Herbst 1940 waren dies rund 100.000 Haushalte oder 218.000 Personen. Tatsächlich Realität wurde die Abwanderung allerdings nur für jene, die ohne viel Besitz und daher relativ unbürokratisch abwandern konnten.[35]

Die Umsiedlungspraxis macht klar, dass trotz der Zusicherung eines geschlossenen Siedlungsgebietes, die Nutzung des „Menschenmaterials" Teil der NS-Planungen war. Innerhalb weniger Tage nach ihrer Ankunft in Innsbruck und die Betreuung durch die Dienststelle Umsiedlung Südtirol (DUS), wurden die Menschen medizinisch untersucht, die Formalitäten erledigt und die Familien dann ihren jeweiligen Bestimmungsorten zugeteilt: Angehörige des italienischen Militärs, die für die Auswanderung gestimmt hatten, und Männer im wehrfähigen Alter wurden unmittelbar nach ihrer Ankunft in Innsbruck gemustert und an die verschiedenen Kriegsfronten geschickt. Die arbeitende Bevölkerung wurde je nach beruflicher Qualifikation und Bedarf verteilt, wobei die Menschen selbst aus zwei oder drei Angeboten wählen konnten. Die wenigen zuwandernden Bauernfamilien wurden in den besetzten Gebieten auf Höfe verteilt, von denen die Besitzerinnen und Besitzer vertrieben worden waren, oder sie erhielten in Österreich und Deutschland arisierte Höfe oder solche aus einer Konkursmasse. Die Ansiedlung in der neuen Heimat und die Zuteilung von Arbeitsstellen wurden dann zum Großteil von örtlichen Parteiorganisationen der NSDAP, insbesondere der NS-Volkswohlfahrt (NSV) und der NS-Frauenschaft (NSF) übernommen, zumal es ja nunmehr meist die Frauen waren, die den Neuanfang leisten mussten.[36]

Bis Kriegsende wanderten so rund 75.000 Menschen aus Südtirol ins Deutsche Reich aus – der Großteil davon 1940/41. Bereits im Laufe des Jahres 1940 begann die tatsächliche Auswanderung zu stagnieren, teils weil die Vorbereitungen in den Siedlungsgebieten noch nicht abgeschlossen waren, teils fingen vor allem auch die Zurückgebliebenen selbst an, die Auswanderung wegen der Berichte jener, die bereits fortgegangen waren, und wegen des Kriegsverlaufes zu verzögern. Von den vielen in der Propaganda hochgeschaukelten Verheißungen blieb in der Realität der neuen Heimat – oder an den Fronten der deutschen Aggressionskriege – nicht viel übrig. Zum geschlossenen Siedlungsgebiet kam es nie. Während der Kriegsjahre zirkulierten mehrere Vorschläge. Dazu gehörten neben dem genannten Galizien auch Burgund, was einer Delegation aus Südtirol sehr zugesagt hätte, und 1943 die Halbinsel Krim. Dieser Vorschlag kam allerdings zu einem Zeitpunkt, als die Führung in Berlin andere Sorgen hatte: Die Krim wurde wenige Monate danach von der Roten Armee zurückerobert. Für einzelne Südtiroler Ortschaften wurde die geschlossene Abwanderung zumindest versucht. Beispielsweise bot die VKS-Leitung in Gröden ihre Gemeinden für eine geschlossene Umsiedlung nach einem damals kursierenden Zonenplan an. Gerechtfertigt wurde dies mit 80 Prozent Optionsstimmen für das Deutsche Reich. Die Verhandlungen in Lienz in Osttirol und schließlich in der Steiermark verliefen jedoch im Sande – nicht zuletzt deswegen, weil die VKS-Ortsgruppe in Gröden im Laufe des Jahres 1940 selbst wieder begann, die Sache zu überdenken und immer neue Vorwände fand, die Umsiedlung hinauszuzögern. Letztendlich brachte der Kriegsverlauf die Umsiedlung gänzlich zum Stehen, ab 1943 gab es nur noch vereinzelt Familien, die Südtirol verließen.[37]

Diejenigen, die tatsächlich ausgewandert sind, wurden selten mit offenen Armen empfangen – so auch in Nordtirol und Vorarlberg. Im Gegenteil, die Einheimischen neideten ihnen die extra für sie erbauten Wohnungen in den

Südtirolersiedlungen und die Zuteilung der Arbeitsplätze. Die Südtirolerinnen und Südtiroler selbst trugen wenig zur Revision von Vorurteilen bei: Tatsächlich bestand die Gruppe der frühen Auswanderer aus ungelernten Arbeiterinnen und Arbeitern, die kaum einen Satz in der deutschen Schrift verfassen konnten und selten eine Berufsausbildung besaßen. Unter anderem beklagten sich die Einheimischen auch über wachsende Kleinkriminalität in den Siedlungen und an den Siedlungsorten. Zweifellos waren vor allem Tiroler und Vorarlberger Gemeinden mit einem rasanten Zuwanderungsstrom konfrontiert, der ihre Bevölkerung manchmal schlagartig verdoppelte – mit allen damit zusammenhängenden migrationsbedingten Problemen durch die „Fremden".[38]

Umbruch und Verfolgung

Am 10. Juli 1943 landeten die Alliierten auf Sizilien, am 25. Juli folgte die Absetzung Mussolinis und am 3. Juli unterzeichnete der neue Regierungschef, Marschall Pietro Badoglio, in Cassibile auf Sizilien den Waffenstillstand zwischen dem Königreich Italien und den alliierten Mächten USA und Großbritannien. Dadurch zerbrach das Bündnis Italiens mit dem Deutschen Reich. Für die deutsche Regierung kam der Wegfall des Bündnispartners nicht unerwartet, der „Fall Achse" trat ein: Bereits in den vorangegangenen Monaten hatte die Wehrmacht strategisch mehrere Divisionen in Italien stationiert, diese wurden nach Bekanntgabe des Waffenstillstandes am 8. September 1943 durch den Einmarsch weiterer Truppen verstärkt. Die Wehrmacht begann umgehend mit der Entwaffnung der italienischen Streitkräfte und der systematischen Besetzung des Landes. Am 10. September marschierten deutsche Truppen in Rom ein, am 12. befreite eine Spezialeinheit Benito Mussolini auf dem Gran Sasso. Er wurde Regierungschef der neu gebildeten *Repubblica Sociale Italiana* (RSI) – aufgrund ihres Sitzes am Gardasee auch *Repubblica di Salò* genannt –, einer deutschen Marionettenregierung, die als letzte faschistische Regierung in Norditalien den Kampf an der Seite der Deutschen fortführte.[39]

Im Zuge der Machtübernahme in Italien wurde auch Südtirol in der Nacht vom 8. auf den 9. September 1943 von deutschen Truppen besetzt. Weite Teile der Bevölkerung sahen diesen Einmarsch als Befreiung. Südtirol bildete danach gemeinsam mit dem Trentino und dem Belluno jedoch die Operationszone Alpenvorland (OAV) und blieb damit eine italienische Verwaltungseinheit der RSI. Obwohl ein guter Teil der Führungspositionen durch Personal aus der „Ostmark" und aus dem Deutschen Reich besetzt wurde, bedeutete der Umschwung auch einen Machtzuwachs für die Leiter der Arbeitsgemeinschaft der Optanten. Peter Hofer aus Kastelruth wurde als bisheriger Leiter der AdO zum Präfekten ernannt. Nach seinem Tod bei einem Bombenangriff im Dezember 1943 folgte ihm der ebenfalls im AdO tätige Karl Tinzl aus Schlanders als kommissarischer Präfekt nach. In dieser Funktion war er nur Gauleiter Franz Hofer unterstellt. Für die italienische Bevölkerung, die in den letzten 20 Jahren nach Südtirol gekommen war, bedeutete der Einmarsch den Beginn von Bespitzelung und Angst vor einer Umkehr der Verhältnisse.[40]

Die AdO selbst wurde in Deutsche Volksgruppe umbenannt. Aus ihr ging der schon wenige Tage nach dem Einmarsch eingerichtete Südtiroler Ordnungsdienst (SOD) hervor, der nach SS-Vorbild Polizeiaufgaben an der Heimatfront wahrnahm. Zunächst zusammengesetzt aus Freiwilligen und ausgerüstet mit Beutewaffen, begann der SOD eine regelrechte Hatz auf italienische Militärangehörige und vor allem auch auf exponierte Dableiberinnen und Dableiber, die bisher noch unter dem Schutz italienischer Behörden gestanden hatten. Nun drohte ihnen Gefängnis oder der Abtransport in die deutschen Konzentrationslager: Zum Beispiel kamen Friedl Volgger, Gründer des Andreas-Hofer-Bundes, und Rudolf Posch, Leiter der katholischen Presse, ins Konzentrationslager Dachau, Jugendseelsorger Josef Ferrari landete in Schutzhaft, Kanonikus Michael Gamper versteckte sich zwei Monate am Ritten und floh danach nach Florenz. Aber auch weniger prominente Vertreter der Dableiberseite wurden bedroht: Sie verloren ihre politischen und wirtschaftlichen Positionen, Waffen und Radioapparate wurden beschlagnahmt, Schikanen waren wieder an der Tagesordnung und immer schwebte die Drohung von Gefängnis oder KZ über ihnen. Nicht zu unterschätzen ist auch, wie oft der Deckmantel der deutschen Besetzung für persönliche Abrechnungen genutzt wurde.

Auch wurden Dableiber scheinbar wahllos in die Deutsche Wehrmacht einberufen – was illegal war, schließlich handelte es sich formal um italienische Staatsbürger. Die drohende Einberufung konnte aber leicht als Druckmittel oder Schikane eingesetzt werden. Die Einberufenen wurden ab November 1943 meist in eigens eingerichtete Einheiten integriert. Direkt dem Kommando des Gauleiters Hofer unterstanden diese Einheiten der Ordnungspolizei, die Polizeiregimenter Bozen, Alpenvorland, Schlanders und Brixen. Als besondere Würdigung der Dienste der Ordnungspolizei wurde den Einheiten verspätet im Laufe des Jahres 1944 das Präfix „SS" auf persönliche Anordnung Himmlers verliehen. Die Einheiten wurden insbesondere zur Partisanenbekämpfung im jugoslawisch-kroatischen Grenzgebiet, in Rom, aber auch an der Ostfront eingesetzt.[41]

Auch die jüdischen Bürgerinnen und Bürger Südtirols zählen zu den Opfern des Umbruchs. Der Großteil der Meraner Juden war bereits nach Erlass der faschistischen Rassengesetze im November 1938 emigriert. Am 16. September verhafteten SOD und SS-Sicherheitsdienst die noch in Meran verbliebenen 25 Juden. Über das Lager Reichenau bei Innsbruck erfolgte ihre Deportation in die Konzentrationslager im Deutschen Reich. Nur zwei überlebten diese und kehrten nach 1945 zurück. Ihre Wohnungen waren geplündert worden, ihr Eigentum arisiert. Im Laufe der nächsten Monate wurden italienweit außerdem weitere 30 bis 40 ehemalige Meraner Juden verhaftet und deportiert.[42]

Bis heute im Dunkeln liegen die Deportationen von Behinderten, Pflegebedürftigen und Alten aus Heimen im Zuge der Option und des deutschen Einmarsches. Bekannt geworden ist allerdings die Ausweisung der Patientinnen und Patienten aus der psychiatrischen Anstalt in Pergine. Wenn diese auch nicht optieren konnten, da laut den geltenden Rechtsbestimmungen Insassen von Anstalten ohne bürgerliche Rechte waren, fühlte sich die Anstaltsleitung nach dem 1. Jänner 1940 für die Südtirolerinnen und Südtiroler nicht mehr zuständig. Am 26. Mai 1940 wurden 299 „volksdeutsche Geisteskranke" abtransportiert und in die Beobachtungsstelle Zwiefalten in Württemberg, welche als „Auffanglager" für das nahe liegende Vernichtungslager Grafeneck diente, gebracht. Von der Reichsärztekammer mit der Rückführung ins Reich wurde der Südtiroler Arzt Walther Simek beauftragt. Insgesamt kamen rund 600 „unfreiwillige" Optantinnen und Optanten in die psychiatrischen Krankenhäuser Zwiefalten, Weißenau und Schussenried nach Baden-Württemberg. Diese Umgesiedelten entkamen der Vergasung vermutlich wegen ihrer nicht geklärten Staatszugehörigkeit, denn nach 1940 waren Ausländerinnen und Ausländer von den Euthanasie-Programmen ausgenommen. Dennoch sind nach heutigem Stand der Forschung 239 der sogenannten „wilden Euthanasie" zum Opfer gefallen, also durch systematische Vernachlässigung und Unterernährung.[43]

In Folge des 8. Septembers erfolgte auch eine Abrechnung mit dem regimefeindlichen Teil der Kirche. Ziel war zunächst das katholische Presse- und Schulwesen. Alle kirchlichen Schulen wurden geschlossen, so auch das bischöfliche Seminar Vinzentinum in Brixen, das Johanneum in Dorf Tirol, das Franziskanergymnasium und das Institut der Marcelline in Bozen, das Kapuzinergymnasium in Salern, die Schülerheime der Englischen Fräulein und der Benediktiner in Meran. Einige der beschlagnahmten Gebäude wurden später als Lazarette für die deutsche Wehrmacht genutzt. Außerdem verbot die eingeführte NS-Gesetzgebung in den neuen deutschen Schulen den Religionsunterricht und Hitlerbilder ersetzten die Kruzifixe. Die Optionsbefürworter Bischof Geisler und Generalvikar Pompanin blieben von persönlichen Repressalien verschont, doch sie hatten praktisch keinen Einfluss mehr und konnten eine Beschneidung der Rechte der Kirche nicht verhindern.

Im November 1943 kam es in Bozen zur Einrichtung eines Sondergerichts zuständig für die Provinzen Bozen, Trient und Belluno, welches die Gesetzgebung der Alpen- und Donaureichsgaue anwandte. Zeit seines Bestehens fällte es über 30 Todesurteile für Partisanen, Deserteure und sonstige „Volksschädlinge". Im Juni 1944 wurde in der Reschenstraße in Bozen außerdem ein Polizeiliches Durchgangslager errichtet. Nach Schließung des Lagers in Fossoli in der Nähe von Modena aufgrund der näher rückenden Front verlegte die dortige Lagerleitung die Häftlinge nach Bozen. Das Lager in Bozen diente als Durchgangslager, versorgte aber auch einige Außenlager in Südtirol mit Zwangsarbeiterinnen und -arbeitern. 11.000 Häftlinge gingen durch das Lager, rund 7.500 wurden von hier aus in deutsche Konzentrationslager überstellt.[44]

Folgen

Schweigen und Opferdiskurs

Nach Ende des Krieges im Mai 1945 war die deutschsprachige Minderheit in Südtirol durch die Mittäter- und Täterschaft in Folge von Option und deutschem Einmarsch zutiefst gespalten. Überdies gab es zunächst keine politische Vertretung, die als gemeinsames Sprachrohr für die Deutschsprachigen hätte auftreten können. Bedingt durch die Belastung der Optantinnen und Optanten waren es nun die Dableiber-Gruppierungen, die die politische Vertretung übernahmen und sozusagen über Nacht die tiefen Gräben der vergangenen Jahre zuschütteten; sie reichten der Gegenpartei die Hand und nahmen NS-Sympathisantinnen und -Sympathisanten ebenso wie Nazis wieder in ihren Reihen auf. Am 8. Mai 1945 gründeten führende Exponenten des Andreas-Hofer-Bundes die Südtiroler Volkspartei (SVP). Doch bald bestand die Partei neben Vertretern des Widerstandes und der Dableiberseite zu einem guten Drittel aus Optantinnen und Optanten. Das Diktum der Partei, nur gemeinsam für eine Selbstbestimmung kämpfen zu können, setzte sich bald auch in der Zivilgesellschaft durch.

Die italienische Verwaltung in Südtirol unter Bruno De Angelis, dem Vertreter des *Comitato di Liberazione Nazionale* (CLN), bemühte sich unterdessen in Rom, die Ausweisung aller Südtirolerinnen und Südtiroler zu erwirken, die 1939 um die deutsche Staatsbürgerschaft angesucht hatten. In Rom zögerten die Behörden, da nicht absehbar war, ob das Optionsabkommen in den Augen der Alliierten weiterhin seine Gültigkeit hatte. Außerdem wollte man sich dort die Frage der Optantinnen und Optanten lieber offenhalten, um sie bei Friedensverhandlungen als Druckmittel einsetzen zu können. Die Staatenlosigkeit der rund 210.000 Deutschsprachigen wurde damit zu einem wahren Damoklesschwert, was gut ins Schema der im Entstehen begriffenen Südtiroler Opferthese passte. Die Konstruktion einer solchen Opferthese lag schließlich im Interesse nicht nur der politischen Eliten des Landes, sondern auch eines Großteils der Bevölkerung: Die deutschsprachige Minderheit stilisierte sich zum Opfer zweier Diktaturen und deutete die Option als Ergebnis von zwei Jahrzehnten faschistischer Unterdrückung. Diesem Erklärungsmuster folgend wurde die Täterschaft der Südtirolerinnen und Südtiroler externalisiert, sprich sie wurde auf Zuständige in den faschistischen und nationalsozialistischen Behörden abgewälzt. Der Entlastungsdiskurs blendete die eigene braune Vergangenheit aus, denn die Mitläuferinnen und Mitläufer, die Täterinnen und Täter fanden sich danach südlich der Provinzgrenze sowie in Deutschland oder Österreich. Der Opferdiskurs diente zunächst der geschlossenen Forderung nach Selbstbestimmung und später der Legitimierung der Autonomie. Die wenigen Protagonistinnen und Protagonisten, die sich wie etwa Hans Egarter und Silvio Flor gegen diese Geschichtsdeutung aussprachen, wurden nicht gehört, totgeschwiegen und bald vergessen. Dabei spielte die Kirche durch Entlastungsdiskurse für die Wehrmachtsgeneration und den permanenten Aufruf zur Versöhnung einmal mehr eine entscheidende Rolle. Begünstigt wurde die Festigung der Opferthese zudem durch die monopolisierte Medienlandschaft, das heißt durch die Tageszeitung „Dolomiten" unter ihrem Chefredakteur Josef Rampold. Dadurch verstummten die Stimmen von Dableiberinnen und Dableibern, Deserteuren, Gefängnis- und Lagerhäftlingen bald.[45]

Die tatsächliche strategische Notwendigkeit der Opferthese war allerdings nur unmittelbar nach Kriegsende, vielleicht zwischen 1945 und 1948 mit Blick auf das Gruber-Degasperi-Abkommen, die Revision der Optionsabkommen und den italienischen Staatsvertrag gegeben. Die Option hatte somit nach 1945 eine geschichtspolitische Funktion und prägte Südtirols politische Kultur nachhaltig – mit Folgewirkungen bis heute.[46]

Die Jahre unmittelbar nach 1945 waren auch jene, in denen die meisten steinernen Symbole der Option entstanden, nämlich die zahlreichen Südtirolersiedlungen hauptsächlich in Österreich sowie die Rücksiedlersiedlungen in Bozen,

Meran, Bruneck, Brixen und Sterzing. Sie bezeugen zum Teil noch heute die Umsiedlung von rund 75.000 Menschen aus Südtirol ins Deutsche Reich bzw. die Rückkehr von rund einem Drittel davon in die Südtiroler Heimat. In diesen Siedlungen spielten sich Integrations- und Reintegrationsgeschichten ab, die kaum als erfolgreich bewertet werden können. Die Konflikte, die aufgrund des Zuzuges von Südtirolerinnen und Südtirolern in den Gemeinden jenseits des Brenners entstanden, sind mittlerweile gut dokumentiert[47] und gleichen jenen von Migrantinnen und Migranten heute. Doch während die neuen Wohnungen in Österreich den Neid der einheimischen Bevölkerung weckten, sah dies für die Rücksiedler anders aus. Die Rücksiedlerbauten oder -wohnungen, unmittelbar nach dem Krieg in Rentsch und Haslach sowie in der Reschenstraße in Bozen gebaut, waren Notlösungen. Aufgrund des Wohnungsmangels für die wachsende italienische Arbeiterschaft verschärfte sich die Situation zusätzlich. Die Rückkehrenden waren nicht nur den Anfeindungen der eigenen Sprachgruppe, sondern zudem der Instrumentalisierung durch die Politik ausgeliefert: Die Parole vom „Todesmarsch" – ausgegeben von Kanonikus Gamper, um das Überhandnehmen der italienischen Bevölkerung anzuprangern – wurde auch auf dem Rücken der Rückkehrenden ausgetragen. In den ländlichen Gemeinden hingegen wurden die nach doppelter Umsiedlung meist besitzlosen Rücksiedlerinnen und Rücksiedler als „Pöbel" abgestempelt. In Bruneck zum Beispiel wurde die Rücksiedlersiedlung zeit ihres Bestehens „Hungerburg" oder „Revolverviertel" genannt.[48]

Kritische Diskursjahre

Der unter der Chiffre „1968" subsumierte, alle gesellschaftlichen und politischen Bereiche erschütternde Wandel der 1960er- und 1970er-Jahre erfasste mit einiger Verzögerung auch die Peripherie und damit Südtirol. In Deutschland sollte im Zuge dieser Entwicklung die Aufarbeitung des Holocaust begonnen werden. In Südtirol begann etwas verspätet eine kritische Generation, Fragen an die Wehrmachtsjahrgänge zu stellen. Das bis dahin gängige historische Bild Südtirols begann unter der Feder des Journalisten und Zeithistorikers Claus Gatterer Ende der 1960er-Jahre erstmals zu wanken. Ein Jahr danach erfand Gatterer mit „Schöne Welt, böse Leut"[49] die Option sozusagen literarisch. Gatterer deckte schonungslos die gegenseitigen Schikanen und Denunziationen von Dableiberinnen und Dableibern sowie Optantinnen und Optanten auf und prangerte den ethnischen Nationalismus der Südtiroler Minderheit an.

Dennoch bewiesen konservative, die Opferthese vertretende Gesellschaftsgruppierungen bis in die erste Hälfte der 1990er-Jahre Beharrungsvermögen. Deutlich zeigte sich dieses zunächst 1974 in der Polemik um Alfons Grubers Buch „Südtirol unter dem Faschismus". Grubers Beweis der italienischen Urheberschaft der Umsiedlung als Lösung des Südtirol-Problems, für die es angeblich seit 1915 Befürworter gegeben habe, wurde denn auch zentral in Südtirols eigenem Historikerstreit. Die Südtiroler Zeitgeschichte – und vornehmlich die Option – wurden dagegen ab 1975 ein öffentlich politisches Thema, als der junge Historiker und Schüler Claus Gatterers, Leopold Steurer, in seiner Dissertation 1976 die Verantwortung der deutschsprachigen Südtirolerinnen und Südtiroler für die eigene braune Vergangenheit ebenso einforderte wie jene der im Land lebenden italienischsprachigen Bevölkerung.[50] Die kritische Zeitgeschichtsschreibung der 1970er- und 1980er-Jahre ist daher auch als Abgrenzungs- und Emanzipationsprozess gegenüber einem „offiziellen Gedächtnis" zu verstehen, das sich auf „stereotypisierte und undifferenzierte Aussagen" über das Leiden des Südtiroler „Volkes" und Diktatur des Faschismus stützte.[51]
Ende der 1970er-Jahre erreichte die Kritik auch die kirchlich-konservativen Kreise. Der medial exponierte Vordenker und Vertreter der Hospizbewegung in Deutschland, der Münchner Jesuitenpater Reinhold Iblacker, recherchierte in seinem Buch über Josef Mayr-Nusser[52] minutiös die Lebensgeschichte dieses Südtirolers unter dem Aspekt des Widerstandes. Die bis dahin aufs Religiöse reduzierte Interpretation Mayr-Nussers war nach der Schrift Iblackers nicht länger haltbar, denn dieser hob vor allem Mayr-Nussers Mitgliedschaft beim Andreas-Hofer-Bund hervor und zerstörte somit das Apolitische an dieser Figur. Die 1980er-Jahre waren schließlich die Jahre des Umbruchs, in denen nun die Massenmedien und vor allem die Pluralisierung der Medienlandschaft eine entscheidende Rolle spielten. Die zentralen zeitlichen „Erinnerungsorte" dieses Jahrzehnts sind hierbei einmal das Volkszählungsjahr 1981 und dann das Gedenkjahr 1989. So wurden die Aktionen und die Beiträge einiger kritischer Journalistinnen und Journalisten im RAI-Sender Bozen zu entscheidenden Triebkräften der Wende: Mit Gerd Stafflers filmischem Beitrag „Sie sagten nein!" von 1980 wurden erstmals Täterschaft, Mitläuferrolle und vor allem der Widerstand thematisiert. In mehreren Dokumentarfilmen setzte sich die RAI auch in der Folge mit der Südtiroler Zeitgeschichte auseinander. Zu den meistgesehenen und meistkommentierten Sendungen gehört wohl ein im Jänner 1982 zum Thema „Heimattreue? Heimatverrat?" ausgestrahltes Fernsehgespräch zwischen Extrembergsteiger Reinhold Messner, dem „Dolomiten"-Chefredakteur und Angehörigen

der Wehrmachtsgeneration Josef Rampold und dem Dableiber und KZ-Häftling Friedl Volgger, der in seinen Publikationen[53] Verständnis und Unterstützung für eine neue Betrachtung der Zwischenkriegs- und Kriegszeit zeigte.
Auch in der Literatur wurde die Optionszeit in den 1980er-Jahren langsam zum „Modethema". In zahlreichen (Auto-)Biografien, Theaterstücken und Romanen kamen zunächst die Dableiberinnen und Dableiber sowie danach die Optantinnen und Optanten zu Wort. Erst relativ spät allerdings äußerte sich mit Franz Thaler ein Deserteur, dessen Schrift „Unvergessen"[54] bis heute als Akt der Zivilcourage angesehen werden muss. Zudem gab es in der zweiten Hälfte der 1980er-Jahre die ersten wissenschaftlichen *Oral History*-Projekte: Alessandra Zendron und Piero Agostini zum Beispiel interviewten italienische Zeitzeuginnen und Zeitzeugen,[55] Martha Verdorfer untersuchte in „Zweierlei Faschismus"[56] anhand von Interviews mit Zeitzeuginnen und Zeitzeugen die Aktionsfelder der Deutschsprachigen in Südtirol in der Zwischenkriegs- und Kriegszeit.
Der Höhepunkt des „Aufarbeitungsjahrzehnts" war sicherlich das Jahr 1989, in dem sich die Option zum 50. Mal jährte. Obwohl der Vorschlag der Alternativen Liste für das andere Südtirol, das Jahr zum Gedenkjahr zu erheben, abgelehnt wurde, finanzierte die Südtiroler Landesregierung die Ausstellung „Option – Heimat – Opzioni", die der Tiroler Geschichtsverein in Bozen organisierte und die schließlich von rund 30.000 Personen besucht wurde. Mit der über die Maßen erfolgreichen Ausstellung und mit Felix Mitterers Film „Verkaufte Heimat. Eine Südtiroler Familiensaga"[57], der unter der Regie von Karin Brandauer als Co-Produktion von ORF, NDR, BR und RAI entstand und ebenfalls 1989 erstmals ausgestrahlt wurde, verließ die Option definitiv den wissenschaftlichen Beschäftigungsrahmen und wurde Teil des Gesellschaftsdiskurses. Dies soll jedoch keineswegs den Wert der zahlreichen anderen Vortragsreihen sowie wissenschaftlichen und didaktischen Publikationen[58] des Jahres 1989 schmälern.
Historikerinnen und Historiker beurteilen die zwei Jahrzehnte intensiver Auseinandersetzungen mit der Zwischenkriegs- und Kriegszeit durchgängig als Jahre des kritischen Diskurses, in denen letztlich das historische Bewusstsein der Südtiroler Gesellschaft entschieden verändert wurde und somit auch die kollektive Erinnerung eine tiefe Prägung erfuhr. Jedenfalls lässt sich festhalten: Wenn die unmittelbaren Nachkriegsjahrzehnte die Zeit des Vergessens waren, so waren die 1970er- und 1980er-Jahre die Zeit des Erinnerns.

Historisierung und Banalisierung

Die Umbrüche des Jahres 1989 entfernten zwar die jahrzehntealten Tabus der Kriegserinnerung, doch gleichzeitig entstanden neue Mythen und (Miss-)Interpretationen, diesmal vornehmlich über die Zeit nach 1945 (Festigung der Opferthese, der Rückgriff auf traditionelle Entschuldigungsdiskurse bei der Beschäftigung mit den „Bombenjahren", die Erinnerungskriege an den faschistischen Denkmälern usw.). Tatsächlich hält das wissenschaftliche und populärwissenschaftliche Interesse an der Option auch nach 1989 an: Es ist eine Flut von Aufarbeitungsliteratur zu verzeichnen: In der im Rahmen des Projektes erstellten Literaturdatenbank sind zum Beispiel 473 Titel aufgenommen, 27 Prozent davon entstanden in den 1980er-Jahren, 22 Prozent in den 1990er-Jahren und rund 35 Prozent erschienen seit dem Jahr 2000.[59] 1989 ist daher vielmehr als Wendejahr, denn als Höhepunkt einzustufen. In den nachfolgenden Jahrzehnten wurden unzählige regionalhistorische Aspekte der faschistischen und nationalsozialistischen Ära aufgearbeitet. Dennoch ist unbestreitbar, dass sich das Interesse wieder zunehmend in den akademischen, literarischen und künstlerischen Bereich verlagert hat.

Die Option hat eine Historisierung erfahren, doch so ganz wollen die Brüche bis heute nicht verheilen. Die im Rahmen des Projektes geführten Interviews belegen eindrucksvoll, dass die Verwerfungen der Vergangenheit – abhängig von der persönlichen Betroffenheit – immer noch da sind; aber zu einem großen Teil blicken Zeitzeuginnen und Zeitzeugen relativ objektiv und sachlich auf die Ereignisse der damaligen Zeit zurück. Die Interviews zeigen aber ebenso, dass die Opferthese gesellschaftlich überlebt hat. Auch ist der öffentliche Umgang mit der faschistischen bzw. nationalsozialistischen Vergangenheit bis heute keineswegs ein vorbehaltloser und kritischer. Die ewig gleichen Praktiken der Vertuschung, Umdeutung und Verharmlosung blieben gesellschaftlich an der Tagesordnung, wie jüngst erst die Diskussionen um die Aufarbeitung der Geschichte der Traditionsvereine (von Musikkapellen über Trachtenvereine bis zu Schützenkompanien) zeigen. Diese unsauberen Methoden des Umgangs mit der Vergangenheit ermöglich(t)en rechtem Gedankengut – im Südtiroler Jargon wird es gern verniedlichend „ultrapatriotisch" genannt – eine Rückkehr (auch in Form sehr starker politischer Parteien). Und sie bewirken Banalisierungen, wie sie in den letzten Jahren vor allem in Fernsehen und Internet zu finden sind.

Fazit

Der tiefe Bruch, den die Option innerhalb der Südtiroler Bevölkerung hervorgerufen hatte, wirft noch immer seine Schatten auf die Gesellschaft, wenngleich sie immer grauer und blasser werden. Die Option hinterließ in der deutschsprachigen Minderheit ein Trauma, das über Generationen in den Erinnerungen der Menschen tradiert wurde. Diese Erinnerung hat sich in den letzten Jahrzehnten signifikant verändert. Jede Arbeit an der Vergangenheit nach Kriegen, Bürgerkriegen, Revolutionen und Umstürzen benötigt vor allem Verstehen und Zeit, und es ist keineswegs gesagt, dass solche Ereignisse nicht besser vergessen werden sollten, anstatt sie aktiv zu erinnern.[60] Auch in Südtirol verstehen wir heute die zugrundeliegenden Prozesse der Mittäterschaft und die gesellschaftlichen Mechanismen, die der Option zugrunde lagen, besser: Die Jahrzehnte nach 1945 sind eine lange, in der Opferthese tradierte Zeit des Vergessens. Nach einer intensiveren Phase der kulturellen und wissenschaftlichen Aufarbeitungen in den 1970er- und 1980er-Jahren hat das Thema nun wieder an Brisanz und an Relevanz verloren – zumindest so lange, bis aufgrund der kulturellen Herausforderungen durch neue Migration die herkömmlichen Geschichtsbilder frischem Legitimationsdruck ausgesetzt sind. Der Gerechtigkeit, der Notwendigkeit der Erinnerung scheint zumindest vorerst Genüge getan. Oder doch nicht?

Auch wenn in Südtirol – oder im Bundesland Tirol – heute ein Zugriff auf geschichtswissenschaftliche Erkenntnisse oder Artefakte zur Optionszeit und die Erinnerung daran möglich ist, zeigt die vorhergehende Analyse, dass sich vieles nach wie vor allein im akademischen Milieu abspielt. Das vorliegende Projekt, die Videosammlung der Gespräche mit Zeitzeuginnen und Zeitzeugen der Optionszeit im Amt für Film und Medien in Bozen und die weiterlaufende Publikation der Forschungsergebnisse auf der Homepage „Die Erinnerung an die Südtiroler Option 1939" (www.optionunderinnerung.org) richten sich an ein breiteres Publikum. Julia Tapfer erarbeitet in Zusammenarbeit mit Walter Pichler vom Pädagogischen Institut in Bozen didaktische Unterlagen zur Nutzung des gesammelten Materials für Südtirols Schulen. All diese Initiativen sollen ein Beitrag zur Entschleierung der im öffentlichen Raum vorhandenen, sichtbaren und der nicht als solche identifizierbaren Erinnerungsorte der Südtiroler Option von 1939 sein. Denn Tatsache ist, dass diese scheinbar alles trennende und alles vereinende Erinnerung nur an wenigen „Lieux de mémoire" erkennbar ist.

Es gibt keine öffentliche Erinnerung an die Option: keinen Gedenktag, kein Gedenkjahr, kaum gewürdigte Personen, nur wenige erkennbare steinerne

41

Überreste. Der vorliegende Band ist eine Erinnerungslandkarte aus Orten, Daten und Fakten, die die Kristallisationspunkte des kollektiven Gedächtnisses aufzeigt. Leider sprengt das Sichtbarmachen dieser Erinnerungsorte im öffentlichen Raum die Möglichkeiten einer Publikation. Sie soll jedoch Ansporn für einen offenen Umgang mit diesem Kapitel der Südtiroler Geschichte für die zivilgesellschaftlichen Eliten im Lande sein. Denn, so meinte der Politikwissenschaftler Günther Pallaver einmal, die Option gehört nicht nur der „deutschen Seite", sie gehört heute allen, die in diesem Land leben.[61] Der Umgang mit ihr kann ein Signal im Sinne des Zusammenlebens in der künftigen (Trans-)Migrationsgesellschaft sein.

Endnoten

1 Näheres zum kollektiven Bezugsrahmen der Erinnerung siehe Harald Welzer/Sabine Moller/Karoline Tschuggnall, Opa war kein Nazi. Nationalsozialismus und Holocaust im Familiengedächtnis, Frankfurt am Main 2002³.

2 Zur Südtiroler Erinnerungskultur und dem Stellenwert der Option in dieser siehe ausführlich auch: Eva Pfanzelter, Die (un)verdaute Erinnerung an die Option 1939. In: *Geschichte und Region/Storia e regione* 23 (2014), Heft 1 (Themenheft „Option und Erinnerung" hg. v. Eva Pfanzelter), im Druck. Dort findet sich auch eine ausführliche Bibliografie zum Thema. In dieser Einleitung werden lediglich die direkten Zitate in den Fußnoten wiedergegeben.

3 Etienne François, Pierre Nora und die „Lieux de mémoire". In: Pierre Nora (Hg.), Erinnerungsorte Frankreichs, München 2005, S. 7–23, hier S. 9.

4 Thomas Ohnewein, Die Südtiroler Landesmuseen: Ausdruck einer neuen Landesidentität. In: Georg Grote/Barbara Siller (Hg.), Südtirolismen. Erinnerungskulturen – Gegenwartsreflexionen – Zukunftsvisionen, Innsbruck 2011, S. 113–121, hier S. 121.

5 Der Lesbarkeit halber werden in Folge deutsch- versus italienischsprachige Erinnerung als Begrifflichkeiten benutzt, da sich in dem hier vorgestellten Kontext die ladinischsprachige häufig entlang der deutschsprachigen Erinnerung entwickelt.

6 Georg Grote, I bin a Südtiroler. Kollektive Identität zwischen Nation und Region im 20. Jahrhundert, Bozen 2009, S. 255 ff.

7 Hans Heiss/Hannes Obermair, Erinnerungskulturen im Widerstreit. Das Beispiel der Stadt Bozen/Bolzano 2000–2010. In: Patrick Ostermann/Claudia Müller/Karl-Siegbert Rehberg (Hg.), Der Grenzraum als Erinnerungsort. Über den Wandel zu einer postnationalen Erinnerungskultur in Europa (Histoire Transcript 34), Bielefeld 2012, S. 63–80.

8 Schloss Tirol, „Erinnerungen an das 20. Jahrhundert" und „Heimkehrer Option", http://www.schlosstirol.it/schloss-museum/bergfried/, eingesehen 8.8.2014.

9 Tiroler Landesmuseen, Tirol Panorama mit Kaiserjägermuseum, http://www.tiroler-landesmuseen.at/page.cfm?vpath=haeuser/das-tirol-panorama-mit-kjm-/haus/schauplatz-tirol, eingesehen 8.8.2014.

10 Eva Pfanzelter, Die Südtiroler Option 1939: Rezeption, Erinnerungs- und Erfahrungsgeschichte, museale Darstellung, http://www.uibk.ac.at/zeitgeschichte/aktuelles/option_projekt_dt_engl.pdf, eingesehen 24.08.2014.
11 Eine ausführliche Bibliografie zur Erinnerungskultur ist auf der Homepage des Projektes „culturahistorica" zu finden: Fernando Sánchez Marcos, Historical Culture. In: culturahistorica.es, http://www.culturahistorica.es/historical_culture.html, eingesehen 8.8.2014.
12 Vereinigte Bühnen Bozen, Option. Spuren der Erinnerung, http://www.theater-bozen.it/2743d3240.html, eingesehen 8.8.2014.
13 So beispielsweise einige Beiträge in: Günther Pallaver/Leopold Steurer (Hg.), Deutsche! Hitler verkauft euch! Das Erbe von Option und Weltkrieg in Südtirol, Bozen 2011.
14 Christian Meier, Das Gebot zu vergessen und die Unabweisbarkeit des Erinnerns. Vom öffentlichen Umgang mit schlimmer Vergangenheit (Schriftenreihe der Bundeszentrale für Politische Bildung 1063), Bonn 2010, S. 96.
15 Meier, Das Gebot zu vergessen, S. 95 f.
16 Imre Kertész, Roman eines Schicksallosen, Reinbek bei Hamburg 2002, S. 285.
17 Die folgenden Ausführungen stammen, wenn nicht anders angegeben, aus den in der Bibliografie genannten, hauptsächlich jedoch aus den nach wie vor als Standardwerke geltenden Titeln: Helmut Alexander/Stefan Lechner/Adolf Leidlmair, Heimatlos. Die Umsiedlung der Südtiroler, Wien 1993; Klaus Eisterer/Rolf Steininger (Hg.), Die Option. Südtirol zwischen Faschismus und Nationalsozialismus (Innsbrucker Forschungen zur Zeitgeschichte, 5), Innsbruck 1989; Benedikt Erhard (Hg.), Option – Heimat – Opzioni. Eine Geschichte Südtirols/Una storia dell'Alto Adige, Wien 1989; Pallaver/Steurer, Deutsche! Hitler verkauft euch!
18 Ausführlicher bei Oswald Überegger, Mythos Gebirgskrieg oder: Wie aus Tirolern Helden wurden. In: Hannes Obermair/Stephanie Risse/Carlo Romeo (Hg.), Regionale Zivilgesellschaften in Bewegung/Cittadini inanzi tutto. Festschrift für Hans Heiss, Wien-Bozen 2012, S. 602–625.
19 Z. B. Othmar Kiem/Hubert Mock/Alessandra Zendron, „Entheimatung". In: Erhard, Option – Heimat –Opzioni, S. 44–107; ebenso Rolf Steininger, Die Option – Anmerkungen zu einem schwierigen Thema. In: Eisterer/Steininger, Die Option, S. 9–31.
20 Im Detail dazu unter anderem Rolf Steininger, Südtirol im 20. Jahrhundert: von Leben und Überleben einer Minderheit, Innsbruck, Wien 1997.
21 Weiterführend Kiem/Mock/Zendron, „Entheimatung" sowie Heiss/Obermair, Erinnerungskulturen im Widerstreit.
22 Eine ausführliche Geschichte der Semirurali in Bozen wird im Rahmen des „Semirurali"-Projektes des Stadtarchivs Bozen erarbeitet, dazu auch: Arbeitsgruppe für ein Museum in den „Semirurali" (Hg.), Nicht nur Semirurali, Bozen 2013².
23 Ausführlich bei Kiem/Mock/Zendron, „Entheimatung".
24 Nach wie vor ist die Standardlektüre hierzu Leopold Steurer, Südtirol zwischen Rom und Berlin 1919–1939, Wien-München-Zürich 1980.
25 Z. B. Günther Pallaver, Die Option im Jahre 1939. Rahmenbedingungen, Ablauf und Folgen. In: Pallaver/Steurer, Deutsche! Hitler verkauft euch!, S. 13–34.
26 Näheres bei Claus Conrad, „Denn heute steht Deutschland am Brenner!". In: Erhard, Option – Heimat – Opzioni, S. 110–135.
27 Ausführlicher dazu Pallaver, Die Option im Jahre 1939; Adolf Leidlmair, Südtirol und die Volkstumspolitik des Dritten Reiches. In: Alexander/Lechner/Leidlmair, Heimatlos, S. 15–28.
28 Detailliert bei Steurer, Südtirol zwischen Rom und Berlin.

29 Weiterführend dazu Hubert Mock/Walter Pichler/Martha Verdorfer/Alessandra Zendron, Die Option. In: Erhard, Option – Heimat – Opzioni, S. 138–191; Steininger, Die Option; Pallaver, Die Option im Jahre 1939.
30 Siehe auch die Beiträge in Eisterer/Steininger, Die Option, und in Reinhold Messner (Hg.), Die Option. 1939 stimmten 86% der Südtiroler für das Aufgeben ihrer Heimat. Warum? Ein Lehrstück in Zeitgeschichte, München-Zürich 1989.
31 Z. B. Pallaver, Die Option im Jahre 1939.
32 Ausführlich in Mock/Pichler/Verdorfer/Zendron, Die Option oder in Helmut Alexander, Die Umsiedlung der Südtiroler 1939. In: Alexander/Lechner/Leidlmair, Heimatlos, S. 43–179.
33 Detaillierte Aufschlüsselung der Angaben bei Alexander, Die Umsiedlung der Südtiroler 1939.
34 Näheres bei Mock/Pichler/Verdorfer/Zendron, Die Option.
35 Detailliert dazu Alexander, Die Umsiedlung der Südtiroler 1939.
36 Ausführlich bei Pallaver, Die Option im Jahre 1939.
37 Z. B. Alexander, Die Umsiedlung der Südtiroler 1939.
38 Helmut Alexander/Stefan Lechner, Die Rücksiedlung. In: Alexander/Lechner/Leidlmair, Heimatlos, S. 181–272.
39 Zur Besetzung Italiens siehe auch Eva Pfanzelter, Unvollkommene Demokratisierung: Italien 1943–1945. In: Ingrid Böhler/Eva Pfanzelter/Rolf Steininger (Hg.), Stationen im 20. Jahrhundert (Innsbrucker Forschungen zur Zeitgeschichte 27), Innsbruck 2011, S. 113–137.
40 Weiterführend dazu Michael Wedekind, Nationalsozialistische Besatzungs- und Annexionspolitik in Norditalien 1943 bis 1945. Die Operationszonen „Alpenvorland" und „Adriatisches Küstenland" (Militärgeschichtliche Studien 38), München 2003.
41 Näheres bei Walter Pichler/Carlo Romeo/Paul Rösch/Martha Verdorfer, Dableiber und Dagebliebene. In: Erhard, Option – Heimat – Opzioni, Wien 1989, S. 258–303.
42 Ausführlich bei Carla Giacomozzi/Giuseppe Paleari, Das Polizeiliche Durchgangslager Bozen. Geschichtlicher Überblick und Dokumente. Projekt „Geschichte und Erinnerung: das NS-Lager Bozen", http://www.gemeinde.bozen.it/UploadDocs/6715_Lager_BZ_ted.pdf, eingesehen 16.9.2014; ebenso Barbara Pfeifer, Im Vorhof des Todes. Das Polizeiliche Durchgangslager Bozen 1944–1945, Dipl. Innsbruck 2003.
43 Näheres bei Hartmann Hinterhuber, Das Schicksal der Überlebenden. In: Verband Angehöriger und Freunde psychisch Kranker (Hg.), Wahnsinn und ethnische Säuberung. Deportation und Vernichtung psychisch Kranker aus Südtirol 1939–1945. Akten des Kongresses vom 10. März 1995. Bozen 2000, S. 49–54.
44 Näheres zum Sondergericht Pfanzelter, Unvollkommene Demokratisierung.
45 Z. B. Eva Pfanzelter, Südtirol unterm Sternenbanner. Die amerikanische Besatzung Mai–Juni 1945, Bozen 2005; Pallaver, Die Option im Jahre 1939; Martha Verdorfer, Geschichte und Gedächtnis. Die Erinnerung an die Option von 1939. In: Pallaver/Steurer, Deutsche! Hitler verkauft euch!, S. 365–383.
46 Zum Kriegsende siehe Pfanzelter, Südtirol unterm Sternenbanner.
47 Z. B. seien hier erwähnt Peter Bußjäger/Josef Concin/Karl Gerstgrasser, Die Bludenzer Südtiroler-Siedlung und ihre Bewohner. Zur Entstehung und Sozialgeschichte eines Stadtteils, Geschichtsverein Region Bludenz 1998; Fabian Rief, Die Südtiroler Siedlung in Reutte: die Entstehung eines Reuttener Ortsteiles im Zuge des „NS-Volkswohnungsbaus" für Südtiroler Umsiedler im Gau Tirol-Vorarlberg, ergänzt durch eine Oral History-Untersuchung, Dipl. Innsbruck 2012; Peter Kienzl, Alltagsgeschichte – die Telfer Südtiroler Siedlung: Ein Geschichts-, Lese- und Bilderbuch, das ein „Siedlunger" schreiben musste, angesichts der Schleifung der ältesten Häuser der

Südtiroler Siedlung in Telfs, Telfs [2012]; Michael Astenwald, Genese, Transformation und Persistenz der Südtiroler Siedlungen in Innsbruck – Neu-Pradl: Politische, ideologische und städtebauliche Hintergründe einer Siedlungserweiterung der NS-Zeit sowie deren Verflechtung mit Österreichs Sozialem Wohnbau von 1918–1945, Dipl. Innsbruck 2011.
48 Martha Verdorfer, Bozen von Kriegsende bis zur Gegenwart. In: Arbeitsgruppe, Nicht nur Semirurali, S. 168–185, http://www.gemeinde.bozen.it/UploadDocs/2743_Verdorfer_deu.pdf, eingesehen 21.11.2013; v. a. aber Alexander/Lechner/Leidlmair, Heimatlos; oder die Arbeiten Stefan Lechners, dafür exemplarisch: Stefan Lechner, Zwischen den Landesteilen: Südtirols Optanten 1945–1948. In: Hans Heiss/Gustav Pfeifer (Hg.), Südtirol, Stunde Null? Kriegsende 1945–1946 (Veröffentlichungen des Südtiroler Landesarchivs 10), Innsbruck 2000, S. 281–295.
49 Claus Gatterer, Schöne Welt, böse Leut. Kindheit in Südtirol, Wien 1969.
50 Steurers 1976 fertiggestellte Dissertation erschien 1980 als Buch: Steurer, Südtirol zwischen Rom und Berlin 1919–1939.
51 Verdorfer, Geschichte und Gedächtnis, hier S. 365 f.
52 Reinhold Iblacker, Keinen Eid auf diesen Führer. Josef Mayr-Nusser, ein Zeuge der Gewissensfreiheit in der NS-Zeit, Innsbruck-Wien-München 1979.
53 Friedl Volgger, Mit Südtirol am Scheideweg. Erlebte Geschichte, Innsbruck 1984.
54 Franz Thaler, Unvergessen. Option, Konzentrationslager, Kriegsgefangenschaft, Heimkehr: Ein Sarner erzählt, München 1991; 1988 als Sonderdruck der Kulturzeitschrift „Sturzflüge", Nr. 25 erschienen.
55 Piero Agostini/Alessandra Zendron, Quaranta anni tra Roma e Vienna, Turin 1987; Alessandra Zendron, Die Option aus italienischer Sicht. In: Messner, Die Option, S. 173–191.
56 Martha Verdorfer, Zweierlei Faschismus. Alltagserfahrungen in Südtirol 1918–1945, Wien 1990.
57 Teil 1 und 2 unter der Regie von Karin Brandauer behandeln die Optionszeit, Teil 3 und 4, bei denen Gernot Friedel Regie führte, spielen in den Nachkriegsjahren.
58 Z. B. sind zu nennen: Eisterer/Steininger, Die Option; Messner, Die Option; Gottfried Solderer, Gell, hinter den Bergen ist Deutschland. FF-Serie über die Option (Sonderdruck zu FF-Südtiroler Illustrierte 26/89), Bozen 1989 oder Inga Hosp, Hitler verkauft Südtirol. Die Option von 1939 in Erinnerung und Auseinandersetzung (Bayern – Land und Leute), München 1989; und natürlich der Ausstellungs-Begleitband: Erhard, Option – Heimat – Opzioni; Gebhard Kirchler/Rudolf Tasser, Die Option. Unterrichtseinheit für die Oberschule, Bozen 1989.
59 Näheres dazu siehe: Eva Pfanzelter, Die (un)verdaute Erinnerung.
60 So Meier, Das Gebot zu vergessen, S. 96 f.
61 Günther Pallaver/Leopold Steurer, Der Umgang mit einem Trauma. Über das Erbe von Option und Weltkrieg in Südtirol. In: Pallaver/Steurer, Deutsche! Hitler verkauft euch!, S. 7–12, hier S. 11.

25 Erinnerungsorte: Zeitzeuginnen und Zeitzeugen erzählen

Generationen

**„Wir können zum Schluss auch noch gehen.
Tun wir nur noch im Landl bleiben.
Es kommt schon noch etwas."**

Maria Sigmund

Abbildung Seite 48–49:
Rückkehrer Johann Pfanzelter (Jahrgang 1935) bei seinem Interview in Kastelruth am 28. Juli 2014. In der Hand hält er ein Foto seines Vaters in Wehrmachtsuniform, verschollen im Russlandfeldzug 1944, im Hintergrund das Hochzeitsfoto seiner Eltern. In den Erinnerungen des Zeitzeugen spiegeln sich das Aufwachsen in der Fremde mit der alleinerziehenden Mutter ebenso wie die langwierige Rückkehr und Reintegration in Südtirol oder die aufgrund von Auswanderung, Krieg und Rücksiedlung nie abgeschlossene Schulbildung, die seinen weiteren Lebensweg bestimmten.

Familie und Generationenbeziehungen sind entscheidend im Optionsprozess. Rechtlich gesehen bestimmte das meist männliche Familienoberhaupt mit der Abgabe seiner Optionsentscheidung für Ehefrau und minderjährige Kinder über das weitere Schicksal der Familie. Hier werden die unterschiedlichen Rollen von Frauen und Männern besonders sichtbar: Frauen spielten im Optionsgeschehen – von der „Wahl" bis zur Abwanderung bzw. dem Verbleib in Südtirol – trotz patriarchaler Prägung eine entscheidende Rolle. Sie wussten, dass die Praxis der Umsiedlung letztlich ihnen oblag – vom Zusammenpacken bis zum Eingewöhnen in eine neue Heimat. Ihre Motive für oder gegen eine Auswanderung waren beeinflusst durch das Private: das Zusammenleben mit den Kindern in der Großfamilie, im Dorf oder in der Stadt. Demgegenüber war die bestimmende Lebenswelt von Männern nicht selten der öffentliche Raum – geformt durch die Schikanen des faschistischen Amtsapparates, das „Politisieren" im Gasthaus sowie bei illegalen Versammlungen und durch die Perspektive des bevorstehenden Militäreinsatzes.

Die Zeitzeuginnen und Zeitzeugen, die wir befragten, erzählen meist aus der Kindes- bzw. Jugendperspektive, und dieser Blickwinkel prägt bis heute ihre Erinnerungen an die Option. Daraus erklären sich die emotionalen Aspekte der ungetrübten, schönen Kindheit trotz Option, Auswanderung und Krieg. Die positiven Erinnerungen und die damaligen Generationenbeziehungen verdeutlichen die unhinterfragte Entscheidungsmacht der Eltern. Doch häufig gab es Konflikte: Die Optionsereignisse erschütterten die Generationenverhältnisse nachhaltig. Sie zerstörten traditionelle soziale Familienbeziehungen oft tiefgreifend und unwiderruflich. Das ist wohl mit ein Grund für das lange Schweigen nach 1945 gewesen, als eine ganze Generation nicht über die Option sprechen konnte und wollte. Und aus diesem Grund ist das Generationenverhältnis ein Erinnerungsort.

Theresia Sanin, geb. Christof, St. Michael/Eppan,
Hauswirtschaftslehrerin und Privatzimmervermieterin
geb. 1930 in St. Pauls/Eppan, Dableiberin

Dann fängt der Vater, der so viel mitgemacht hat, auf dem Sterbebett an, von der Option zu erzählen – und ich hab mir ganz andere Schwerpunkte erwartet. Er hat von der Option geredet – und nicht vom Tod seiner Frau. Wie das war mit den Geschwistern, im Dorf und mit der Familie und so. Was er genau gesagt hat, weiß ich nicht mehr, aber das lässt mich nicht los, weil ich hab es nicht so empfunden, als Kind. Aber für ihn war das so etwas Einschneidendes, dass er vor dem Sterben über das Thema reden wollte.

Natalia Notburga Piazzi, geb. Stricker, Lana,
während des Krieges Textilarbeiterin in Österreich, dann Hausfrau
geb. 1934 in Lana, Rücksiedlerin

Schön ist es gewesen mit den Kindern! Die Mama hat mit uns immer gespielt, „Ringel, Ringel Reihe", dann „Schneider, leih' mir die Schere" und halt die Spiele, die früher gewesen sind. Ball gespielt haben wir schon auch, beim Völkerball hat die Mama immer mitgetan, zusammen mit den ganzen Kindern. Wir haben eine schöne Kindheit gehabt, trotz der „Auswanderei". Das ist schon schlimm gewesen.

Marialuise Mahlknecht, geb. Oberrauch, Meran, Arbeit im Textilgeschäft
geb. 1924 in Bozen, Dableiberin

In der Nachkriegszeit hat mein Vater sehr vielen geholfen, die dann wieder zurückgekommen sind, die alles verloren hatten. Mit einem kleinen Koffer oder einer Tasche sind sie zurückgekommen. Die hatten alles, was sie mitgehabt hatten, Möbel und so, verloren. Sie sind mit nichts dagestanden. Mein Vater hat ihnen mit ein paar Männern zusammen geholfen, wieder Wohnungen zu finden, er hat sich tagelang oder monatelang eingesetzt, ihnen wieder eine Heimat zu ermöglichen.

Franz von Walther, Bozen, Journalist und Koordinator der
deutschsprachigen Programme des RAI-Senders Bozen
geb. 1933 in Bozen, Dableiber

Wie es dann zur Option gekommen ist, oder wie das Problem oder jedenfalls die Gefahr der Umsiedlung aufgetaucht ist – davon hat man schon im Sommer gehört. Man hat natürlich mitgehört, wenn die Großen darüber geredet haben, dass wir alle angeblich umgesiedelt werden sollten. Vor allem meine Mutter, die natürlich mehr mit den Kindern beisammen war, hat eine sehr negative Haltung gehabt, fast instinktiv mehr als der Vater. Der war begeistert, wie der Hitler '38 in Österreich einmarschiert ist. Einmal in so einer Illustrierten, da konnte man den Hitler mit Farben ausmalen und das hab ich mit dem Vater zusammen gemacht, an das kann ich mich noch gut erinnern.

Aber der Vater hat sich natürlich nach dieser Sache in Rom, nach Hitlers Erklärung 1938, die Grenze da am Brenner nie mehr ändern zu wollen, total abgewandt und stand in enger Verbindung mit dem Kanonikus Gamper und diesen Kreisen. Mein Großonkel Willi Walther war vorher, unter Österreich, ein Deutschnationaler, ein freiheitlicher Abgeordneter im Tiroler Landtag. Der war ganz alldeutsch eingestellt, aber wie diese Sache sich so entwickelt hat … also Nazi war er keiner. Man darf nicht sagen, dass die Alldeutschen alles reine Nationalisten waren, das Nazi-System haben alle irgendwie abgelehnt, aber alldeutsch und großdeutsch waren sie schon. Das war schon eine ganz radikale Veränderung für die Familie, in der ich groß geworden bin: Zuerst von der Einstellung her Erzliberale und eigentlich Antiklerikale, aber über Gamper gab es dann wieder eine Annäherung an die Kirche. So haben sie sich für diesen Weg entschlossen, fürs Dableiben, das war nicht leicht.

Eine Sache, die meiner Ansicht nach in der Optionsgeschichte immer wieder falsch dargestellt wird, ist, dass man sagt, die Südtiroler hätten vor der Wahl gestanden, entweder auszuwandern oder dazubleiben und ihre Identität aufzugeben. Das ist einfach falsch, weil die Dableiber, der Gamper und seine Leute, die haben ein bisschen Einblick gehabt. Die haben gehofft und vielleicht die Sache eben richtig eingeschätzt, dass beide Diktaturen zusammenbrechen. Das war deren Grundgedanke – deswegen auch das ständige Hören vom sogenannten Feindsender, jeden Tag, leise. Das weiß ich und ich hab natürlich auch mitgehört als Kind. Das war ja spannend. Es wird oft so dargestellt, dass beide, also Dableiber und Optanten, eigentlich Recht gehabt hätten. Natürlich muss man auch die Gegenseite verstehen, das ist ganz klar. Am Hof am Ritten oben haben Gäste gesagt „In drei Wochen sind wir in Moskau", und das, obwohl die Besitzer alles Dableiber waren. Jedenfalls: So ist geredet worden. Viele haben gesagt: „Nein, was werden wir denn da weggehen?" Dass man sich entschieden hätte, italienisch zu werden, stimmt einfach nicht. Auch während und nach der Option habe ich regelmäßig immer Deutschunterricht bekommen, bei einer Tante Braitenberg, die uns nebenbei auch sehr national unterrichtet hat: über die deutschen Kaiser im Mittelalter, den Ersten Weltkrieg, den Sieg von Hindenburg in den masurischen Sümpfen. Das Dableiben ist halt doch auch eine Entscheidung für ein anderes freiheitliches [demokratisches] und rechtstaatliches System gewesen, weil man hat auf England gehofft. Wie ich den Film „*The King's Speech*" gesehen habe, habe ich mich wieder erinnert, dass England damals halt doch etwas anderes war, etwas, wo man sich erhofft hat, dass trotz der Bombardierungen …

Georg Dignös, Ismaning/München, Ministerialrat, Schriftsteller
geb. 1935 in Bozen, Optant
Nachdem der Vater 1940 ausgewandert war, blieben wir drei Kinder nicht alle zusammen bei der Mutter, nur eine Tochter. Die Mutter war in Kardaun bei uns gut bekannten Bauern und die ältere Schwester war beim Bruder der Mutter in Gries, genauer genommen bei seiner Frau, der Tante Rosa, und ich war in Penon, bei einem bäuerlichen Ehepaar, das keine Kinder hatte. Die hätten mich gern behalten, das weiß ich aus den Briefen, die ich gefunden habe: Als nämlich die Mutter endlich nachziehen sollte mit uns drei Kindern, hatte sie zunächst einmal die Absicht, mich drinnen zu lassen. Weil die *Tota*, wie wir die Patin genannt haben, sich drauf eingestellt hatte, mich zu behalten und dass ich dann der Hoferbe werde. Der Vater war dagegen und hat die Mutter auch brieflich noch bedrängt, dass sie mich mitnimmt. Das hat mich gewundert, das so zu lesen, weil er normalerweise eigentlich schon die übliche patriarchalische Haltung der Südtiroler Ehemänner oder Haushaltsvorstände eingenommen hat. Aber hier hat er kein Machtwort gesprochen, sondern hat sich aufs Bitten verlegt, und das hat geholfen: Die Mutter hat mich mitgenommen. Ich hab dieses Gezerre nicht mitbekommen, aber dass die *Tota* und ihr Mann, der Hansl, geheult haben, wie wir weg sind, das weiß ich noch.

Maria Sigmund, Brixen, gelernte Schneiderin, später Arbeit in Singschule
geb. 1923 in Brixen, Optantin, nicht ausgewandert
Man hat sich gewöhnt als Kind, die Zeit ist einfach so gewesen. Das ist nicht besprochen worden früher, die Eltern haben nicht gesagt: „Mei, weißt, wenn es grad anders wär, dass wir mit euch deutsch …" Die Eltern sind in die italienische Abendschule gegangen, das hat es ja alles gegeben. Da hat man mitgemacht, was man können hat. Mein großer Bruder, der ist der musikalischste von uns gewesen, hat Klaviertechniker gelernt und als Klavierstimmer gearbeitet. Zur Optionszeit hat er ein Mädchen in Österreich gehabt, natürlich hat er geschaut, bald wegzukommen. Draußen in Innsbruck hat er dann auch ganz andere Möglichkeiten gehabt für seinen Beruf. Die Jungen haben hier ja keine Arbeit mehr gehabt, das

war wie heute, und die meisten sind ausgewandert. Die Großbauern haben etwas gehabt, die sind nicht weg. Gegangen sind die kleinen Bauern. Nachher ist die Schwester auch ausgewandert, weil der Schwager in Innsbruck gleich Arbeit gefunden hat, als Mechaniker bei der Eisenbahn. Und die Mama wär so gern hinaus, weil schon zwei Kinder draußen waren. Sie dachte wohl, die anderen drei würden schon mitgehen. Aber der Vater hat immer zurückgehalten, der hat immer gesagt: *„Mamele, tien mer net so schnell giehn* – Mütterchen, gehen wir nicht so schnell!" Und: „Wir können zum Schluss auch noch gehen. Tun wir nur noch im Landl bleiben. Es kommt schon noch etwas." Und so sind wir geblieben.

Hermann Oberparleiter, Meran, gelernter Schneider, Kellner
geb. 1934 in St. Lorenzen/Pustertal, Rücksiedler
Warum eigentlich meine Eltern ausgewandert sind? Der Faschismus hat in Südtirol gewütet, ich war ja noch jung, aber man hat es mir erzählt. Damals hat es geheißen: dableiben oder auswandern. Es haben fast 70 Prozent [eigentlich 86 Prozent], das weiß man aus der Geschichte, *außi*, also nach draußen gewählt, nach Deutschland und nach Österreich. Es hat geheißen, wenn wir jetzt Dableiben wählen, dann werden wir nach Sizilien hinuntergeschickt und davor haben die Leute Angst gehabt. Wer einen Hof hatte, hat sich an seinen Hof geklammert, so lange er hat können. Ein Teil dann, die armen Leute wie wir, sind gegangen. Arme Leute sind wir zwar nicht gerade gewesen, aber der Vater hat schon sechs Kinder gehabt – mein jüngster Bruder ist dann in St. Pölten geboren. Die Schulden waren auch hoch. Die Mutter war der Motor zum Auswandern, weil sie zwei Brüder gehabt hat, die – das hat man so gehört – mit dem italienischen Staat Differenzen hatten. So sind wir ausgewandert: 1940 nach St. Pölten, das war die erste Station, da hat mein Vater in einem Sägewerk gearbeitet. Wahrscheinlich hat es ihm dort nicht gepasst. Und wie die Politik damals so war, hat man uns in der Tschechoslowakei einen Bauernhof angeboten. Da sind wir dann hin.

Giuliana Hüttner, geb. Scherlin, Erl/Tirol, Diplom-Säuglingsschwester
geb. 1934 in Kastelruth, Optantin
Ich hab nicht gewusst, warum der Vater ausgewiesen wurde. Ich weiß nur: Mussolini und Hitler. Politisch hab ich sonst gar nichts mitgekriegt. Das hat man auch, glaub ich, von uns Kindern ferngehalten. Wenn der Vater ab und zu mal „schwarz" [über die Grenze] herein gekommen ist, hat die älteste Schwester, die Burgl, mit uns Jüngeren in den Wald gehen müssen zum Spielen. Wir haben das nicht mitkriegen dürfen, dass er drinnen ist.

55

Schule

„Daheim konnten sie uns nicht helfen. Auf Deutsch mach ich heute noch immer Fehler."

Elisabeth Plattner

Abbildung Seite 56:
Volksschulklasse in Meran 1937. Die Schüler tragen alle die *Balilla*-Uniform, ebenso wie der Lehrer in Uniform unterrichtet. Im Hintergrund findet sich an der Tafel der propagandistische Spruch: „*La Vetta d'Italia! A chi il sacro confine del Brennero? A noi! Nel sole e nel vento più pura la Vetta d'Italia starà, gridando alla storia futura la Patria commincia da qua!*" Darunter die Fahne der Faschistischen Partei, rechts an der Wand ein Bild Benito Mussolinis.

Abbildung Seite 57:
Grundschulunterricht in Südtirol heute heißt Projektarbeit in offener Unterrichtsform sowie Teamarbeit. In den deutschsprachigen Grundschulen gibt es bis zu fünf Stunden wöchentlich Italienischunterricht, in den ladinischen Schulen findet der Unterricht in allen drei Landessprachen statt, in italienischen Schulen wird der Unterricht der deutschen Sprache versuchsweise noch ausgeweitet.

Am Erinnerungsort „Schule" wird in allen Kontexten – deutsche, italienische, faschistische und nationalsozialistische Schule sowie „Katakombenunterricht" im Untergrund – sichtbar, dass Schule als Ort der Austragung von Politik begriffen werden kann. Bildung ist eng an Ideologie und Grundwerte gebunden. Auch erzählt dieser Erinnerungsort von einem Leitmotiv der Südtiroler Nachkriegszeit, nämlich von den durch Faschismus, Nationalsozialismus, Option, Krieg und Rückoption gebrochenen Bildungskarrieren. Kaum ein Kind dieser Zeit konnte nachträglich eine durchgängige Schullaufbahn und damit die Qualifizierung für weiterbildende Schulen vorweisen. Ideologisch gefärbte, wegen Abwanderung und Krieg manchmal mehrfach unterbrochene Ausbildung in antidemokratischen, faschistisch-diktatorischen Systemen sowie, als Folge davon, mangelnde und fehlerhafte Lese- und Schreibkenntnisse bestimmten das Leben der Menschen und die wirtschaftliche Orientierung im Land nach 1945.

Giuliana Hüttner, geb. Scherlin, Erl/Tirol, Diplom-Säuglingsschwester
geb. 1934 in Kastelruth, Optantin

Ich bin in Kastelruth in die italienische Schule gegangen und hab eine ganz, ganz liebe, junge, italienische Lehrerin gehabt. Die hat uns mit Montessori-Materialien gefördert, mit Materialien, die zum Beispiel die Sinne fördern. Das hat man sich natürlich viel besser gemerkt, als wenn man von ihr etwas nur gesagt gekriegt hätte. Plastilin haben wir gekriegt zum Spielen und Farben, das haben wir alles von daheim her gar nicht gekannt. Das war schon sehr schön. Dann war halt das Drama des Weggehens. Ich hab eigentlich in Deutsch wenig Förderung gehabt, fast gar nicht, und in Erl [Nordtirol] musste ich gleich – ich bin neun Jahre alt gewesen – in die dritte Klasse. Vom Lehrer, der sehr nationalsozialistisch gestimmt und sehr streng war, wurde ich durchgeboxt. Muss ich ehrlich sagen: geboxt. Das war wirklich schlimm. Der ist handgreiflich geworden. Auf alle Fälle war das für mich der Grund, dass ich meine ganze Schulzeit über gesagt hab: Ich will zurück, ich bleib nicht da.

Die Schule war schon die Hauptsache. Ich bin ja mit 14 Jahren mit einem fürchterlichen Zeugnis ausgeschult und hab mir nichts mehr zugetraut. Ich habe aber so einen starken Wunsch gehabt, mich trotzdem weiterzubilden, dass ich dann mit 21 Jahren probiert hab, in Innsbruck in der Klinik in die Krankenpflegeschule einzutreten. Ich hab die Aufnahmeprüfung gemacht und die ist super gelungen. Und dann wollte man natürlich immer weiter, da bleibt man nicht mehr stehen.

Helmut Kritzinger, Innsbruck, Angestellter, österreichischer Politiker
geb. 1928 in Sarnthein, Optant, nicht ausgewandert
Ja, ich war auch in einer Katakombenschule. Geleitet hat sie eine Frau, die ehemals Lehrerin war – die Lehrer sind ja entweder entlassen worden, oder sie mussten zum Unterrichten nach Italien hinunter, tief in den Süden. Diese Frau, Maria Kofler hat sie geheißen, hat in dem verwinkelten Dorfteil gewohnt, der etwas düster und finster gewesen ist, da hat man niemanden ohne ... da war keine Straßenbeleuchtung, wie man sie heute hat. Und da haben wir Kinder uns hinschleichen müssen, damit uns ja niemand sieht. Es waren nicht allzu viele, es waren sechs, sieben Kinder nur. Die Leute hatten einfach Angst – teilweise, um die Kinder zu schützen, teilweise auch davor, in den Familien die Leute anzusprechen, weil jeder wusste, dass man sich damit strafbar machte. Man war da ja nicht zimperlich, ziemlich saftige Strafen aufzudiktieren. Wir haben selbst ein bisschen Angst gehabt, kann ich mich erinnern, weil wir nicht so genau unterscheiden konnten: Wer darf uns nicht sehen und wer darf uns wohl sehen und so weiter. Im Unterricht dann haben wir halt ein mangelhaftes Deutsch gelernt, es war wirklich nicht viel dahinter.

Anna Mair, geb. Scherlin, Erl/Tirol, Bäckerin
geb. 1931 in Kastelruth, Optantin
Ich kann nicht viel erzählen, da war ich fast noch zu klein. Das war doch '39, da war ich acht Jahre alt. Ich weiß nur, dass der Bruder sich sein *Balilla*-Gewand gern selber gekauft hätte, weil der Vater gesagt hat, er kriegt keins. Sonst von uns weiß ich überhaupt nichts, aber von der Schule schon ... da haben die Lisl und die Burgl, meine Schwestern, einen Vorteil gehabt, weil sie hatten schon Deutschunterricht gehabt, aber ich bin in die italienische Schule gekommen. '43 sind wir ja alle heraus nach Pfaffenhofen: Wir schon zum Schulbeginn, die anderen im November. Das war eine Hauptschule, und ich, von der italienischen Schule heraus, hab mich so schwergetan. Eigentlich war es ein schönes Heim in Pfaffenhofen, da waren Klosterschwestern. Die Frau Direktor war die Berta Schuchter, eine ganz sympathische Lehrerin oder Direktorin, und das Fräulein Riedl war die Heimleiterin, auch eine ganz Nette, und die Frau Menz, das war ein bisschen eine Strenge, was hat die unterrichtet? Rechnen und Geschichte oder irgendwas. Und die Frau Seißer, die hat mit ihrem Mann eine

schöne Villa im Wald gehabt. Die haben wir nachher einmal besucht, wie ich schon verheiratet war. „Ich bin das *Gitschele* von Kastelruth", hab ich gesagt. *„Mei"*, hat sie geantwortet, *„das Gitschele"*, und weil ich mich so schwergetan hab, „du hast mir so leidgetan".

Berta Meraner, St. Michael/Eppan, Sekretärin
geb. 1924 in St. Michael/Eppan, Optantin, nicht ausgewandert

Ich bin früh weggekommen, nach zwei Jahren an der italienischen Schule in Bozen, bin dann nach Achern, Baden-Baden. 187 Mädchen sind hinaus, da waren auch viele Bekannte aus unserer Schule. Die Frau Gebert-Deeg war auch in Achern und ein paar Lehrerinnen von Südtirol sind mit hinaus. Wir haben eigentlich sehr nette Professorinnen gehabt, das war schon eine gute Schule. Gleichzeitig ist die Schule in Rufach für die Buben gewesen. Dort ist schon so ein bisschen sehr nationalsozialistisch eingehämmert worden.

Das erste Jahr wurde am Sonntag sogar eine Messe im Heim gefeiert, aber dann ist dies verboten worden, von oben. Nicht unsere Heimleiterin, Fräulein Keit, hat es verboten, aber sie hat sich danach richten müssen. Ich kann mich noch gut an die letzte Messe erinnern. Ein junger, netter geistlicher Herr, hat die immer gelesen. „Es tut mir leid", hat er gesagt, „ab heute darf hier im Heim keine Messe mehr gelesen werden, was ich sehr bedauere, als Priester und als Deutscher." Dann ist er raus in die Sakristei und zwei von unseren Lehrerinnen, die katholisch waren, haben geholfen, die Gewänder zu verräumen. Die Nora Brei, eine von meiner Klasse, hat das Lied „Auf zum Schwur, Tiroler Land" angestimmt. Da haben wir mit Schwung mitgesungen. Dabei war immer jemand angestellt aufzunehmen, wer was sagt, aber ich hab mir gedacht, ja, das soll sie ihnen jetzt nur sagen, dass wir gesungen haben. Auf zum Schwur, als Antwort! Danach sind die meisten der Südtirolerinnen in der Stadt zur Messe gegangen. Auch unsere Lehrerin Fräulein Josefine Birkenmeier aus Freiburg im Breisgau ist da mitgegangen.

Elisabeth Plattner, geb. Hafner, Jenesien, Landwirtin
geb. 1925 in Mölten, Optantin, nicht ausgewandert

Ich bin '32, glaube ich, eingeschult, mit sieben Jahren. Die italienische Lehrerin hat kein Wort Deutsch gekonnt und wir keines Italienisch. Das Italienischlernen haben wir so durchdrücken müssen. Daheim konnten sie uns nicht helfen. Die Eltern haben oft gesagt: „Schau, wir würden euch gern helfen, aber wir verstehen es nicht."

Alle Schüler bis 14 Jahre sind in einer Klasse gewesen. Es ist schon gegangen. Heute sind die Italiener oftmals neidisch, dass wir Italienisch auch können. Auf Deutsch mach ich heute noch immer Fehler, wenn ich schreibe, weil es nicht das Gleiche ist wie Italienisch. Oft frage ich die Kinder. Und viel schreibe ich nicht mehr.

Walter Silbernagl, Kastelruth, Metzgereibesitzer
geb. 1923 in Kastelruth, Optant, nicht ausgewandert

Ich habe nur die italienische Volksschule gemacht. Sonst gar nichts. '35 bin ich noch in der Schule gewesen, da war der Abessinienkrieg. Im Schulgebäude war ein großer Gang, da war ein Radio; ich kann mich noch gut daran erinnern, wie sie über den Krieg in Abessinien unten berichtet haben. Wir haben die faschistischen Lieder lernen müssen, *Faccetta nera* und *Adua è liberata* – das kann ich, gell, Italienisch? Ich kann nur den Titel oder, ja: „*Faccetta nera, bell'abissina, aspetta e spera che l'ora si avvicina.*" So haben wir singen müssen. Oder: „*Adua è liberata, ritornata a noi*", haben sie gesungen. Damals haben sie den Haile Selassie, den König der Könige von Abessinien, vertrieben, der ist nach England, und unser König, der Vittorio Emanuele, ist dann auch Kaiser von Äthiopien geworden. Ich kann mich noch erinnern, wie sie die Landkarten aufgestellt haben, da hat man, wenn sie eine Ortschaft eingenommen haben, die kleinen Fähnchen aufgehängt, die Fähnchen, wie man sie heute manchmal auf dem Eis oben bekommt. In der Schule war das und sogar in Bozen auf dem Waltherplatz! Ich hatte einmal das Glück, mit dem Papa nach Bozen zu kommen, da hab ich die große Tafel mit der Landkarte gesehen, am Waltherplatz.

Hermann Oberparleiter, Meran, gelernter Schneider, Kellner
geb. 1934 in St. Lorenzen/Pustertal, Rücksiedler

Wir mussten nach Neu Titschein [heute: Nový Jičín, Tschechien, 1938–1945 Reichsgau Sudetenland] hinein in die deutsche Schule gehen. Das ist so ein, zwei, drei Kilometer weit weg gewesen. In Ehrenberg [Loučka] waren nur sechs oder fünf Südtiroler Familien. Eine Familie Oberhofer aus Pfunders war da noch. Die haben es nicht so gut mit den Leuten können wie wir. So haben es mein Vater und meine Mutter erzählt. Die hatten Schwierigkeiten mit den Einheimischen. Bei uns ist es schon gegangen. Der Knecht und die Magd haben ein bisschen Deutsch können oder haben es gelernt. Ich hab ein bisschen Tschechisch gekonnt, aber das habe ich heute alles verloren. „Dobredan" [richtig: *Dobrý den*] „guten Tag" und „guten Morgen" oder das bisschen halt. Wenn man es nicht braucht, dann vergisst man es. Deswegen haben wir in Neu Titschein in die Schule gehen müssen. Die war ziemlich deutsch, die Schule dort.

Charlotte Müller, geb. Thaler, Meran, Mitarbeit SOS-Kinderdorf,
dann Krankenschwester in Tirol, nach Rückkehr Arbeit in Frisörsalon
geb. 1933 in Gries/Bozen, Rücksiedlerin

'40 oder '41 sind wir in Pradl in Innsbruck eingezogen und ich bin dort in die Schule gegangen. Wir Südtiroler waren natürlich nicht sehr beliebt, das muss ich schon sagen. Ich hatte eine Lehrerin, die war eine sehr fanatische Person, also für den Hitler fanatisch. Wir waren sechs Auswanderer und wenn irgendetwas war, dann haben wir Auswanderer nachsitzen müssen. Einmal musste ich über die Mittagszeit nachsitzen, weil ich zu spät in die Schule gekommen bin. Ich wollte erklären warum, aber das hat diese Lehrerin einfach nicht akzeptiert. Deshalb war ich über Mittag zwei Stunden allein im Klassenzimmer. Dort war eine Kiste, in der man Stanniol gesammelt hat, und aus Langeweile habe ich daraus Bällchen gedreht. Dabei ist mir noch langweiliger geworden und da hab ich mir gedacht, daheim haben wir kein Spielzeug, ich nehme mir so ein Stanniolbällchen mit nach Hause. Also hab ich eines in die Schultasche getan. Ich habe mir nichts dabei gedacht, weil ich selber auch immer wieder einmal Stanniol mitgebracht hatte. Dann bin ich heimgekommen und natürlich hat es danach eine Strafe dafür gegeben, denn das Sammeln vom Stanniol ist damals auf Zetteln genau aufgeschrieben worden. Aber interessant ist, als ich dann 14 Jahre alt war, also nach Kriegsende, kam jemand vom Jugendamt zu mir und sagte: „Fräulein Thaler, ich muss Ihnen nur sagen, Sie sind als Saboteurin angezeigt worden, damals unterm Hitler noch. Sie haben Kriegsgut unterschlagen." Das Stanniol war Kriegsgut! Und das war beim Jugendamt eingetragen. Also das habe ich mein ganzes Leben nicht vergessen, dass diese Lehrerin mich angezeigt hat.

Faschismus

„Ich weiß nicht, wie sie ihm den Namen *verwalscht* hätten: Stimpfli? Er hat es drauf ankommen lassen, aber er hätte die Stelle verlieren können!"

Berta Stimpfl

Abbildung Seite 64–65:
Das vom Südtiroler Bildhauer Hans Piffrader ab 1939 gestaltete Mussolini-Relief am Bozner Finanzamtsgebäude propagiert bis heute *„credere, obbedire, combattere"*, also den faschistischen Leitspruch „glauben, gehorchen, kämpfen". Es verherrlicht mit seiner Darstellung und den gigantischen Ausmaßen die Herrschaft des Faschismus in Italien. Über die Musealisierung und Historisierung des Kunstwerks wird seit Jahrzehnten gestritten. Nach einem Ideenwettbewerb 2011 wurden fünf Siegerprojekte vorgestellt, im Mai 2014 wurde eine Arbeitsgruppe beauftragt, einen gemeinsamen Lösungsvorschlag zu präsentieren. Im Bild der Vorschlag von Arnold Holzknecht und Michele Bernardi aus St. Ulrich: Vor das Relief soll in den drei Landessprachen der Spruch Hannah Arendts „Kein Mensch hat das Recht zu gehorchen" projiziert werden.

Der Faschismus zielte auf eine radikale, schnelle Italianisierung, Entnationalisierung und Entheimatung der deutschen Minderheit südlich der Brennergrenze. In der Verwaltung bedeutete dies die Ersetzung des deutschen Beamtenapparates durch einen italienischen, die Zerstörung der habsburgischen Gemeindeverwaltung und die Einsetzung italienischer *Podestà* als Bürgermeister. Von der willkürlichen Italianisierung der Ortsnamen, der stufenweise Ersetzung des Deutschen in der Schule bis zu italienisierten Familiennamen und Italienisch als einzige Amtssprache bedeutete dies aber eine allgegenwärtige Schikane der deutschen Minderheit. Die damit verbundene Einschränkung an der Teilnahme am öffentlichen Leben brachte einen Rückzug in das Private – die sogenannte „Rückzugsheimat" – mit sich. Als der Name Tirol und die deutsche Presse verboten und schließlich die traditionellen Trachten-, Musik- und Kulturvereine Mitte der 1920er-Jahre vereinnahmt wurden, war der Weg in die Illegalität für die Radikaleren vorbestimmt. Doch der Faschismus erzielte mit seinen Maßnahmen der Entnationalisierung nicht die gewünschten Erfolge. Es begann eine zweite Offensive der Italianisierung: die Majorisierung. Gewaltige Industrialisierungs- und Bauprogramme sollten die durchwegs landwirtschaftlich geprägte Provinz ins 20. Jahrhundert katapultieren. Wasserkraftwerke im ganzen Land, Industrieanlagen in Bozen und Meran sowie damit einhergehend Wohnanlagen für aus dem Süden angelockte Arbeiterinnen und Arbeiter wurden gebaut. So entstand eine italienische Parallelwelt, zu der es für die deutsche Minderheit kaum Kontakt gab – und umgekehrt. Damit einher ging die Errichtung monumentaler symbolischer Denkmalbauten in Form von Gefallenen-, Alpini- und Verherrlichungsdenkmälern für den Faschismus.

Berta Stimpfl, geb. Tappeiner, Laas, kurze Zeit Lehrerin, dann Hausfrau
geb. 1911 in Laas, Optantin, nicht ausgewandert
Wir sind zu Hause deutsch eingestellt gewesen, haben die Faschisten nicht gemocht! Die Faschisten sind auch erst später gekommen – '26 oder '23? Dann ist alles verboten worden, vor allem die Unterhaltung. Wenn die Leute einmal im Jahr eine Christbaumfeier machen wollten oder dass da getanzt worden wäre,

mussten sie ansuchen, damit es erlaubt wird. Kein Theater, nichts! In Eyrs drüben ist in einem Stadel ein Theater gewesen. Wir sind heimlich mit Fahrrädern hinübergefahren. Ich kann mich gut erinnern: Zum Schluss, als das Stück fertig gewesen ist, wurde gesungen: „Ach, ich muss dich nun verlassen, du mein teures Südtirol!" Da ist schon die Option gewesen! Und die haben ein ganzes Lied gesungen. Die Tränen sind uns heruntergeronnen! Wir mussten halt von der Heimat gehen – das ist hart gewesen! So schlecht es uns unter den Faschisten auch ergangen ist, aber was hätten wir machen sollen? Es ist ja alles verboten gewesen! Gar alles! Sie wissen schon: Weiße Strümpfe hat man keine haben dürfen und kein Theater, keine Unterhaltung! Wir sind öfter einmal zu Verwandten auf Ober Laretz hinaufgegangen, um zu tanzen. Das ist ein bisschen vom Dorf weg gewesen. Der Bruder spielte mit dem Ziehörgelchen und es wurde getanzt. Das hat alles heimlich müssen sein!

Mein Mann hat auf der Gemeinde gearbeitet, da ist ein italienischer *Podestà* gewesen. Da hat's geheißen, wenn sie die Namen nicht italienisch „richten", also italianisieren, werden sie entlassen. Zum Beispiel der Muther, den haben sie dann Muteri geheißen. Muteri! Mein Mann hat sich den Namen Stimpfl nicht *verwalschen* lassen! Die haben sie sonst alle entlassen, aber er hat das Militär gemacht, ist Offizier in Italien unten gewesen. Er hat gut Italienisch können, und der *Podestà* hat ihn gebraucht, notwendig! Der *Podestà* hat ja nicht Deutsch können und hat mit deutschen Leuten zu tun gehabt. Er ist froh gewesen, dass er einen hat, der Italienisch kann. So ist mein Mann nicht entlassen worden. Er hat Glück gehabt! Ich weiß nicht, wie sie ihm den Namen *verwalscht* hätten: Stimpfli? Er hat es drauf ankommen lassen, aber er hätte die Stelle verlieren können!

Karl Tarfusser, Nals, Landwirt
geb. 1926 in Nals, Dableiber

Ich hab an dem Tag ministriert. Wie immer. Da war die Faschistenfeier in Nals und das ganze Dorf war beflaggt mit großen Mussolinibildern und mit Sprüchen. Alles verhängt, auf Mauern draufgeklebt, auf jeden Baum. Bei uns daheim, weil wir neben der Kirche sind, ist auch ein großes Mussoliniplakat gehangen. Genau daneben haben wir geschlafen. Als am Nachmittag die Feier fertig war, habe ich vom Stadel die *Stondrstiag*, eine Leiter, geholt. Von der Mutter hab ich einen Pfannenwender mitgenommen und bin gegangen, das Bild runterzutun. Darüber ist die Carabinieri-Kaserne. Sie haben mich gesehen und sind zu viert runtergekommen! An dem Tag sind wegen der Feier viele Carabinieri da gewesen. Die vier sind gekommen, haben mich gefassen – ich war barfuß – und haben mich gestoßen und geschlagen, was gegangen ist. Dann ging's hinauf zur Kaserne zum Brigadier. Er hat gefragt, was ich glaube, was ich da angestellt habe. „*Ma la festa è finita!*", habe ich die ganze Zeit gesagt, „das Fest ist vorbei", dann kann man doch abräumen. „Ja, aber nicht den Mussolini!" Ich habe nie eine Träne geweint, keine einzige. Sie haben gesagt, sie müssen mich einsperren und haben mich bis am Abend ins „Loch" getan. Aber ich habe keine Träne geweint, das muss ich sagen.

Paul Thöni, Mals, Mittelschuldirektor
geb. 1926 in Mals, Optant, nicht ausgewandert

Also ich persönlich habe ausgezeichnete Lehrer gehabt. Wenn die Leute bei uns etwas anders sagen von den italienischen Lehrern – ich habe die besten Erfahrungen gemacht. Von vier, fünf Lehrern hat uns einer nicht gemocht. Danach haben wir eine Lehrerin gekriegt, die haben wir die „Schnaunzla" geheißen, weil sie einen Schnurrbart hatte. Die war ganz elegant, so mit hohen Stöckeln. Damals war das für uns Bauernkinder natürlich ganz etwas Besonderes. Aber die hat uns gemocht. Jedenfalls haben wir da gelernt. Die Kinder hingen an dieser Lehrperson, warum auch nicht? Und das Sprachliche hat man sich langsam angeeignet.

Wir mussten die Uniform der *Balilla*, also der Jungfaschisten, tragen, aber wir Bauernkinder haben die fünf Lire für die *tessera*, also diesen Mitgliedsausweis, nie gekriegt. Wir haben ja kein Geld gehabt. Und so hab ich keine Uniform gekriegt! Aber zum Schluss, weil wir doch gut gelernt haben, sind ein paar solcher Uniformen – die Fetzen, die übrig geblieben sind – verteilt worden: Die Hosen viel zu groß, das hat alles nicht gepasst. Die einen, die Wohlhabenden, die haben sich das vom Schneider natürlich machen lassen. Wenn wir durch das Dorf gegangen sind, dann haben uns Halbwüchsige abgepasst: „Jetzt kommen die Faschisten!" Wir haben uns geschämt! Das war ein Spießrutenlauf durchs Dorf sondergleichen. Auf halbem Weg waren so Bewässerungsrohre, die waren meistens halbwegs trocken, da haben wir unsere Sachen hineingestopft, das Schwarzhemd, die Krawatte und den Hut. Man kann sich vorstellen, wie das nachher ausgeschaut hat. Ich bin sogar zu einer Prämierung vorgeschlagen worden. Wir mussten vor den Offizieren und Parteibonzen vormarschieren, doch ich hatte kein Schnürlein als Gürtel gefunden und so habe ich halt die Hose gehalten,. Dann hat es geheißen: „Thöni Paolo!" Ich musste vormarschieren und wie eine Kanone hat alles gelacht! Ganz zerknittert, voller Dreck bin ich nach vorne marschiert. Sie haben mir ein Kreuzchen auf die Brusttasche aufgesteckt und mir ein Buch von der Dante-Alighieri-Gesellschaft gegeben.

Nur um zu sagen, wie das war: Unsere Lehrerin hat uns so gemocht, dass wir so fest gelernt haben, dass ich sogar so ein Kreuzchen gekriegt habe! Danach habe ich wieder zwei Lehrer gehabt, bestens! Einer war Reserveoffizier der Luftwaffe, der hat mit uns immer Modelle gebaut. Deswegen bin ich bei den Deutschen dann zur Luftwaffe gegangen, das war mein Wunschtraum gewesen. Es war nicht alles schlecht! Diese Lehrer haben ja auch nichts Gutes gehabt. Man muss sie wirklich verteidigen, wo doch so viel geschimpft wird. Das stimmt nicht alles. Die haben unter ganz prekären Verhältnissen, mit ganz schlechter Bezahlung diesen Deutschen, diesen *crucchi*, wie sie uns geheißen haben, etwas beigebracht. Es hat zu jener Zeit auch keine Fremdenzimmer gegeben, deshalb mussten sie unter ganz prekären Verhältnissen ihre Vorbereitungen machen – in kalten Zimmern oder in der Stube, wo halt alle saßen. Man muss sich einmal hineinversetzen! Ich habe das später nachvollziehen müssen, weil ich ja selber diesen Beruf gewählt habe. Also, da muss man schon ehrlich sein.

Regina Dodner, geb. Stockner, Milland, Bauernarbeit, Näherin
geb. 1926 in St. Andrä/Brixen, Optantin, nicht ausgewandert

Überhaupt ist alles verboten gewesen! Singen durften wir auf Deutsch auch nicht. Alles nur italienisch. *Fischia il sasso, Giovinezza*, diese Lieder, *Salve o popolo d'eroi*. Die Lieder könnte ich heute noch, ein Stück vielleicht, nicht das Ganze. „*Salve o popolo d'eroi! Son' rinati i figli tuoi, con la fede nell'ideale, non c'è povero quartiere, che non mandi le sue schiere del fascismo redentor*". Dann kommt „*Giovinezza, Giovinezza!*" Wir haben statt „*Giovinezza*" „Hosenfetza" gesungen. Das ist nicht aufgefallen, sonst wären unsere Eltern eingesperrt worden. Meine Mutter hat immer gesagt: „Tut ja nirgends nichts sagen, weil ihr wisst schon, die werden alle eingesperrt!"

Hilde Gartner, Schwaz, Bankangestellte
geb. 1924 in Welschnofen, Optantin

Der Faschismus war natürlich allgegenwärtig, und die Jugend ist damals ja gezwungen worden. Wir hatten eine Uniform, eine weiße Bluse und einen dunklen Rock. Zu offiziellen Anlässen haben wir sie getragen, sonst nicht, denn daheim war niemand für solche Sachen begeistert oder daran interessiert.

Ich habe eine lebhafte Kindheit gehabt, da war eine ganze Gemeinschaft von Mädchen und Buben und wir haben alles Mögliche gemacht. Alles deutsch, also, von italienischen Aktivitäten haben wir ehrlich gesagt nichts gehalten. In Bozen bin ich mit den Italienerinnen Schule gegangen, da war sogar der Großteil italienisch, sagen wir 96 Prozent ungefähr. Aber freundschaftliche Kontakte außerhalb der Schule hat es eigentlich nicht gegeben. Man hat sich zur damaligen Zeit nur deutsche Freundinnen gesucht. Der Kontakt mit Italienern war rein auf die Schule konzentriert, aber es hat keine Feindschaften oder so was gegeben, das ist alles im normalen Rahmen abgelaufen. Ich glaube, man hat da gar nicht darüber nachgedacht, sondern das war eine reine Gefühlssache.

Walter Silbernagl, Kastelruth, Metzgereibesitzer
geb. 1923 in Kastelruth, Optant, nicht ausgewandert

Die Italiener hatten am Platz oben ein Radio aufgestellt, ich kann mich noch erinnern, als der Mussolini gesagt hat: „*In questo momento abbiamo dichiarato la guerra all'Austria*" – nein: „*alla Francia e all'Inghilterra*". Frankreich und England haben sie den Krieg erklärt, die Italiener zusammen mit dem Hitler. Die haben '39 den Rom-Berlin-Pakt gemacht, *Asse Roma-Berlino* hat es geheißen. Da haben wir runter nach Kollmann müssen und auf der Straße stehen. Wie dann der Mussolini vom Brenner herunter und bei uns vorbeigefahren ist, haben wir alle schreien und jubeln müssen. Das ist, mein ich, die ganze Straße entlang so organisiert gewesen. Was haben wir denn da gejubelt? Für was? Den Mussolini? Den hab ich ja gesehen! Später sind wir unten in Predappio außerhalb von Forlì gewesen, wo er geboren ist. Ich habe mir oft gesagt, der Mussolini wird vielleicht ganz ein ordentlicher Mann gewesen sein, aber die, die er um sich gehabt hat [sic!]... Sonst sind die Italiener feinfühliger als die Deutschen. Die Italiener haben immer die *feste nazionali* auf dem Platz oben organisiert. Als Unternehmer hätte man mit der schwarzen Faschistenkappe hingehen müssen. Die Bauern haben sie auch gerufen. Einige sind ins Dorf gegangen, weil sie interessiert gewesen sind. Einmal, als die Hymne gespielt wurde, hat ein Tagusener Bauer den Hut noch aufgehabt. Da ist so ein Gemeindeangestellter, ein Italiener, hin und hat ihm den Hut heruntergeschlagen.

Kirche

„Die Patres, soweit sie mit der Bevölkerung zu tun hatten, haben diese schon beeinflusst, aber nicht in dem Ausmaß, wie man vielleicht gehofft hätte."

Karl Pobitzer

Abbildung Seite 72:
„Heldenbegräbnis" in St. Jakob in Gröden. Auf dem gigantischen Holzkreuz sind der Stahlhelm und der Siegerkranz zu sehen. Ein paar Männer haben die Hand zum Hitlergruß erhoben, ein Soldat salutiert. Die Kirche und besonders der Kirchplatz wurden 1939/40 trotz Options- und Propagandaverbot in ganz Südtirol zum zentralen Austragungsort der Konflikte, obwohl ein Großteil des Klerus auf der Dableiberseite stand.

Abbildung Seite 73
Die Kirche St. Jakob in Gröden liegt an einem alten Höhenweg, der einst von Venedig über die Dolomitenpässe ins Eisacktal führte. Seit 1981 steht sie unter Denkmalschutz. Heute ist die nur zu Fuß erreichbare Kirche ein beliebtes Wander- und Ausflugsziel auf der Grödner Sonnenseite und gilt wegen seiner einfachen Erreichbarkeit und seiner einzigartigen gotischen Fresken als eine der bekanntesten Sehenswürdigkeiten des Tales.

Ab Mitte der 1920er-Jahre war das Vereinsleben stark eingeschränkt, als einzige intakte, autonome Organisation blieb die Kirche übrig. Geschützt durch das Konkordat von 1929 wurde sie bzw. der Klerus zum zentralen Informationsort für die deutsche Minderheit. Der teilweise erlaubte Weiterbestand der katholischen Presse ging einher mit dem partiellen Weiterleben des katholischen Vereinslebens. Auch blieb die Pfarrschule, der Religionsunterricht in der deutschen Muttersprache außerhalb des Schulunterrichts, in Absprache mit dem Vatikan über 1928 hinaus bestehen. Die Rolle der Kirche bzw. Kanonikus Michael Gampers in der Bildung der „Katakombenschule" als geheimen Unterricht kann gar nicht hoch genug eingeschätzt werden.

Im Zuge der Option wurden Gamper und mit ihm ein Großteil der Geistlichen zu den Fürsprechern der Dableiber. Ihre Hauptargumente bezogen sich auf den drohenden Verlust der Heimat, die Unsicherheit der Auswanderung in Kriegsgebiete und besonders auf die Kirchenfeindlichkeit im nationalsozialistischen Deutschland. Trotz der rationalen Argumentation blieb der Klerus in der Propagandaschlacht allerdings in der Minderheit, zumal es für 1939 ein Options- und Propagandaverbot gab und Generalvikar Alois Pompanin und Bischof Johannes Geisler als radikale Anhänger des „Deutschtums" bekannt waren. Das Optionsergebnis des Klerus stand dann auch in krassem Gegensatz zu dem der Gesamtbevölkerung: Die überwiegende Mehrheit optierte gegen eine Auswanderung. Allerdings wurde Bischof Geislers Option für das Deutsche Reich im Juni 1940 von den Optantinnen und Optanten propagandistisch ausgeschlachtet und trug zur weiteren Verunsicherung jener bei, die das Dableiben befürworteten. Diese Widersprüche finden sich daher auch in den Erinnerungen der Zeitzeuginnen und Zeitzeugen. Der Erinnerungsort „Kirche" lässt sich als weiteres Feld der Auseinandersetzungen um die Option identifizieren, und es muss angesichts des professionell aufgezogenen Propagandaapparates des Völkischen Kampfrings Südtirol (VKS) und später der Arbeitsgemeinschaft der Optanten (AdO) erneut die Frage nach dem Ausmaß des Einflusses des Klerus aufgeworfen werden.

Elisabeth Plattner, geb. Hafner, Jenesien, Landwirtin
geb. 1925 in Mölten, Optantin, nicht ausgewandert

Der Vater hat nicht mehr gelebt, er ist '38 im Mai gestorben, und die Mutter hat gesagt: „Ihr könnt alle tun, wie ihr wollt. Ich wähl nicht und ich geh nicht, außer wenn sie mich wegtragen!" Das höre ich heute noch: „Wenn sie mich wegtragen, dann muss ich ja, aber sonst geh ich nicht!" Und sie ist immer dabei geblieben. Ein paar Mal ist sie zu ihrem Bruder hinunter nach Bozen, der war ein Freund vom Kanonikus Gamper. Der hat in der Marienklinik ein bisschen Auskunft gegeben und hat ganz fürchterlich dagegen geredet. Die Mutter hat gesagt, was der Kanonikus Gamper gesagt hat – davon hielt sie etwas, aber sonst hörte sie nichts. Sie wandert halt nicht aus und sie tut nicht wählen, nicht *daitsch* und nicht *walsch*, und so ist das geblieben.

Josef Peer, Burgeis, Buchhalter
geb. 1921 in Burgeis, Optant, nicht ausgewandert

1939 ist das dunkle Kapitel der Option eingetreten. Der Vater hat am 14. November für Deutschland optiert. Er hat mich vorher gefragt, da ich damals noch nicht volljährig war, was ich mir denke. Und ich habe dann natürlich gesagt: Wenn es zur allgemeinen Abwanderung kommen sollte, dann möchte ich schon mit dem Volk gehen. Der Abt im Kloster, Ulrich Patscheider, hat mich auch gefragt und ich habe ihm dasselbe gesagt wie dem Vater. Sie haben noch zugewartet, ob ich eventuell umsattle, aber das habe ich nicht getan. Der Abt hat mich vorgeladen und gesagt, wie die Sache liegt und steht. Als ich bei meinem Standpunkt geblieben bin, hat er mir zur Antwort gegeben: „Armes, irregeführtes Deutschland!" Das waren seine Worte und: „Leute, die so denken, können wir nicht brauchen!" Das war die traurige Antwort. Ich musste dann am nächsten Tag, am 29. Dezember 1939, um fünf Uhr früh das Kloster verlassen und bin heimgekommen.

Noch einer ist ausgewandert, der Pater Wolfgang, der war Pfarrer in Platt in Passeier. Der hat dann in Österreich, in Oberösterreich draußen, eine Pfarre versorgt, ist aber inzwischen schon gestorben. Wir waren die zwei einzigen Deutschland-Optanten des Klosters. Ich kann mich noch gut erinnern, wie wir ihn zum Bahnhof begleitet haben, als er gefahren ist …

Der Vater hat gesagt, die Mehrheit hat sich fürs Gehen entschieden, dann wollen wir auch nicht dableiben. Obwohl in Burgeis die Sache anders gelegen ist wegen des Klosters. In Burgeis sind 35 Prozent Dableiber gewesen, 35 Prozent! Da hat natürlich das Kloster Marienberg Einfluss gehabt, das Kloster war natürlich fürs Dableiben. In Burgeis war ein Pater als Kooperator [Stefan Pamer, Abt Kloster Marienberg], der war ganz aktiv in dieser Beziehung. Die haben sogar in der Fürstenburg drüben ein Theaterstück gespielt: „Die Auswanderer". Dann kam es so weit, dass sich die Dableiber in ihrem Wahn praktisch schon die Häuser der Optanten zugesprochen haben. In dem Moment, wo die Leute weg wären … So ist der große Spalt ins Dorf reingekommen, der heute noch nicht ganz verschwunden ist, obwohl wir nachher alles versucht haben, um den Zwist irgendwie wieder rauszukriegen.

Karl Tarfusser, Nals, Landwirt
geb. 1926 in Nals, Dableiber
Den Pfarrer haben sie einsperren lassen, weil er einmal gegen die Auswanderung gepredigt und irgendetwas wegen dem Hitler gesagt hat. So fanatisch sind sie gewesen: So, jetzt gehen wir dem Pfarrer eins auswischen. Damals, 1943, ist der Umsturz gewesen. Eingesperrt haben sie ihn erst, nachdem der Deutsche eingezogen ist, und zwar zu Ostern 1944. Nachher ist es ihm etwas besser gegangen: Er ist in Meran eingesperrt gewesen und da, mein ich, ist seinerzeit ein Schulkollege von ihm der Richter gewesen, ein Studienkollege. Übrigens war der Pfarrer der Sohn von Erzherzog Eugen. Aber er hat sich nichts daraus gemacht, er ist ein gerader Bursch gewesen.

Karl Pobitzer, Schlanders, Grundschullehrer und Mitarbeiter
in der Schulverwaltung
geb. 1918 in Schleis/Mals, Dableiber
Die Propaganda in Südtirol, die haben sie gut aufgezogen, die Nazis, das muss man ihnen lassen, in der Propaganda waren sie Meister! Der Kanonikus Gamper, der ja das Haupt der Dableiber war, hatte nicht so viel Geld wie die Nazis, um Propaganda zu machen. Das wurde meistens über die Pfarrer weitergegeben, die meisten Pfarrer waren gegen die Auswanderung. Das sind nur Ausnahmen gewesen, die für die Auswanderung gestimmt haben.
1939! Für mich das schreckliche Jahr. Die [Mönche des Klosters Marienberg] waren sehr zurückhaltend. Die Patres, soweit sie mit der Bevölkerung zu tun hatten, haben diese schon beeinflusst, aber nicht in dem Ausmaß, wie man vielleicht gehofft hätte. Ich habe zwar einige der Patres gekannt, aber die haben in dieser Beziehung immer den Mund gehalten. Außer, wenn sie sich sicher waren, dass man nichts weitersagt. Mit dem Cousin, einem fanatischen Nazi, habe ich über die Nazis diskutiert: Warum sie Nazis sind, was Nazi überhaupt bedeutet, was

der Hitler überhaupt will. Ich habe einen Teil von „Mein Kampf" gelesen, da wusste ich schon, was der Hitler wollte. Und dann im Vinzentinum oder im Priesterseminar hat uns ein Professor über „Mein Kampf" aufgeklärt – über die Hintergründe und über die philosophischen Strömungen, die da zusammenlaufen … Denn das muss man dem Hitler wieder lassen, da hat er schon doch einige Kenntnisse gehabt. Nein, er war nicht so dumm, wie man ihn oft darstellt! [sic!]

Marialuise Mahlknecht, geb. Oberrauch, Meran, Arbeit im Textilgeschäft
geb. 1924 in Bozen, Dableiberin
Elisabeth Riedl, geb. Oberrauch, Steinach am Brenner, Verkäuferin
geb. 1926 in Bozen, Dableiberin

Marialuise: Aber die Einstellung in unserer Familie war immer, wenn man das so nennen kann, schwarz, nicht braun. Wissen Sie, was braun ist? Schwarz sind Katholiken und die Braunen sind die Nazis.

Elisabeth: Das musst du sagen, die Eltern waren sehr religiös …

Marialuise: Christen.

Elisabeth: Christen, aktiv! Der Onkel Toni war auch Christ, der ist um fünf in der Früh in die Messe gegangen, um sich nicht zu gefährden. Aber der Vater sagt, in Meran ist er zur Prozession gegangen und hat sich nie versteckt. Und das war sicher der Halt auch.

Marialuise: Über die Option wurde in der Kirche nie geredet. Doch, vielleicht in den Dörfern schon. In Platt. Da wurde sehr viel Propaganda gemacht. Da ist ja der Pfarrer mit ausgewandert. Die ganze Gemeinde!

Paul Thöni, Mals, Mittelschuldirektor
geb. 1926 in Mals, Optant, nicht ausgewandert

Was gegen die Auswanderung sprach, war natürlich der Glaube! Unsere Leute waren streng gläubig. Die Religion, die war das A und das O, dafür hat der Pfarrer schon gesorgt. Es hat natürlich nicht viel Erfahrung gegeben, man hat aber doch irgendwie von diesen „Neuheiden" draußen ein bisschen gehört und dass da etwas nicht ganz stimmt. Obwohl sie das gut getarnt haben und versucht haben zu bemänteln. Das war ein Hauptgrund, dass die Leute wegen des Glaubens haben dableiben wollen. Aber da war auch der Generalvikar Alois Pompanin, der war ganz für Deutschland und wird wahrscheinlich den Brixner Bischof auch beeinflusst haben. Im Nachhinein kann man das vielleicht ein bisschen nachvollziehen. Er war ein Österreicher, der Bischof Geisler. Der hat deutsch gestimmt, das hat er aber erst danach getan, weil die Geistlichen haben erst später, im Sommer 1940, endgültig abstimmen müssen, während wir es mit Jahresende tun mussten. Aber da haben wir vorher schon gewusst, der wird wahrscheinlich hinaus wählen … Jedenfalls war das Optieren der Kirchenführer eigentlich beruhigend für diese Angst, wegen dem Glauben, wegen diesen „Neuheiden" draußen.

Franz Trebo, Innsbruck, gelernter Maler, dann Fräser
geb. 1926 in Enneberg, Optant
In die Kirche mussten wir gehen. Abgesehen davon waren früher diese großen Feiertagsmessen schon viel schöner als heutzutage diese Volksmessen. Das war so richtig feierlich. Verstanden hat man natürlich kein Wort, weil alles auf Lateinisch gesungen worden ist. Als Ministranten haben wir schon auch Latein lernen müssen, zumindest das, was man in der Kirche gebraucht hat. In Enneberg gibt es drei Fraktionen: Pfarre, Plaiken und Hof. Jede Fraktion hatte ihre eigene Stunde zum Rosenkranzbeten, am Karfreitag, am Karsamstag und so weiter. Aber ich muss ehrlich sagen, ich habe nie etwas gehört, wie der Pfarrer bei uns gegenüber der Option eingestellt war. Nur der Kooperator hat gesagt, als wir gegangen sind, wir sollen nur fest auf die Mutter Gottes von Enneberg vertrauen.

UEBERSETZUNG

K.N. 249,566

An das Gemeindeamt von Curon Venosta

(Provinz Bolzano)

Der Unterzeichnete ▮▮▮▮▮▮▮▮▮▮

Sohn des ▮▮▮▮ und der ▮▮▮▮▮

geboren in Curon Venosta Provinz Bolzano

wohnhaft in Curon Venosta Strasse ▮▮▮▮▮ Nr. 13

in Kenntnis der zwischen der italienischen Regierung und jener des Deutschen Reiches getroffenen, d
Umsiedlung der Volksdeutschen aus dem Alto Adige betreffenden Abkommen, erklärt unwiderruflich u
förmlich für sich und für seine, unten angeführten Familienangehörigen, **die deutsche
Reichsangehörigkeit annehmen und in das Deutsche
Reich abwandern zu wollen.**

Curon Venosta, den **8 1 DIC. 1939 Anno XVII** 1939-XVIII

Unterschrift:

Familienangehörige:

Gattin: *(Familien- und Taufname):* _____

   Name des Vaters: _____

   geboren am: _____

Legitime minderjährige Kinder:

1. *Taufname:* _____
   Name der Mutter: _____
   geboren am: _____

2. *Taufname:* _____
   Name der Mutter: _____
   geboren am: _____

3. *Taufname:* _____
   Name der Mutter: _____
   geboren am: _____

4. *Taufname:* _____
   Name der Mutter: _____
   geboren am: _____

5. *Taufname:* _____
   Name der Mutter: _____
   geboren am: _____

6. *Taufname:* _____
   Name der Mutter: _____
   geboren am: _____

A/3

Dichiarazione di appartenenza o aggregazione a gruppo linguistico resa al 14° Censimento generale della popolazione ai sensi dell'art. 89 dello statuto speciale per il Trentino-Alto Adige.

Erklärung über die Zugehörigkeit oder Zuordnung zu einer Sprachgruppe, die im Sinne von Art. 89 des Sonderstatutes für die Region Trentino-Südtirol anlässlich der 14. Volkszählung abgegeben wird.

Declarazion de partegnenza o de agregazion a n grup linguistich, fata en ocajion dla 14. cumpededa generala dla popolazion aldò dl art. 89 dl statut spezial per la Region Trentin-Südtirol.

Comune di
Gemeinde
Comun de

APPIANO SULLA STRADA DEL VINO – EPPAN AN DER WEINSTRASSE

Dichiaro di appartenere al gruppo linguistico sotto indicato barrando la casella:

☐ italiano
☐ tedesco
☐ ladino

Durch Ankreuzen des entsprechenden Kästchens erkläre ich, folgender Sprachgruppe anzugehören:

☐ der italienischen
☐ der deutschen
☐ der ladinischen

Con encrojé l cadrel relatif declareii de partegnì al grup linguistich:

☐ talian
☐ todesch
☐ ladin

OPPURE

Dichiaro di non appartenere ad alcuno dei predetti gruppi linguistici, ossia di essere "altro", e di aggregarmi (ai fini dell'esercizio dei diritti ed interessi legittimi collegati dalla legge all'appartenenza ad uno dei tre gruppi linguistici e della determinazione della consistenza proporzionale dei gruppi stessi) barrando una delle sotto indicate caselle:

☐ italiano
☐ tedesco
☐ ladino

ODER

Ich erkläre, keiner der drei genannten Sprachgruppen anzugehören bzw. "anders Erklärender" zu sein und (zur Wahrnehmung der Rechte und der rechtlich geschützten Interessen, die gesetzlich an die Zugehörigkeit zu einer der drei Sprachgruppen gebunden sind, und zur Festlegung des proporzmäßig relevanten Bestandes der einzelnen Sprachgruppen) durch Ankreuzen eines der unten angeführten Kästchen mich der folgenden Sprachgruppe zuzuordnen:

☐ der italienischen
☒ der deutschen
☐ der ladinischen

O ZENZA

Ie declareie de ne partegnì a degun di trei grups linguistics nominés dessoura, ma de m'araté "auter", y de m'agreghé (ai fins dla valenza de derc y di interesc legitims conliés dala lege ala partegnenza a un di trei grups linguistics y per la determinazion d'amonta proporzionala di singui grups), encrojan un di cadriei chilò dessot, al grup linguistich:

☐ talian
☐ todesch
☐ ladin

Scheda relativa a (cognome e nome)
Zählblatt der/des (Zu- und Vorname)
Sfuei de cumpededa de (cognom y inom)

nato/a il
geboren am
nasciù/uda ai

Sottoscrizione del dichiarante
Unterschrift der erklärenden Person
Sotscrizion dla persona declaranta

31. Dezember 1939

„Sollen wir doch wählen?"
„Gehen wir ins Dorf wählen!"
„Was sollen wir tun?"

Elisabeth Plattner

Abbildung Seite 80:
Das Formular für die Option für das Deutsche Reich war von einer auffälligen orangen Farbe, ein Topos, das in zahlreichen Erzählungen von Zeitzeuginnen und Zeitzeugen erwähnt wird. Hier ein am 31. Dezember 1939 unterzeichnetes Optionsformular aus dem Vinschgau.

Abbildung Seite 81:
Das Formular der Sprachgruppenzugehörigkeitserklärung. 1981 wurde im Zuge der allgemeinen Volkszählung erstmals die namentliche Erklärung eingeführt, was zu Protesten vonseiten linker Gruppierungen und Personen aus gemischtsprachigen Familien führte. Der Zwang, sich ausschließlich einer der drei Sprachgruppen zugehörig zu deklarieren, veranlasste Alexander Langer zum Vergleich mit 1939 und dem Schlagwort „Option 1981". Der Zwang wurde 1991 abgemildert durch die Möglichkeit, sich als „anders Erklärender" zu deklarieren.

Dieser Erinnerungsort könnte auch den Titel „die Wahl" oder „der Riss" tragen. Mit Bekanntgabe der Richtlinien zur Umsiedlung Ende Oktober 1939 und der Verlautbarung des Enddatums der Stimmabgabe, dem 31. Dezember 1939, begann eine politische, propagandistische und psychologische Zuspitzung auf diesen Tag. Er blieb vielen Menschen in Form innerfamiliärer Diskussionen, vehementer Konflikte und zerrissener Familienbande in Erinnerung und symbolisiert gleichzeitig das kontinuierliche Hadern mit der Ungewissheit und mit sich selbst. Der 31. Dezember 1939, der Stichtag, wird dann auch zum omnipräsenten Thema des Jahres 1939. Was der italienische Faschismus in zwanzig Jahren Diktatur nicht geschafft hatte, gelang unter dem Zugzwang des Nationalsozialismus innerhalb weniger Wochen: Die „deutsche Volksgruppe" zerfiel angesichts der „Wahl" in verfeindete Lager. Der „Riss" ging durch Dorfgemeinschaften, durch Familien und durch alle sozialen Lager.

Johann Weissenegger, Völs am Schlern, Landwirt
geb. 1933 in Völser Ried/Völs am Schlern, Dableiber

Zwei Stunden hat eine Messe früher manchmal gedauert. Bis zehn Uhr vielleicht, ich weiß nicht. Dann ist einer da gekommen und hat sich mit meinem Vater, der eigentlich schon fürs Gehen eingestellt war, und noch ein paar – drei, vier oder fünf, sechs, die nicht wussten, was sie tun sollten – zusammengetan. Die haben das abgeredet und sind zum Entschluss gekommen, sie wählen *walsch*, also sie wählen fürs Dableiben. Eine Weile sind sie auf dem Dorfplatz gestanden, dann sind sie zum Altersheim, Spital hat es geheißen, da war die Gemeinde drinnen. Die Nazis haben das beobachtet und sind sogar auf den Turm hinaufgestiegen, um von dort aus zu sehen, wo sie hingehen. Die anderen haben sich drüben auch umgeschaut und gesehen, dass sie vom Turm aus beobachtet werden. Die haben schon gespürt, dass da irgendwie ein bisschen eine Stimmung drin ist. Mein Vater hat dann umgewählt. Er hatte *daitsch* gewählt gehabt, dann hat er umgewählt. Die anderen haben auch *walsch* gewählt. Das ist eine mutige Entscheidung gewesen von meinem Vater. Zuerst ist er ja Propagandamann gewesen, hatte deutsch gewählt gehabt. Das Umwählen kam also sozusagen einem Verrat gleich. Das hätten andere nachahmen können oder überdenken, dass da manche anders denken als nur *außi*, hinaus.

83

Später ist der Vater mit seinem Ahnenpass gekommen, hat ihn auseinandergetan, ich bin neben ihm gestanden. Der Ofen hat schön gebrannt, er hat den Ahnenpass genommen und ihn ins Feuer hineingeschmissen. Das hätte er ja nicht müssen, aber er wollte sich von dem Hakenkreuz, das da drauf gewesen ist, lösen. Und dann ist das Drama losgegangen. Am Sonntag darauf, der letzte Dezembertag muss ein Sonntag gewesen sein, bin ich mit dem Vater hinauf nach Völs zum Kirchen und bin neben ihm im Stuhl gewesen. Ich bin da sechs Jahre alt gewesen. Nach der Messe sind wir auf den Kirchplatz hinausgegangen und sind plötzlich alleine dagestanden. Das hat den Vater fast umgebracht, das hab ich gespürt. Die Leute sind alle weit um ihn herum ausgewichen, alle! Sonst ist er immer inmitten der Leute gewesen, hat geredet und so weiter. Und jetzt auf einmal – kein Mensch mehr! Die haben alle weggeschaut und sind weggegangen. Nur wir zwei: Fünf Meter links und rechts ist niemand gestanden. Das war am Sonntag darauf. Und es ist schlimmer geworden.

Elisabeth Plattner, geb. Hafner, Jenesien, Landwirtin
geb. 1925 in Mölten, Optantin, nicht ausgewandert

Am Silvestertag ist der letzte Wahltag gewesen. Die Mutter hatte gerade Nachtmahl gerichtet und sagte: „Endlich, jetzt ist dieser Tag auch vorbei, jetzt wird man doch bald die selige Ruh' haben." In dem Moment kommt einer bei der Tür herein mit einem Brief, den ihr Bruder ihr geschrieben hat. Darin hat es geheißen, sie solle halt doch [fürs Gehen] wählen, es wird einfach nichts helfen, wenn man auf Leute angewiesen ist mit der Arbeit. Die Mutter hat sonst nie etwas gesagt, aber da hat sie direkt einen Zorn gekriegt. „Nein, hör mir auf!", hat sie gesagt, „Meinst, ich geh heute noch wählen? Ich wähl überhaupt nicht!" Meine Schwester, sie ist um zwei Jahre älter gewesen als ich, sagt zur Mutter: „Was tun wir denn jetzt?" Das war wirklich so: Die Arbeiter haben alle gesagt, jetzt gehen wir. Wir hatten noch eine Dirn, sonst haben wir die Arbeit schon alleine gemacht, aber eine ist noch gewesen und zwei Knechte, drei, und auch die haben jetzt gesagt: Sie gehen, denn bei *Walschen* können sie nicht mehr arbeiten. „Sollen wir doch wählen?" „Gehen wir ins Dorf wählen!" „Was sollen wir tun?" Lang hin und her. Und da haben sie die Mutter überredet, sodass sie sich etwas anderes angezogen und das Ross gerichtet hat und auf Mölten hineingefahren ist zum Wählen. Mit Schmerzen im Herzen, das war hart für sie. Nein, den Tag werde ich nie mehr vergessen. Ich bin daheimgeblieben, ich war 14 Jahre alt, bin gerade erst aus der Schule draußen gewesen. Die Schwester und einer von den Männern sind mit der Mutter mitgefahren. So hat sie den Zettel um Mitternacht unterschrieben. Nein, das ist eine Sauerei gewesen! Ich bin in den Stall hinübergegangen und bin dort gesessen, bis ich gehört hab, dass die Mutter kommt. So hat es mich ergriffen, ich habe nicht mehr im Haus drüben sein können. Die anderen haben gesungen und gejubelt, weil sie jetzt endlich als Auswanderer gewählt haben – die Arbeiter, wenn sie 18 gewesen sind, haben auch wählen können. Nach ihrer Rückkehr bin ich mit der Mutter ins Zimmer gegangen und sie hat gesagt: „Morgen ist Neujahrstag." Das ist ja immer eher ein Festtag gewesen und es ist etwas Besseres gekocht worden. Aber sie hat gesagt: „Morgen kann ich nicht mehr aufstehen." Sie ist dann auch den ganzen Tag im Bett gelegen und wirklich total fertig gewesen.

Das war eine Propaganda, sondergleichen. Ich sag oft zu den Kindern, das würde ich euch nicht wünschen. Wenn es heute wäre, würden sie, meine ich, wieder gleich hin und her streiten.

Theresia Sanin, geb. Christof, St. Michael/Eppan,
Hauswirtschaftslehrerin und Privatzimmervermieterin
geb. 1930 in St. Pauls/Eppan, Dableiberin

Sehr viele Diskussionen hat es gegeben. Die Entscheidung, das war wirklich ganz schwierig. Mein Onkel ist immer wieder zum Vater gekommen: „Was tun wir? Was tun wir?" Dann hat er gesagt: „Für mich gibt's keinen Zweifel mehr." Er optiert nicht, er bleibt da und ist mit der Überzeugung, dass er dableibt, heimgegangen. Der Onkel ist dann auf die Gemeinde und hat für Italien optiert. Nachher dauerte es nicht lang, hat er wieder umoptiert. Immer wieder ist er zu uns gekommen, in Verzweiflung, weil er nicht wusste, was tun. Er hat immer wieder umgewählt und wieder umgewählt. Zum Schluss hat er dann doch für Italien optiert und dann ist es so geblieben. Daran kann ich mich noch erinnern, dass der Vater gesagt hat: „Nein, jetzt ist er schon wieder da gewesen und der weiß einfach nicht, was tun." Immer wieder hat ihm wer hineingeredet: „Du musst so und so tun!" Bis zur Entscheidung war es, sagen wir, sehr schwierig.

Karl Pobitzer, Schlanders, Grundschullehrer und Mitarbeiter
in der Schulverwaltung
geb. 1918 in Schleis/Mals, Dableiber

Schon im Juli '39 hat man gehört, dass da etwas los ist, aber erst im Oktober wurde endgültig das Datum festgelegt: Mit dem 31. Dezember '39 muss optiert werden. 1939: Das schreckliche Jahr für mich! Obwohl ich erst im Juni '40 optieren musste, weil ich Theologie studiert habe. Diese Propaganda! Mah! Was sie da gelogen haben. Ja, die Option war eine schreckliche Zeit! Unsere Familie hat für Italien optiert oder hat praktisch „nichts" getan, aber das ist das Gleiche gewesen, als hätte man für Italien optiert. Der Vater hat immer gesagt: „Wir sind da geboren und bleiben auch da!" Ich habe auch „nichts" getan wie auch die Familienangehörigen. Gut, mein Bruder hat am 31. Dezember zuerst für Deutschland optiert, zwei Stunden später für Italien, dann wieder für Deutschland und zum Schluss hat er für Italien optiert. Das wusste aber niemand, weil er den Gemeindesekretär gut gekannt hat. Wir haben schon diskutiert in der Familie, aber wir sind zu keinem Entschluss gekommen. Der Vater hat gesagt: „Tut, was ihr wollt!" Wenn wir für Deutschland optieren, sei ihm das nicht ganz recht, aber: „Wenn wir nichts tun, bleiben wir! Wir haben das Recht!" Der älteste Bruder hat dann wieder für Italien optiert und die anderen waren noch zu jung. Von den Nazis sind wir daraufhin schon ein bisschen verfolgt worden, von den extremen. Obwohl: Ein Cousin aus Mals war einer der führenden Nazis, aber in der Verwandtschaft hat er das nie geltend gemacht. Ich habe mit dem oft halbe Tage lang gestritten.

Fürs Dableiben hat mich mehr oder weniger geprägt, dass wir Verwandte in Innsbruck hatten, die nicht so sehr begeistert für den Hitler waren. Und der Vater hat immer gesagt: „Unseren Boden geben wir nicht auf!" Auch einige andere Familien hat er überzeugt, dass sie dableiben.

Hoffentlich muss Südtirol nicht noch einmal diese Zeit mitmachen. Ich verstehe heute noch nicht, dass unsere Bauern für Deutschland optieren konnten. „Nichts tun", das wäre das Richtige gewesen, oder protestieren! Was alles versprochen wurde: Draußen bekommt ihr den noch größeren Hof und so weiter! Aber mein Vater hat gesagt: „Ich habe in Deutschland nie einen leeren Hof gesehen. Außer ihr kommt in die Gegend ungefähr nach Ungarn hinunter, dann kriegt ihr Höfe. Ihr könnt nur Höfe bekommen, wo die Besitzer weggejagt worden sind." Der Vater war ein nüchterner, sehr erfahrener Mann, der viel in der Welt herumgekommen ist. Auch mit den Italienern hat er sich halbwegs gut verstanden, obwohl er nur sechs Worte Italienisch konnte.

Paul Thöni, Mals, Mittelschuldirektor
geb. 1926 in Mals, Optant, nicht ausgewandert

Ende Dezember 1939 ging es um die Entscheidung: Was tun? Meine Mutter war allein, ich hatte keinen Vater, den hatte sie verjagt. Das hat es damals auch gegeben! Mein Stiefbruder war 16 Jahre älter als ich und so ein Pseudo-, oder ein Vizevater für mich. Aber das Oberhaupt der Familie war natürlich die Mutter! Das ist ein bisschen ein anderes Regime, als wenn es einen Vater gibt. Wir hatten einen wichtigen Nachbarn, der ist dann sogar *Dorfschrackl* [Ortsvertrauensmann/Ortsgruppenführer] hier in Mals geworden wie der Jakob [Habicher] in St. Valentin droben. Es gab auch noch meinen Taufpaten und meine Mutter wollte immer wissen, was tut der eine, was tut der andere. Wenn der's tut, dann müssen wir auch gehen! Obwohl die Leute drei-, viermal umgeschwenkt sind. Nein, wir bleiben da. Dann wieder: Nein, wir gehen. Das war eine harte Zeit! Was wir daheim mitgemacht haben! Deswegen meine ich, man kann das den Leuten nicht unbedingt negativ zuschreiben. Das ist ein Mitläufertum gewesen. Die Leute haben aus Mangel an Information, aus Mangel an Wissen entschieden. Da hält man sich halt an den Nachbarn und daran, was die Mehrzahl sagt. Das ist halt so! Das würden wir heute vielleicht auch machen! Meine Leute waren echte Mitläufer. Was die anderen gemacht haben, das haben wir gezwungenermaßen auch gemacht. Aber meine Leute hatten keine wichtige Position. Der Taufpate schon, das war ein besserer Bauer. Wir dachten, wenn der so tut, dann tun wir auch so! Das war sicher ein Faktor, der für die Deutschland-Option zählte. Er war ein aufgeschlossener Mensch, hat eine gewisse Autorität ausgestrahlt. Wir wussten gar nicht, dass Geheimsitzungen abgehalten worden sind. Ganz am Berg oben haben sie sich getroffen und haben dort ihre Strategien besprochen. Aber das haben wir damals nicht gewusst. Mit 13 weiß man solche Sachen nicht. Das wurde auch nicht laut ausgesprochen, logischerweise! Das wussten nur Vertrauensleute, nicht die breite Masse.

Regina Dodner, geb. Stockner, Milland, Bauernarbeit, Näherin
geb. 1926 in St. Andrä/Brixen, Optantin, nicht ausgewandert

Ende Dezember 1939, das war die schlimmste Zeit, die wir erlebt haben. Am letzten Dezembertag, mein Mann hatte deutsch gewählt gehabt, ist er plötzlich entlassen worden. Da stand er auf einmal ohne Arbeit da. Er hat aber bald wieder eine Arbeit bekommen. Die Firma Aschberger hat Pferde- und Möbelwagen gehabt und als dann 1940 das Auswandern losging, hat mein Mann mit Ross und Wagen in die Täler hineinfahren müssen, um Möbel aufzuladen und die Leute zum Bahnhof zu fahren. Er hat furchtbare Szenen erlebt von Leuten, die ausgewandert sind. Die Leute haben geweint, aber sie mussten gehen, weil am Bahnhof waren sie schon angemeldet.

Propaganda

„Man hat vom tausendjährigen Reich, dem Deutschen Reich gehört, auch dem der Italiener. L'imperatore! Sie haben alle vom tausendjährigen impero geredet."

Walter Silbernagl

Abbildung Seite 88:
In Österreich und im Deutschen Reich protestierten alle politischen Lager gegen die Teilung Tirols. Propagandistisch ausgeschlachtet wurde das „Deutschtum" des Gebietes. Im Bild das Cover der 53 Seiten starken Schrift des Münchner Geschichtsprofessors Ludwig Steinberger, erschienen im Verlag Der Antifaschist, wahrscheinlich 1933. Nach Vorstellung des Autors belagern die faschistische und die nationalsozialistische Spinnen Südtirol.

Abbildung Seite 89:
Die Partei Süd-Tiroler Freiheit provozierte 2007 mit einer Plakataktion, in der auf dem Hintergrund der österreichischen Fahne der Slogan „Südtirol ist nicht Italien" zu lesen war. Eine solche Tafel stand auch auf der österreichischen Seite neben dem Grenzstein am Brenner, sie musste jedoch 2008 auf Bescheid der Bezirkshauptmannschaft Innsbruck entfernt werden, da es sich um „Verbotene Werbung" handle. In der rechtspopulistischen Propaganda von heute finden sich zahlreiche wiederkehrende Topoi aus den 1930er-Jahren.

Im Laufe der 1930er-Jahre hatten sich in Südtirol zwei politische Lager gebildet: Der Deutsche Verband (DV) galt als klerikal, konservativ und konziliant, während sich im Völkischen Kampfring Südtirols (VKS) die oppositionellen, jugendlichen und deutschnational orientierten Gruppierungen sammelten. Als am 23. Juni 1939 das Optionsabkommen bekanntgegeben wurde, reagierte der VKS zunächst gemeinsam mit dem DV mit der rigorosen Ablehnung einer Abwanderung. Bis zum 28. Juni! Tags drauf schwenkte die Führung des VKS um. Von nun an galten als Leitparadigmen für die Organisation die Parolen der Führertreue und des Opfers für das „Volkstum". Mit dem Beharren des DV auf einer Auswanderungsweigerung waren damit die Positionen bereits im Sommer 1939 bezogen. Die „Sizilianische Legende" (ein von den faschistischen Behörden lange Zeit nicht dementiertes Gerücht, demzufolge jenen, die fürs Dableiben waren, die Absiedlung nach Sizilien drohte), die Vehemenz der durch den Faschismus provozierten „Entheimatung" und eine quasi nicht existente Finanzierung drängten den DV und die Dableiberkreise in eine defensive Position. Demgegenüber konnte der zum Sprachrohr der Auswanderer avancierende VKS vom Wissen des NS-Propagandaapparates und von der Finanzierung aus Deutschland profitieren und bald massive Werbeaktionen für die Umsiedlung starten. Im Zuge der gegenseitigen Diffamierung spitzte sich der Konflikt schließlich auf eine Differenzierung zwischen *daitsch* oder *walsch*, also deutsch oder italienisch, zu. Die Propaganda in all ihren Facetten ist den Zeitzeuginnen und Zeitzeugen bis heute lebhaft präsent und vermutlich am stärksten durch die „Sizilianische Legende" symbolisiert. Sie ist somit einer der zentralen Erinnerungsorte der Option.

Walter Silbernagl, Kastelruth, Metzgereibesitzer
geb. 1923 in Kastelruth, Optant, nicht ausgewandert

1935 hat man gar nicht gedacht, dass da etwas anderes kommen könnte. Man hat wohl von Hitler geredet, der ist '33 draußen der Chef geworden. Man hat vom Tausendjährigen Reich, dem Deutschen Reich gehört, auch dem der Italiener. *L'imperatore!* Sie haben alle vom tausendjährigen *impero* geredet. Viele waren begeistert, selbstverständlich, überhaupt für Deutschland. Dann die

Option 1939 – da waren welche, die richtig fanatisch waren. Alle, die deutsch optieren, hat es geheißen, kriegen draußen in Deutschland den schöneren Hof, das schönere Anwesen, als sie hier haben. '39 hat sich die AdO gebildet, die Arbeitsgemeinschaft der Optanten. Die haben in Kastelruth ein Büro gehabt, einen ganzen Stock, da vis-à-vis, wo jetzt der Schuster drin ist. Das Haus hat uns gehört, das haben sie von uns gemietet. Das Büro und die Angestellten, die haben den Auftrag gehabt, die Menschen aufzuklären. Es ist immer nur Propaganda gemacht worden, wie das draußen gut geht und so weiter. Im Ort selbst und in den Fraktionen waren überall Anhänger, die angefangen haben, Propaganda zu machen, aufzuklären. Meistens haben sie halt nur geschaut, dass sie zum Zug kommen.

Bei der Option ist dann etwas passiert. Da haben die Fanatiker und die anderen, die da mitgelaufen sind, beim Schulmeisterhof draußen immer so Versammlungen abgehalten. Was sie da geredet haben, weiß ich nicht, ich war nie dabei. Selbstverständlich hat das die anderen, die Dableiber, irritiert, und auf einmal sind in der Früh auf den Häusern der Optanten Hakenkreuze aufgemalt gewesen. Schwarze. Eine Razzia ist gemacht geworden, ein paar haben sie festgenommen und raus in die Kaserne gebracht. Rizin [richtig: Rizinusöl] haben sie ihnen zu trinken gegeben und vielleicht – so hat man gesagt – haben sie sie auch geschlagen. Als Gegenreaktion ein paar Tage später sind Totenköpfe wieder mit so einer schwarzen Farbe auf die Häuser raufgemalt gewesen: „*Chi tocca il duce, pericolo di morte! Il confine del Brennero!*" Alles so Teufelszeug haben sie wieder draufgeschrieben – überall auf die Häuser. Meiner Ansicht nach haben das dieselben getan, die auch die Hakenkreuze gemalt haben, denn sie haben einen, so einen Beamten, immer den *Tuifelemoler* [Teufelchenmaler] geheißen. Die haben schon gewusst, wer das gemacht hat. '39 haben sie dann auch 39 [richtig: 37] von denen, die da bei der Versammlung beim Schulmeister waren, verraten und haben sie ausgewiesen. Die haben sie geholt und weg mit ihnen.

Martha Ebner, geb. Flies, Aldein, Journalistin, Publizistin
geb. 1922 in Bozen, Dableiberin

Die Option … schon durch meinen Onkel, den Kanonikus Michael Gamper, hat man das mitgekriegt und es ist wie ein Lauffeuer durchs ganze Land gegangen. Am Anfang haben die Südtiroler gesagt, sie wollen nicht hinaus, das kommt gar nicht infrage. Sogar der Peter Hofer, der Führer des VKS, und auch andere haben gesagt: „Lieber lassen wir uns das schwarze Faschistenhemd anziehen, als dass wir gehen!" Der Vorstand dieses Südtiroler Kampfrings und der Hofer Peter sind dann hinaus nach Berlin und vom Himmler empfangen worden. Wie sie zurückgekommen sind, haben sie gesagt: „Es bleibt uns nichts anderes übrig, wir müssen gehen!" Dann haben sich eben die Fronten gebildet: Die Propaganda für das Dableiben und die Propaganda für das Gehen. Doch da war natürlich ein großer Unterschied: Die, die Propaganda fürs Gehen gemacht haben, hatten sehr viele Mittel zur Verfügung, im Unterschied zur Propaganda fürs Dableiben. Walter Amonn, Walter von Walther, Kanonikus Gamper, Doktor August Pichler und Doktor Friedl Volgger und verschiedene andere haben nur mit Ehrenamtlichen, die ihnen geholfen haben, Flugblätter vervielfältigt und sind in die Dörfer gegangen, um Versammlungen abzuhalten. Sie sind teilweise sehr angefeindet worden. Meinem Onkel haben sie zum Beispiel die Reifen vom Auto aufgestochen.

Ich bin da eigentlich nicht so dabei gewesen. Ich war dabei in der Nacht, die Flugblätter zu vervielfältigen und Schreibarbeiten zu machen. Gut, ich war noch eher ein junges Mädchen, aber sonst waren die Frauen da nicht so gefragt. Das war Männersache.

Ein gewisser Karl Felderer, der hat das Lied „Wohl ist die Welt so groß und weit" geschrieben. In der Optionszeit hat man so Bilder gehabt mit der Brennenden Liebe, der Geranie, und dazu gab es für die Dableiber einen Spruch und für die Optanten einen anderen Spruch. Letzteren hat auch dieser Karl Felderer geschrieben. Es wurden Flugblätter herumgereicht, wo sie die Dableiber verunglimpft haben. Und umgekehrt haben natürlich die Dableiber erst recht wieder solche Flugblätter gemacht, wo sie die andere Sichtweise gebracht haben.

Josef Peer, Burgeis, Buchhalter
geb. 1921 in Burgeis, Optant, nicht ausgewandert

Es wurden Versammlungen abgehalten, natürlich. Der Karl Theiner hat aufgeklärt und gesagt, dass wir alle verpflanzt werden, runter in die Poebene. Das ist der Hauptschlager der Optanten gewesen. Aufgrund der Erfahrungen, die man vorher mit dem Faschismus gemacht hat, haben die Leute natürlich gezweifelt, ob das nicht doch Wirklichkeit werden könnte. Das Abwandern haben die Leute nicht verstehen können. Sie haben nämlich damit gerechnet, dass die, die für Deutschland optieren, tatsächlich abwandern müssen. Italiener haben sie aber auch nicht werden wollen. Jedenfalls haben die Italiener auf Intervention vom Bischof praktisch keine Zusicherung gegeben, dass die Leute, die hierbleiben wollen, nicht hinuntersetzt werden. Die Leute haben deshalb natürlich nicht gewusst, was sie anfangen sollen, und gleichzeitig hat die Propaganda eingesetzt – vonseiten des Völkischen Kampfrings Südtirols. Das Ende vom Lied war dann, dass 86 Prozent für Deutschland optiert haben und die 14 Prozent für Italien.

Berta Stimpfl, geb. Tappeiner, Laas, kurze Zeit Lehrerin, dann Hausfrau
geb. 1911 in Laas, Optantin, nicht ausgewandert

Hart ist es gewesen und so viel Unfrieden in den Familien. Die Propaganda hat gelautet: Wir kriegen genau alles, wie wir es daheim haben. Wir kriegen die gleich großen Bauernhöfe, die Gemeinde bleibt beieinander, wir können lernen, wir kriegen Stellen. Das ist eine riesige Propaganda gewesen, wie gut es uns gehen wird. Alles schön vorgesagt hat es geheißen: Wer dableibt, der muss nach Sizilien, ganz hinunter, zuunterst nach Italien. Trotzdem sind einige dageblieben. In Laas haben fast alle für Deutschland optiert. Die hinaus optiert haben, haben die anderen, diese *Walschen*, nicht mehr gemocht. Man hat nur das Gute gehört vom Hitler, immer nur Gutes. Das Schlechte, das ist alles verschwiegen worden. Wenn er wieder einmal gewonnen hat, hat man glatt eine Freude auch gehabt. Aber dann haben wir froh sein müssen, dass verspielt worden ist. Wenn man jung ist, versteht man auch nicht viel. Die Propaganda – das ist eine große gewesen! Fürs Hinaus! Zum Glück ist es nicht so weit gekommen. Der Herrgott hat uns geholfen.

Elisabeth Plattner, geb. Hafner, Jenesien, Landwirtin
geb. 1925 in Mölten, Optantin, nicht ausgewandert

Um '39 ist es stark in Bewegung gekommen, das Reden: Auf der einen Seite die Dableiber, da ist weniger propagandiert worden. Auf der anderen Seite, fürs Rauswählen, ist es schlimm geworden. Da ist nicht viel zum Lachen gewesen. Die haben so Versammlungen gehalten in den Stuben. Ich bin nie dabei gewesen. Aber ich weiß, sie haben öfters einmal an einem Ort eine Stube voll Leute zusammengeladen. Und dann ist einer gekommen, um zu reden: „Hinaus und hinaus! Der Hitler! Und jetzt werden wir deutsch!" Ich bin ja zu jung gewesen. Ich kann mich halt erinnern, einmal in der Nacht ist einer zu uns gekommen, ein Arzt aus Bozen. Der hat geredet und geredet und Propaganda gehalten für hinaus. Einer in der Runde hat dann schon ziemlich viel widersprochen. Als wir alle bei der Tür hinaus sind, seh ich fünf Carabinieri. Wie die das gewusst haben, weiß ich nicht. Die haben den Arzt abgeführt und in die Kaserne gebracht. Später hat er mir – ich hab ihn sogar einmal bei einer Geburt in

Bozen gehabt – erzählt: Runterwärts hat er die Zettel gekaut und in einen Bach geworfen, damit niemand nichts mehr sieht. Unten haben sie ihn verhört und anschließend wieder gehenlassen.

Regina Dodner, geb. Stockner, Milland, Bauernarbeit, Näherin
geb. 1926 in St. Andrä/Brixen, Optantin, nicht ausgewandert

Bei uns sind vier Brüder im Ersten Weltkrieg gewesen, drei Onkel und der Vater – da ist am Abend immer nur vom Krieg geredet worden. Später dann von der Option. Immer solche Themen, wir haben nichts anderes gehört. Propaganda ist gemacht worden für Deutschland, dann sind die Nachbarn gekommen, die haben wieder anders gesprochen: „Nein, wählt nicht hinaus!" Auch meinen Eltern ist vorgesagt worden, man bekommt draußen wieder ein Höfchen. Das ist ja, mein ich, alles nicht wahr gewesen. Oder jemand hat einmal gesagt, dass man dort hinkomme, wo sie die Juden vertrieben haben, man wisse es nie genau. Doch von den Juden habe ich erst später gehört. Dass man am Ort, an den man hingekommen wäre, wieder zusammenkäme. Aber später hat man dann gehört, dass da die Juden haben gehen müssen. Oder haben sie sie umgebracht? Weiß man nicht. Und diese Wohnungen hätte man dann gekriegt. Aber ob das wahr ist, weiß ich nicht.

Meine Freundin Paula hat eine Schwester gehabt, die ist an einem anderen Ort aufgezogen worden. Einmal, wir gehen von der Kirche heim, sagt sie zur Paula, sie soll nicht dableiben. „Du hast ja ein *wallisches* Blut", hat sie gesagt, „wenn du dableibst!" Das gefällt mir heute noch, wie diese Schwester zu der anderen sagt, dann hast du jetzt ein *wallisches* Blut!

Heimat

„Das Wort Heimat ist irgendwie vergewaltigt geworden durch die faschistische Diktatur. Das haben wir nicht verstanden, dass es bei den Nazi das Gleiche war ..."

Johann Fischer

Abbildung Seite 96:
Blick zum Schlern von der alten Straße von Waidbruck kommend nach Kastelruth und Seis, fotografiert zwischen 1902 und 1924. Der Topos Heimat wird meist mit der Schönheit und Eigenart der Landschaft in Verbindung gebracht. So beschrieben vier aus Kastelruth nach Nordtirol ausgewanderte Schwestern der Familie Scherlin unabhängig voneinander dieses Bild als Symbol von Heimat.

Abbildung Seite 97:
Mit ein Grund für die Wahl des neuen Heimatortes war nach Angaben der Mutter der vier Schwestern Scherlin der Blick auf den Zahmen Kaiser, hier vom Niederndorferberg aus gesehen, der sie an die zurückgelassene Heimat in Südtirol erinnerte.

Die Integration in den italienischen Staatsapparat und die Assimilierungspolitik des Faschismus führten bei der Südtiroler Minderheit zu einem sukzessiven Verlust des Heimatgefühls. Das gewaltsame Auflösen kultureller, sozialer und politischer Bande, das Nachhallen des Traumas des Ersten Weltkriegs und „unbesiegten Verlierers", der Ausschluss von politischer Partizipation gepaart mit wirtschaftlichen Verlustängsten lösten in der Südtiroler Gesellschaft eine Identitätskrise aus, die auch die Suche nach alten und neuen Vorbildern und Erlösermächten mitbedingte. Ein emotional besetzter Heimatbegriff war zwar schon vor Ende des Ersten Weltkrieges vorhanden, aufgrund der politischen Instrumentalisierung durch Faschismus, Nationalsozialismus und Option erhielt dieses Bild jedoch noch einmal eine besonders romantisch-verklärte Prägung und Festigung.

Dass der Erinnerungsort „Heimat" stark vom soziopolitischen und kulturellen Umfeld geprägt wurde und wird, sollen unter anderem die hier wiedergegebenen Beispiele von vier Schwestern, die gemeinsam mit ihren Eltern und weiteren Geschwistern 1943 nach Erl in Nordtirol auswanderten, zeigen. In der Ähnlichkeit und vor allem in den Unterschieden, die sich in ihren Versuchen, Heimat zu beschreiben, finden, werden die Verflechtungen von Ideen, Werten, Auffassungen und subjektiver Erfahrungswelt sichtbar.

Notburga Scherlin, Erl/Tirol, Kellnerin im elterlichen Gasthaus
geb. 1928 in Kastelruth, Optantin

Wir hängen alle, also wirklich alle, sehr an Südtirol und wir täten uns natürlich schon freuen … Wenn wir zusammengekommen sind in der Familie, der Vater und die Kinder, nachher der älteste Bruder, dann ist immer gestritten worden deswegen. Der Vater war so unversöhnlich. Wie nachher die EU gekommen ist, haben wir gesagt: „Schau, Vater, jetzt sind wir eh zusammen. Vereintes Europa und so." Das hat er auch nicht akzeptiert.

Südtirol ist die Heimat geblieben, weil es so schön ist und weil wir eben dort geboren sind. Der Schulmeisterhof! Der Schlern! Also wenn ich jetzt hineinfahre und von Waidbruck hinauffahre und den Schlern seh, dann kommen mir die Tränen. Es ist halt einfach Heimat. Und so soll's ja auch sein, oder? Wir hatten eine schöne Zeit gehabt, die Kindheit, trotz italienischer Schule.

Giuliana Hüttner, geb. Scherlin, Erl/Tirol, Diplom-Säuglingsschwester
geb. 1934 in Kastelruth, Optantin
Wenn ich hineinkomme nach Kastelruth, geht das Herz auf, dann bin ich wie ein Vogel. Da geht es mir so gut, da fühle ich mich befreit, leicht, es ist wunderschön, es kann die Höhe etwas ausmachen und die Luft, es kann sein, weil man da geboren ist. Und dann auf die Seiser Alm hinauf – es ist alles schön drinnen, auch wenn es regnet und wenn es schneit. Wie ich das erste Mal hineingekommen bin, wow, das war spät, ich weiß gar nicht mehr, wann man regulär über die Grenze hat dürfen. Ich war damals schon in Innsbruck und bin dann schon öfters zu unseren Verwandten gefahren. Man hat ja dann überall hinkönnen. Wir haben eine Schwester gehabt vom Vater, die hat keine Kinder kriegen können und war immer glückselig, wenn wir gekommen sind. Von der Mutter die Geschwister haben uns auch immer aufgenommen. Das war für uns daheim.
Heimat ist Südtirol, total, sofort, Kastelruth. Es ist die Seligkeit. Drinnen hat man so viel wirklich Seliges erlebt, dass man das nie missen möchte. Das ganze Leben nicht, weil das ja eigentlich das ist, was einen dann im Leben weitergetragen hat. Wenn wir das in Südtirol nicht gehabt hätten, ich weiß nicht, wie es dann gelaufen wäre. Also zum Beispiel bei den Verwandten, das war so eine schöne Atmosphäre, immer wenn man die getroffen hat, wenn man zu denen auf Besuch gegangen ist oder sie zu uns gekommen sind. Es war halt einfach, ja, der Himmel!

Anna Mair, geb. Scherlin, Erl/Tirol, Bäckerin
geb. 1931 in Kastelruth, Optantin
Was ist Heimat? Das ist eine philosophische Frage ... Viel. Unser Leben ist halt die Heimat. Also wir reisen gern, haben viel gesehen, haben Schiffsreisen gemacht, sind auch geflogen. Wir haben allerhand angeschaut, aber daheim ist daheim. Kastelruth nicht mehr, nein. Schon hier in Erl. Jetzt sind wir da, in diesem Haus daheim, mein Mann auch. Wie wir das Haus gebaut haben, das war '74, war es schon schwer. '75 sind wir dann eingezogen, notdürftig, keinen Strom und nichts haben wir gehabt. Vom Kaffee draußen ist einmal die Belegschaft hereingekommen, mit Musik und mit Lichtern, und die haben uns ein bisschen aufgemuntert, dass wir nicht traurig sein sollen, dass es schon werden wird. Aber ich bin ein paar Mal in den Dachboden hinaufgegangen und hab mich so richtig ausgeweint, weil da oben hat mich niemand gehört. Später ist der Fremdenverkehr so richtig gewachsen, da haben wir unten ein Tageskaffee dazugebaut und die große Terrasse, die war jeden Tag pumpvoll. Man vergisst

viel, wenn man so viel Arbeit hat. Wir haben damals, wenn Saison war, Sonntag auch offen gehabt, also jeden Tag. Um sechs war Schluss im Geschäft. In der Bäckerei jedoch war nie Schluss.

Elisabeth Kronthaler, geb. Scherlin, Erl/Tirol, Köchin, Hausfrau
geb. 1929 in Kastelruth, Optantin

Heimat ist für mich einfach alles. Das ganze Leben ist für mich Heimat. Frieden, Freude, Gemeinschaft – Frieden heute ganz wichtig. Wir haben in Erl schon eine gute Heimat gefunden. Wir können uns überall anpassen und wir sehen auch nicht viel Negatives, eigentlich. Südtirol haben wir den Kindern und Enkelkindern irgendwie mitgegeben. Die fahren alle gern hinein zur Wohnung der Schwester Burgl. Die hat drinnen noch eine Wohnung. Ich war voriges Jahr im Herbst mit der Burgl drinnen, und dann haben wir jemanden gebraucht, der uns holt und dann ist unser Enkel gefahren und mein Mann ist mitgekommen, weil der Enkel noch nie drin war, nur als kleiner Bub. Der ist da vor der Wohnung gestanden und hat den Schlern angeschaut, überhaupt das ganze Gebiet, und hat gesagt: „Mei, ist es da schön." *Woll*, das haben wir ihnen schon mitgegeben.

Johann Fischer, Kurtatsch, Gastwirt, Landwirt
geb. 1927 in Kurtatsch, Optant, nicht ausgewandert

Heimat ist für mich alles, wo es mir einigermaßen … wo ich mich wohlgefühlt habe, weil ein Gefängnis kann ich nimmermehr Heimat heißen. Wenn man heute sagt, die Südtiroler haben zu 90 Prozent die Heimat verlassen, dann war das auch nicht mehr Heimat, wo man sich einigermaßen wohlfühlt und in Frieden lebt. Damals ist es ja fast ein Gefängnis gewesen, nicht mehr eine Heimat, für viele. Vielleicht sind sie auch selber schuld gewesen. Wenn sie mit den Faschisten gearbeitet hätten, ihnen sozusagen den Arsch geleckt hätten, dann wäre es vielleicht besser gegangen. Jedem Straßenkehrer ist es nicht so schlecht gegangen, der hat alle Monate sein Geld bekommen – er hat halt müssen ein guter Faschist sein oder zumindest die *Balilla-* oder die Faschistenkluft tragen. Wenn du nicht ein guter Faschist gewesen bist, dann hast du nicht einmal Straßenkehrer machen können. Ein jeder Briefträger, ein jeder Ding hat müssen … Das Wort Heimat ist irgendwie vergewaltigt geworden durch die faschistische Diktatur. Das haben wir nicht verstanden, dass es bei den Nazi das Gleiche war, … weil damals hat man von den Nazis nie etwas Schlechtes gehört, man hat nur das Gute gehört, weil den paar, die gewesen wären, hat man es nicht geglaubt.

Gehen

„Es war am Dorfplatz: Die Leute haben geweint, die Mutter hat geweint, wir sind dann mit dem Postauto weg."

Elisabeth Kronthaler

Abbildung Seite 102:
Vor allem zu Beginn der Abwanderung 1940 gab es an den Bahnhöfen entlang der Brennerlinie inszenierte Volksfeste zur Verabschiedung der Optantinnen und Optanten. In der Aufnahme vom 25. Juni 1940 winken die Menschen am Bahnhof in Brixen Freunden und Angehörigen bei der Abreise zu.

Abbildung Seite 103:
Die Bahn ist immer noch Reisemittel für Auswandernde. Den ersten Optantinnen und Optanten in Innsbruck wurde noch ein feierlicher Empfang bereitet, der propagandistisch ausgeschlachtet und im ganzen Reich gefeiert wurde. Den später Ausreisenden ging es wie allen Flüchtlingen. Hier die Ankunft von albanischen Flüchtlingen des Jugoslawienkrieges in Welsberg, 1991. Auch für sie war es eine Reise ins Ungewisse, dahinter stehen wohl ähnliche Familiengeschichten der Verfolgung, des Verlassens und Verlassen-Werdens.

Wer sich entschieden hatte zu gehen oder wer ausgewiesen wurde, war zunächst einmal mit dem reibungslos funktionierenden Bürokratieapparat des Deutschen Reiches konfrontiert. Neben den Abwanderungs- und Einbürgerungsformularen waren der Antrag zur Entlassung aus dem italienischen Militärdienst und natürlich ein „Arierausweis" nötig. Nach der Überwindung dieser bürokratischen Hürden und dem Aushändigen des deutschen Passes (für die meisten Südtirolerinnen und Südtiroler war es der erste Identitätsausweis überhaupt) bestand dann die Abwanderungsverpflichtung. Bis Oktober 1944 stellten rund 100.000 Familienoberhäupter den Einbürgerungsantrag; es gab damit insgesamt rund 217.000 Umsiedlungswillige. Realität wurde die Umsiedlung zunächst aber vor allem für solche, die keinen Besitz in Form von Grund und Boden hatten – also Beamte, Angestellte und Unselbstständige –, da ihre Ausreise schneller vonstattengehen konnte. Ebenso wurden junge Männer, die im italienischen Militärdienst standen, unmittelbar nach der Abgabe des Entlassungsansuchens aus dem italienischen Heer in die Deutsche Wehrmacht überstellt.

Für die Umsiedelnden bedeutete dies zunächst die Organisation des Zusammenpackens, die Zusammenarbeit mit der Wertfestsetzungskommission, das Verladen und Vorausschicken ihrer beweglichen Güter oder aber deren zeitweilige Einlagerung. Eindringlicher als diese praktischen Dinge jedoch blieben ihnen oft die emotionalen Aspekte des Verlassens oder des Verlassen-Werdens, des Weggehens, der Ungewissheit und des Neubeginns in Erinnerung. Als Ort der Erinnerung ist bei den Zeitzeuginnen und Zeitzeugen deshalb viel weniger der Bürokratieapparat als vielmehr der Moment des Wegfahrens vom Heimatort beziehungsweise vom Bahnhof auszumachen.

Pater Hermann Gasser, Fügen/Zillertal, zuvor Knecht, dann Pater
geb. 1932 in Brixen, Optant

Oh nein, aufregend war die Abfahrt nicht. Was ich jetzt noch weiß, war mein Blick bei der letzten Kurve aus dem Eisenbahnfenster. Irgendwie, trotz meiner kindhaften Naivität, hat es mir wehgetan. Ich dachte: „Brixen siehst du nicht mehr." Das weiß ich noch. Ich hab nichts mitgenommen, gar nichts. Sonst war halt für ein Kind alles neu. Wir sind ja nach Tirol, nach Kirchbichl und von dort nach Jugoslawien.

Elisabeth Kronthaler, geb. Scherlin, Erl/Tirol, Köchin, Hausfrau
geb. 1929 in Kastelruth, Optantin

Wir sind alle ausgewiesen worden, die ganze Familie, weil der Vater bei einer illegalen Versammlung 1939 erwischt worden ist. Sie haben uns noch die Zeit gegeben, zusammenzupacken und ich weiß auch noch ganz gut, wie die Mutter angefangen hat mit der Vorbereitung. Ein Tischler ist gekommen und hat Kisten gemacht, so richtige, große Holzkisten. Wir hätten eigentlich alles mitnehmen dürfen. Ein paar alte *Kastlen* und Truhen hat die Mutter auch verschlagen lassen. Wir haben auch schöne Bilder gehabt und so. Das ist dann alles hinunter gekommen nach Waidbruck und mit dem Zug hinaustransportiert worden. Aber das Weggehen war schlimm, da könnt ich heute noch weinen. Das Zeug war fast alles weg und wir haben dann bei den Nachbarn und Verwandten geschlafen. Ich war 14 Jahre alt und man hat Freunde gehabt im Dorf und ein bisschen einen Schatz auch schon. Wie es halt so ist. Ich kann mich ganz gut erinnern, es war am Dorfplatz: Die Leute haben geweint, die Mutter hat geweint, wir sind dann mit dem Postauto weg und hinunter nach Waidbruck gefahren. Der Dorfplatz war voller Leute, voller Leute. Daran denke ich so oft, wenn wir jetzt hineinkommen nach Kastelruth. Die jungen Leute wissen das ja nicht, aber die älteren Leute bleiben heute noch stehen und gehen auf einen zu und sagen: „Gelt, du bist eine vom Schulmeisterhof?" Die wissen das noch.

In Waidbruck wurden wir in den Zug eingeladen, da gab es Fliegeralarm. In Innsbruck angekommen, mussten wir drei oder vier Tage in einem Hotel wohnen, bis die Formalitäten erledigt waren, sodass wir nach Erl konnten. Ich war die Älteste, die anderen waren im Internat, der Hans war sechs und der Sepp war vier, die Juli [Giuliana] war sieben oder acht. Wie die Mutter und wir Kinder nach Erl gekommen sind, das war das Schlimmste. Das weiß ich noch genau, das war der 18. November 1943: grausig, regnerisch, kalt, das Dach war undicht. Wir hatten da drei Häuser, aber das Gasthaus war verpachtet und wo meine Schwester Burgl jetzt wohnt, da war noch die alte Besitzerin drauf, die hat das Wohnrecht gehabt. Im Metzgerhaus haben wir uns dann die Wohnung eingerichtet. Es gab kein trockenes Holz. Das Vieh waren schon im Stall, auch die Rösser. Der Vater hat immer Haflinger gehabt und fünf haben wir mitgenommen. Mit unseren Rössern und einem Leiterwagen haben wir das Zeug von Kufstein nach Erl gefahren. Die Stube haben wir gleich einmal hergerichtet, damit es die Schwestern fein haben, wenn sie einmal von Pfaffenhofen vom Internat heimkommen. Damit es ein bisschen daheim ist.

Aber geraucht hat es! Wahrscheinlich hat es schon mehre Interessenten für dieses Haus gegeben und die haben den Kamin zugemauert, denn Südtiroler haben das Vorkaufrecht gehabt. Aber wir haben gute Nachbarn gehabt: Die Schwester Anna mit dem Hermann, die Rodenstocks, Brille Rodenstock von München, hatten da eine Villa und eine Landwirtschaft. Der Pächter, der Klingler, ist gleich gekommen und hat gesagt, wenn wir Hilfe brauchen, er ist da. Der Vater war berufstätig, er war Treuhänder [Scherlin war Treuhänder und Wirtschaftsberater beim Reichsnährstand] und hat hier schon gearbeitet. Ich weiß noch, ich bin mit 14 Jahren schon in den Stall gegangen, wir haben sieben, acht Kühe gehabt, das hab ich machen müssen. Da war auch ein Südtiroler, ein Sarner, den hat der Vater hergebracht und der hat bei uns in der Landwirtschaft gearbeitet.

Theresia Sanin, geb. Christof, St. Michael/Eppan, Hauswirtschaftslehrerin und Privatzimmervermieterin
geb. 1930 in St. Pauls/Eppan, Dableiberin

Meine Eltern waren sich einig, dass sie dableiben. Nur haben sie einen Verdruss gehabt, weil auch durch unsere Familie ein Riss gegangen ist. Die Schwester Hilde war schon verheiratet und deren Mann hat gemeint, dass er draußen als Bäcker mehr zu erwarten hat. Sie sind dann '39 ausgewandert. Das war auch für uns schlimm. Der Mann von der Hilde ist eigentlich sofort nach Stalingrad einberufen worden und als Vermisster dort geblieben. Wir haben dann weniger Kontakt zu ihr gehabt oder gar keinen mehr. Wir wussten nicht, wie es ihr ging während des Krieges. Ihr ist es ganz schlecht gegangen, sie war Kriegswitwe und sie und ihre Tochter sind fast verhungert.

An den Abschied von ihr kann ich mich erinnern: Wir haben so eine Stiege gehabt zum Haus hin, und da sehe ich sie noch, wie Hilde und der Mann mit dem Mädchen auf dem Arm unten stehen. Sie haben ein Mädchen gehabt, die Greti, der Bub ist dann in Österreich auf die Welt gekommen, den haben wir später nur einmal gesehen.

Wie gesagt, wir, der Rest der Familie, waren uns einig, zu bleiben. Vielleicht auch durch die Schwester, die Katakombenlehrerin war. Und der Einfluss von Kanonikus Gamper hat sich auch ein bisschen in der Familie widergespiegelt.

Georg Dignös, Ismaning/München, Ministerialrat, Schriftsteller
geb. 1935 in Bozen, Optant

Mein Vater ist 1940 nach München gegangen. Fast zwei Jahre hat er dann drauf gewartet, dass seine Frau mit den Kindern nachkommt. Es war ein Hin und Her. Die Mutter hat verschiedene Gründe gehabt zu zörgern. Erstens war sie stark mit ihrer Heimat verbunden, zweitens hat sie ihren Lehrerberuf sehr geliebt und wollte das nicht einfach so schnell aufgeben. Und der Vater hat zuerst nicht verlangen können, dass sie nachkommt, weil da noch keine Wohnung war. Er hat sich beruflich erst gefestigt und hat dann eine Wohnung gefunden. Davon ist gelegentlich in den Briefen Rede, die sie sich geschrieben haben. Die Mutter schreibt: „Lass dir nur Zeit mit der Wohnung, jetzt muss erst einmal alles geregelt werden hier herinnen." Es war tatsächlich einiges zu regeln. Der Vater war Rechtsanwalt gewesen und hatte sich zum Beispiel mit Italienern aus Mailand eingelassen. Mit denen hatte er ein Spar-, nein, ein Krankenkassenprojekt entwickeln wollen. Das ist gründlich schiefgegangen, diese Leute haben sich als Windbeutel erwiesen. Dabei hat er aber Schulden gemacht, es gab Außenstände. Das waren die Dinge, die meine Mutter zu regeln hatte. Sie hat dann Geld verdient als Lehrerin und konnte uns Kinder damit über Wasser halten. Wir waren woanders untergebracht, ich und meine ältere Schwester, und meine Mutter hat dafür bezahlt, eine Pension sozusagen. Der Vater hat in München dann auch Geld verdient und konnte einiges überweisen. So, dass dann diese Schuldengeschichten allmählich geregelt waren. Die Mutter hat trotzdem immer noch nach Möglichkeiten gesucht, das Dableiben zu rechtfertigen, aber im August '42 ist sie dann raus, mit uns. Und seitdem sind wir in München.

Agnes Gius, geb. Pugneth, Kaltern, Strickerin
geb. 1923 in Kaltern, Rücksiedlerin

Da ist wenig geredet worden von der Option. Die Pfarrer, die haben nicht gewollt, dass man geht. Ich kann mich erinnern, wir wollten Abschied nehmen, da hat der Pfarrer noch gesagt, wir hätten den Schritt nicht machen sollen. Die Möbel hat man mit den großen Autos geholt und die sind zuerst in ein Lager nach Bozen gekommen. Sobald man draußen eine Wohnung hatte, konnte man sich auf der Gemeinde in Schwaz melden, dann sind die Möbel geliefert worden – sogar komplett! Wir haben nach fünf Monaten eine Wohnung gekriegt und alles war da, das ist ein Wunder gewesen. Ich hab zum Beispiel ein *Bettstattl*, das ich als Kind zum Puppenspielen bekommen hab, mitgenommen. Beim

Reingehen zurück nach Südtirol sind ich und mein Mann zehn Tage früher weg und mein Vater ist auch mit uns, aber die Mutter und der Bruder sind noch draußen geblieben, acht oder zehn Tage. Als sie dann beim Packen waren, ist das *Bettstattl* halt nicht mitgekommen. Was damit passiert ist, weiß ich nicht. Das ist wirklich schade, weil das hätte ich gerne noch für die Tochter gehabt, wie sie aufgewachsen ist.

Maria Sigmund, Brixen, gelernte Schneiderin, später Arbeit in Singschule
geb. 1923 in Brixen, Optantin, nicht ausgewandert

Es hat ein Abschiedslied gegeben: „Ach ich muss dich nun verlassen, du mein teures Südtirol!" Es gab dazu eine „schmähige" [sic!] Melodie. Einmal gab es am Bahnhof in Brixen draußen eine Verabschiedung, als viele, viele Brixner Buben einrücken mussten. Halb Brixen ist da am Bahnhof draußen gewesen. Wir drei Mädchen mussten zum Abschied für die Buben singen. Es gibt davon ein Foto, das in einer Zeitung erschienen ist, da sitzen wir drei Mädchen auf Koffern, meine Schwester spielt mit der Gitarre. Dirndln hatten wir an und die Jungen sind in einem Kreis um uns herumgestanden. Die Burschen sind ausgewandert in Lederhosen und einem weißen Hemd, die *Madln* hatten die Dirndln an. Da standen sie um uns herum, immer ein Mädl, dann ein Bursch, dann ein Mädl, immer eingehängt. Sie standen da in einem großen Kreis und wir saßen mitten drin auf den Koffern der Buben und haben das Abschiedslied gesungen:
„Ach nun muss ich dich verlassen, du mein teures Südtirol.
Ich muss ziehen auf fremden Straßen, teure Heimat lebe wohl.
Niemals darf ich wiederkehren, doch die Sehnsucht brennt so heiß.
Und wenn Weh will mich dann lehren, seit ich dich verloren weiß.
Ade, mein teures Südtirol, dort wo einst in stiller Stube meine Wiege stand.
Ade, mein Vaterhaus leb wohl, drin ich spielend meiner Jugend reinstes Glück empfand.
Ade, traute Berge Wälder Fluren – lebet wohl!
Ade, Ade, Ade! Ade, mein Südtirol!"

Zwischenstation Hotel Victoria

„Die haben erst schauen müssen, wo sie hingehen können, und da war das Hotel Victoria der Anfang für die Leute."

Erich Kobler

Abbildung Seite 110:
Notwendige Zwischenstation für alle Auswandernden war Innsbruck. Hier wurden die Optantinnen und Optanten am Hauptbahnhof von einem überdimensionalen Schild mit der Aufschrift „Südtiroler – Großdeutschland heißt Euch willkommen!" begrüßt. Dann ging es in die Empfangshalle der Dienststelle Umsiedlung Südtirol, die im Hotel Victoria vis-à-vis vom Haupteingang des Bahnhofes eingerichtet worden war. Dort begann der Gang durch die Behörden.

Abbildung Seite 111:
Das ehemalige Hotel Victoria am Südtiroler Platz 6 in Innsbruck wurde 1943 bei einem Bombenangriff beinahe gänzlich zerstört, blieb dann als Ruine bis Ende der 1950er-Jahre stehen. 1959/60 wurde es als Wohnungseigentum für die ÖVP wieder aufgebaut und in die bestehende Häuserzeile integriert.

Über die Reise über den Brenner verlieren die Zeitzeuginnen und Zeitzeugen meist nicht viele Worte, vielmehr beeindruckte die Ankunft in Innsbruck. Der Empfang in der „Gauhauptstadt" war pompös. Der NS-Umsiedlungsapparat funktionierte hier, beaufsichtigt durch meist ausgewiesene Südtirolerinnen und Südtiroler, reibungslos, aber in gewisser Weise auch schonungslos. Die Umsiedlerinnen und Umsiedler wurden im Hotel Victoria am Bahnhofsvorplatz, in dem die Empfangshalle der Dienststelle Umsiedlung Südtirol (DUS) untergebracht war, registriert. Es folgten eine Gesunden- und Röntgenuntersuchung, die Einquartierung in Hotels und Gasthöfen und die Zuteilung von Essenskarten und Taschengeld. Innerhalb von vier bis sieben Tagen hatten die Ausgewanderten eine Reihe von Amtsgängen in der „Umsiedlung", dem DUS-Gebäude in der Maria-Theresien-Straße, zu erledigen, bevor sie in die von ihnen bereits vorher ausgesuchten oder nun zugeteilten neuen Wohnorte und -länder weiterreisen konnten. Das Hotel Victoria war somit für alle eine unvermeidbare Zwischenstation. Der Erinnerungsort ist trotz der Zerstörung des ursprünglichen Gebäudes immer noch klar verortbar, nämlich am Südtiroler Platz in Innsbruck, vis-à-vis vom Haupteingang des Hauptbahnhofes.

Franz Trebo, Innsbruck, gelernter Maler, dann Fräser
geb. 1926 in Enneberg, Optant

Zwei Monate bevor wir ausgewandert sind, das war im Mai '40, haben uns zwei Einheimische Deutschunterricht gegeben. In Innsbruck sind wir im Hotel Kaiserhof einquartiert worden. Zum Essen haben wir Zur Eiche gehen müssen, das ist in St. Nikolaus. Nach einer Woche hat der Vater Bescheid gekriegt, es geht nach Ludwigshafen am Rhein. Wir haben natürlich nicht gewusst, wo das ist. Irgendwie muss etwas danebengegangen sein bei der Organisation, weil, wie wir rauskommen nach Ludwigshafen, waren sie am Bahnhof nicht vorbereitet auf unsere Ankunft. Nach Ludwigshafen sollten nämlich gar keine Südtiroler kommen. Dem Vater wurde geraten, nach der NSV, der Nationalsozialistischen Volkswohlfahrt, dem Sozialfürsorgeamt zu fragen. Dann mussten wir ein Stück weit durch die Stadt gehen – überall verrußte Häuser, Ludwigshafen war und ist eine Industriestadt. Das vergesse ich nicht. Wie wir so durch die Straßen gegangen sind, war mein Gedanke: „Nur gut, dass wir da nicht bleiben." Gewusst hab ich's nicht, dass wir wieder wegkommen, aber mit ist das einfach eingeschossen, dass wir da in der Stadt nicht bleiben werden. Die verrußten Häuser und alles andere war so fremd, wenn man von einem Dorf dorthin kommt. In Innsbruck war das Gebirge in der Nähe, dort sind wir schon in den paar Tagen bald mit ein paar Innsbrucker Buben bekannt geworden. Die haben uns zur Villa Blanka raufgeführt und so – aber Ludwigshafen, da war schon total fremd.

Bei der NSV waren Frauen, von denen jede ein paar von uns acht Kindern zu sich nach Hause zum Übernachten mitgenommen hat. Später haben sie im Hotel Rheinischer Hof mitten in der Stadt drei Zimmer organisiert und dort sind wir dann fünf Monate gewesen. Nach einer Woche gab es das erste Mal Fliegeralarm. In den fünf Monaten haben wir dann selten eine Nacht durchschlafen können. Fast jede Nacht gab es Fliegeralarm.

Es war im Mai, als wir da rausgekommen sind. Ich hab dann in die Schule müssen. Ein alter Lehrer hat einen Schulkameraden beauftragt, dass er mich ein bisschen betreuen soll. Dann haben wir eine Wohnung gekriegt, in der Vorstadt von Ludwigshafen, in der Gartenstadt, und uns über den Garten sehr gefreut. Wir haben uns dann dort in der Schule angemeldet und es waren sehr nette Schüler, sehr nette Lehrer. In der Gartenstadt war die Fliegerabwehr, die Flak. Sie muss in nächster Nähe in den Wäldern gewesen sein, denn, wenn die geschossen haben, haben die Fenster und Türen gewackelt. Mein jüngster Bruder, der war damals elf Monate alt, hat bei der Kracherei immer Angst gekriegt. Aus Innsbruck ist dann ein Brief gekommen, wir sollen zurück. Wir hatten noch nicht einmal alles ausgepackt, da sind wir halt zurück nach Innsbruck, und von dort hat man uns nach Vorarlberg geschickt, nach Alberschwende. Acht Monate waren wir in dem Gasthof in Alberschwende und sind natürlich wieder in die Schule gegangen, mit 15 Jahren in die erste Klasse Volksschule, es ist nicht anders gegangen.

Hilde Gartner, Schwaz, Bankangestellte
geb. 1924 in Welschnofen, Optantin

Ich meine, wenn ein Volk irgendwo hinkommt, wo sowieso das andere Volk schon lebt ... Die Nordtiroler haben auch keine besondere Freude gehabt über den Zuzug der Südtiroler, da sind wir einmal ganz ehrlich. Die Südtiroler sind vom Staat zuerst bevorzugt worden, mit Kleiderkarten, mit Wohnungen und so weiter, was natürlich zu Missstimmungen geführt hat bei den Einheimischen. Wir sind am 17. September 1940 ausgewandert und die Deutschen haben sofort Lungenuntersuchungen durchgeführt. Wahrscheinlich aus Gesundheitsgründen, aus Hygienegründen – sie haben wohl nicht geglaubt, dass die Südtiroler ärztliche Untersuchungen hinter sich haben. Was ich eigentlich verstehe, nicht aber die Art, wie diese Untersuchungen gemacht wurden. Die Frauen haben sich ausziehen müssen und Kinder waren dabei und alles – das hat den Großteil natürlich sehr gestört. Das System ist man einfach nicht gewöhnt gewesen. In Innsbruck waren wir eine Woche im Schwarzen Adler untergebracht. Mein Vater hat eigentlich eine Beamtenstelle in Vorarlberg „offen gehabt". Wie er nach Innsbruck gekommen ist, hat man ihm auch Stellen in Tirol angeboten und er hat sofort, weil ihm Tirol natürlich lieber war, eine Stelle beim Landratsamt in Schwaz angenommen. Da war er dann auch später unter Österreich bis zu seinem Tod.

Wir hatten von Südtirol keine Möbel mitgenommen, und zwar deswegen nicht, weil es vollkommen ungewiss war, wo man hinkommt. Die Mama wollte nicht irgendwo in einem Lager unsere Möbel lagern, so haben wir mit dem Onkel vereinbart, wenn wir uns melden, schickt er sie. Nach der einen Woche in Innsbruck waren wir in Schwaz, ebenfalls in einem Gasthof, bis wir eine Wohnung gekriegt haben. In Schwaz haben wir zwei gute Bekannte gehabt, davon Besitzer einer Weingroßhandlung in Jenbach, die haben uns angeboten, sie würden uns in der Zwischenzeit Möbel leihen. Das wollte aber die Mama nicht. Mit dem Möbeltransport ist es schnell gegangen, sie aus Südtirol nachzuschicken. Ich selbst hatte nur Bücher mitgenommen in so einer Art Schultasche. Das waren die Schutzengel-Hefte und ein Buch, das mir meine Tante geschickt hat: „Es wird heilige Kinder geben."

Erich Kobler, Margreid, kaufmännischer Vertreter
geb. 1928 in Margreid, Rücksiedler

Mein Vater war Empfangschef von denen, die ausgewandert sind, am Bahnhof in Innsbruck und hat da alles gesehen. Mein Vater hat auswandern müssen. Von der Elite der VDA [Volksbund für das Deutschtum im Ausland] mussten die meisten innerhalb 31. Dezember '39 auswandern, die haben sie praktisch ausgewiesen. Mein Vater hat sich ein paar Tage vorher am Bahnhof in Margreid einstellen müssen und die Polizei ist mit ihm bis Bozen gefahren. In Bozen ist ein ehemaliger Kollege zugestiegen, ein Kamerad von meinem Vater, ein Dr. Pattis, der war Wirtschaftsberater in Bozen.

In Innsbruck war mein Vater im Hauptquartier, also dort, wo die Leute mit dem Zug angekommen sind. Von dort sind sie ins Hotel Victoria geführt worden, wo sie zu essen bekommen haben. Nachher sind sie gebadet und untersucht worden,

dann alle geröntgt und später auf Gasthöfe aufgeteilt worden. Bevor sie nicht irgendwo einen Platz hatten, haben sie nicht aus Innsbruck wegkönnen. Viele haben schon gewusst, wo es hingeht, und viele andere haben es nicht gewusst. Für die war das Hotel Victoria der Anfang. Und da gab es eben diese Gruppe von acht bis zwölf Leuten, mein Vater war der Chef, und die hat nachgeschaut, ob die Leute ja das alles bekommen, was ihnen versprochen worden ist. Alle hatten so eine Karte, mit der konnten sie frühstücken, mittagessen und abendessen. Es haben ja nicht alle Leute immer gegessen, aber die Kellnerinnen haben dennoch alles gleich einkassiert und diese Karte abgenommen, das ist halt da so gewesen. Mein Vater hat deswegen immer gesagt, wenn eine Tochter von ihm Kellnerin wird, dann schlägt er ihr die Beine ab! Dann sind die Leute eben zugewiesen worden. Ich habe da Leute gekannt, die sind nach Vorarlberg, nach Jenbach, nach Kramsach, nach Telfs, nach Imst, nach Kematen.
Im Hotel Victoria, im letzten Stock oben, war eine Familie Bachmann vom Ritten. Der Mann hat ein Gasthaus in Innsbruck geführt. Seine Frau war Lehrerin und zu der musste ich nachmittags hinaufgehen lernen. Ich hab lernen müssen, weil am Abend hab ich dem Vater oft zeigen müssen, was ich gemacht habe.
In Innsbruck, da sind arme Leute angekommen. Wenn man oft geschaut hat: viele nur mit dem Rucksack und so. Solange sie in Innsbruck waren, ist es ihnen bestimmt nicht schlecht gegangen, weil sie zu essen gekriegt haben und Unterhaltung. In der Maria-Theresien-Straße war das „Breinössl", dort gab es einen großen Saal, da ist Theater gespielt worden. Und die Eltern sind mit den Kindern ins Tivoli gegangen, bis sie gewusst haben, wohin es geht.
Mein Vater hat das koordiniert, bis er 1942, oder '41, beim Russlandfeldzug eingerückt ist. Er ist dann '44 in Italien gefallen. Er hat das in Innsbruck koordiniert und nach meinem Vater ist das ein gewisser Elser gewesen, aber die Auswanderung ist laufend zurückgegangen.

Agnes Gius, geb. Pugneth, Kaltern, Strickerin
geb. 1923 in Kaltern, Rücksiedlerin
'40 im Februar sind wir ausgewandert. Wir sind mit dem Zug rausgefahren, wie alle Auswanderer. Dann sind wir in Innsbruck angekommen und da bist du schon empfangen worden. Vis-à-vis vom Bahnhof ist das Hotel Victoria gewesen. Du hast die Karten gekriegt für vier Tage Schlafen in einem Gasthaus und fürs Essen. Immer wieder hast du in die „Umsiedlung" [Dienststelle Umsiedlung Südtirol, DUS] gehen müssen und da haben sie dann die Papiere aus Bozen überprüft. Die hast du am dritten Tag wieder zurückbekommen. Wir

hatten Glück, denn laut den Papieren aus Bozen wäre ich in ein Gasthaus nach Schwaz gekommen und meine Eltern ins Burgenland. Als wir aber am Tag nach der Ankunft bei der „Umsiedlung" reingehen, kommt einer über die Stiege herunter, sieht meinen Vater und ruft: „Ja, Seppl! Was tust denn du da?" Mein Vater hat Josef geheißen, und der andere ist der Sepp Thaler gewesen. Das war ein berühmter Musiker aus Auer und seine Frau war eine Cousine meines Vaters. Der Sepp Thaler war unterm Faschismus eingesperrt gewesen, aus politischen Gründen, dann hat er optiert und ist gleich nach Innsbruck gekommen. Er war bei der „Umsiedlung" angestellt und hatte da etwas zu sagen gehabt. Wie die Eltern ihm erzählen, dass ich nach Schwaz und sie ins Burgenland kommen sollen, da hat er nur den Kopf geschüttelt und gesagt: „Kommt, gebt mir die Papiere!" Und so konnten wir alle drei nach Schwaz.

Pater Hermann Gasser, Fügen/Zillertal, zuvor Knecht, dann Pater
geb. 1932 in Brixen, Optant

Als meine Schwester nach Neapel zog, brachte sie mich ins Hartmannsheim in Brixen, das war ein Kinderheim. Als wir dann auswanderten, nahm mich von dort der Vater mit und wir fuhren mit dem Zug nach Innsbruck. Dort kamen wir für zwei Wochen oder so ins Café Zentral, doch dann mussten wir da wieder weg. Wir standen ständig unter der Aufsicht der Nationalsozialistischen Volkswohlfahrt, die für uns Unterkunft suchte und fürs Weiterkommen sorgte. Wir kamen dann nach Weißenbach bei Reutte. Dort bekam mein Vater Arbeit und ich kam zu einem kinderlosen Försterehepaar namens Gruber. Nach einem halben Jahr übersiedelten wir nach Kirchbichl in Tirol, dort begann ich die dritte Klasse deutsche Volksschule zu besuchen. Der Vater bekam eine Arbeit auf dem Bahnhof in Wörgl und er brachte mich ins Gasthaus Pfister in Langkampfen. Daneben war die alte Innbrücke mit einem kleinen Postenhäuschen und ich musste dort pro Passant 50 Pfennig einheben. Ich ging dann kurz in Langkampfen in die Schule. In meinen Zeugnissen stand immer drinnen: „Konnte nicht klassifiziert werden, weil erst hierhergesiedelt." Von dort weg kam ich nach Unterangerberg, die Volksschule dort hieß Linden. Dort bekam ich einen Aufenthalt bei der Familie Fuchs, den Franzlbauern. Von dort weg nahm mich der Vater mit nach Rann an der Save, das ist das heutige Brežice an der Grenze zwischen Slowenien und Kroatien. Dort blieb ich dann fast bis zum Ende des Krieges.

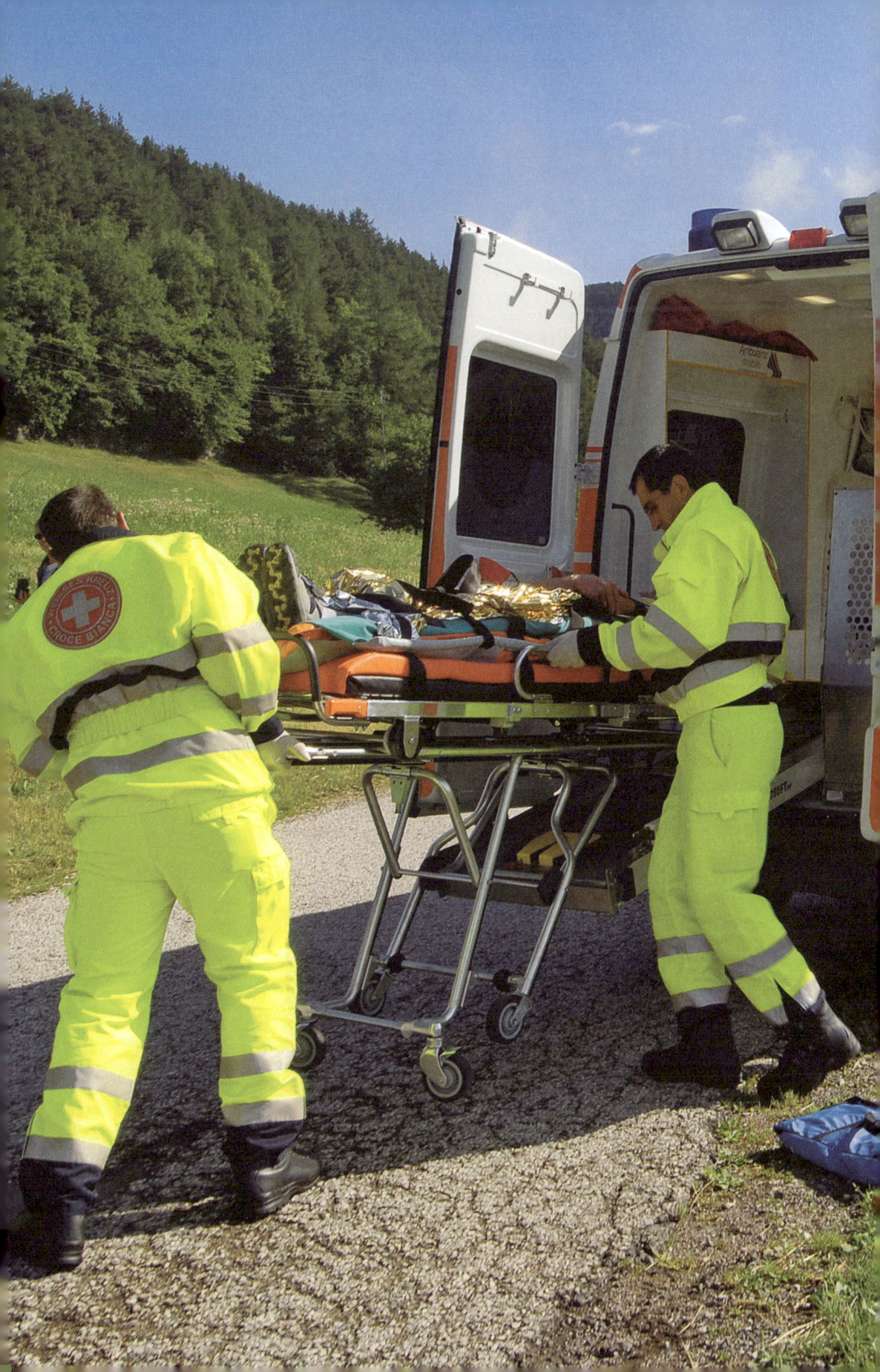

Militärdienst

"Dazumal bin ich untauglich gewesen, dann hat es geheißen zurückgestellt und '43, wie der Italiener kapituliert hat, bin ich zum Südtiroler Ordnungsdienst Wache schieben gegangen. '44 haben sie mich nochmal gemustert und ich bin tauglich gewesen. Im Herbst musste ich dann einrücken und bin zur SS nach Berlin."

Theodor Hoffmann

Abbildung Seite 118:
Für männliche Umsiedler wurde unmittelbar nach ihrer Ankunft in Innsbruck der Militärdienst zur Realität im Deutschen Reich. Nicht selten erfolgte die Aussonderung der wehrpflichtigen Südtiroler bereits in der Bahnhofshalle in Innsbruck. Nach der Grundausbildung wurden sie auf verschiedene Wehrmachtseinheiten verteilt bzw. in eigenen Einheiten an die Front geschickt. Aber auch den Zurückgebliebenen erging es ähnlich: Sie wurden entweder in den italienischen Militärdienst eingezogen oder ab 1943 für eigens eingerichtete Einheiten der Wehrmacht in Südtirol rekrutiert. Viele überlebten den Fronteinsatz nicht.

Abbildung Seite 119:
In Italien wurde die Wehrpflicht 2005 aus- und gleichzeitig ein freiwilliger einjähriger Wehrdienst eingesetzt, der Voraussetzung für die Bewerbung bei Carabinieri, Polizei und anderen Sicherheitsbehörden ist. Daneben gibt es, wie hier beim Weißen Kreuz, die Möglichkeit eines einjährigen freiwilligen Zivildienstes.

Die Erinnerungen der männlichen Zeitzeugen sind überwiegend geprägt durch ihren Militärdienst. Ihre Erzählungen sind meist ausschweifend und detailreich und unterstreichen damit eindrücklich, wie stark das Militärische die männliche Erfahrungswelt formte – und damit die Optionserlebnisse überlappte. Tatsächlich war ein Großteil der Männer in diesen Jahren vom Wehrdienst betroffen: Zunächst waren das vor allem die Jungen, die ihren Präsenzdienst im italienischen Heer leisteten. Durch einen schon ab September 1939 möglichen Antrag zum Ausscheiden aus dem italienischen Militärdienst erfolgte normalerweise die rasche Überstellung in die Deutsche Wehrmacht – und hier oft an die Ostfront. Die Optionsentscheidung der jungen Männer nahm damit häufig die Option ihrer Familien vorweg.

Nach dem Einmarsch deutscher Truppen in Italien am 8. September 1943 wurde Südtirol Teil der Operationszone Alpenvorland. Nun wurden schnell eigene Truppeneinheiten gebildet, denen Heinrich Himmler die Sonderauszeichnung zukommen ließ, sie unbürokratisch in SS-Einheiten umzuwandeln. Rekrutiert wurden, zu Unrecht, auch Dableiber und mit zunehmendem Kriegsverlauf immer häufiger ehemals als untauglich eingestufte Jugendliche sowie ältere Jahrgänge. Der Rest der Männer arbeitete im Südtiroler Ordnungsdienst (SOD) und bewachte militärische Einrichtungen, Brücken, Zugschienen, Fabriken und das Polizeiliche Durchgangslager in Bozen.

Der Militärdienst und als Folge davon Krieg und Gefangenschaft sind somit vornehmlich männliche Erinnerungsorte.

Johann Fischer, Kurtatsch, Gastwirt, Landwirt
geb. 1927 in Kurtatsch, Optant, nicht ausgewandert, SS

Mit siebzehneinhalb Jahren bin ich dann auch eingerückt, am 10. April 1945. Heute noch muss ich lachen darüber. Das war ungefähr einen Monat vor dem Ende, weil am 10. Mai [die Kapitulationsurkunde ist auf den 8. Mai 1945 datiert und wurde am 9. Mai unterzeichnet] ist ja hier schon alles vorbei gewesen. Wenn wir Trottel uns irgendwo versteckt hätten, dann hätten wir überhaupt nicht einrücken müssen. Aber wenn man ein bisschen sein Gewissen erforscht: Wir sind ein bisschen blöd gewesen und haben noch „Heil Hitler!" geschrien. Zudem hat man auch Angst gehabt wegen der sogenannten Sippenhaft. Da hätten nachher die Eltern oder andere eingesperrt werden können, weil man ein Fahnenflüchtiger geworden ist. Am 10. Mai ist es sowieso auch in der Tschechei vorbei gewesen. Wir sind dann wieder zurück, vier sind wir gewesen da aus Kurtatsch, die eingerückt sind, so junge *Fetzer*.

Nachher sind wir noch zur SS gekommen, da habe ich den Stempel da oben am Arm bekommen, wo ist er denn? Da! Das haben wir auch nicht gewusst, dass das bleibt, sie haben gesagt, Impfen ist das. Aber ob wir es gewusst hätten oder nicht, sie hätten es uns doch hineingestochen und wir hätten sie lassen. Weil das wäre ja fast ein Kriegsverbrechen gewesen, wenn man es verweigert hätte. Sie haben nur nicht mehr die Zeit gehabt, sonst hätten sie einen wegen so einem Blödsinn auch noch ins Konzentrationslager gesteckt.

Erich Kobler, Margreid, kaufmännischer Vertreter
geb. 1928 in Margreid, Rücksiedler, Wehrmacht

Im Jänner '45 musste ich zur Wehrmacht, aber weil mein Vater gefallen ist, habe ich einen Sonderurlaub bekommen und sollte erst Mitte Jänner einrücken. Effektiv bin ich erst Ende Jänner eingerückt, weil meine Mama hat den Kreisleiter von Tramin, den Herrn Walch, gekannt, und der hat eine Bestätigung ausgestellt, dass ich nicht wegfahren kann, weil die Brücke von Auer bombardiert worden war, was auch öfter passiert war. Bei meiner Einrückung sind alle Gruppen des Jahrgangs schon aufgeteilt gewesen, als Funker zum Beispiel. Für mich haben sie keinen Platz mehr gehabt. „Was sollen wir denn anfangen mit dem alleine?", haben sie gesagt. So haben sie mir einen Unteroffizier zur Verfügung gestellt und der hat mir dort, wo heute das Einkaufszentrum DEZ ist, schießen beigebracht. Damals war da ja noch kein Haus.

Ich war bis zum Ende des Krieges dort in der Konrad-Kaserne. Unten im Bunker war ich Meldegänger und musste mit Meldungen hinüber nach Hötting, wo die Offiziere waren. Mir haben sie halt so Sonderaufträge gegeben, so musste ich auch manchmal mit dem Ross wohin fahren. Und dann, am Ende, im April oder Ende März, haben die anderen, die ausgebildet waren, alle wieder nach Mittenwald hinaufgehen sollen, den Amerikanern entgegen. Ich habe gesagt: „Nein, das mache ich nicht", weil ich wohl von den Offizieren unten etwas gehört habe, was die gesprochen haben. „Da ist es besser, man schaut, dass man nicht da hinaufkommt", hab ich gedacht, während die anderen alle schon die Koffer gepackt haben. Die Offiziere waren auch nicht mehr begeistert. Ich bin dann dort geblieben. Ich habe halt alles machen müssen im Haus, Schuhputzen und so Zeug. Mir war es egal.

Am 25. April bin ich bei der Triumphpforte in Innsbruck gestanden und habe gesehen, wie der Rückzug von Italien kommt. Geregnet hat es, kalt war es. Nicht einmal die haben es geschafft! Und ich habe mir gedacht, wenn ich bis zum Ende aushalten kann, dann geht es mir ganz gut. Als dann die Amerikaner kamen, bin ich bei Bekannten untergekommen. Die Amerikaner haben mir nichts getan, denn im Lager [Gestapo-Arbeitserziehungslager Reichenau] unten hatte ich zwei Kartone Tabak „erobert" und das war meine Rettung. Den Tabak hab ich umtauschen können, bei den Leuten, bei den Bauern gegen andere Sachen, die ich zum Abhauen gebraucht hab. Mit den Amerikanern habe ich keine Verbindung gehabt, ich bin dann abgehauen und weg. Aber, wie gesagt, von den ganzen Verbrechen, die gewesen sind, von den Regimen, von den Verbrechen auch da im Lager in Innsbruck …, davon haben wir Soldaten alle nichts gewusst! Ich bin dann in der Nacht herein, zu meiner Mutter.

Franz Müller, Meran, Friseur, Mitbegründer SOS-Kinderdorf, Berufsschullehrer
geb. 1915 in Meran, Rücksiedler, Wehrmacht

Mein Bruder, der Zweite und Jüngste, hat Kinderlähmung gehabt und konnte zu Hause bleiben. Beim Südtiroler Ordnungsdienst hat man ihn einmal rekrutiert, dann hat er sogar Wache geschoben bei der Brücke draußen in der Nähe von Brixen. Ich bin eben zur Wehrmacht gekommen und war auch froh, dass ich nicht mehr Friseur habe spielen brauchen. Ich habe mir eigentlich gar nicht viel gedacht. Außerdem wusste ich, dass es den Eltern daheim nicht schlecht geht, wenn der Bruder daheim ist.

Ich aber bin raus! Zunächst einmal nach Innsbruck. Dort haben sie uns empfangen. Großartig! Mit Pasta asciutta! Ausgerechnet! Die Österreicher haben uns die *Katzelmacher* oder so ähnlich geheißen. Gut, in der Klosterkaserne sind wir dann gemustert worden, für die Wehrmacht. Damals war ich natürlich tauglich. Ich habe mich damals in Meran irgendwie freiwillig gemeldet gehabt, bin aber dann als Wehrpflichtiger aufgenommen worden. Die Grundausbildung haben wir in Landshut gemacht, das war die Infanterieausbildung. Weil ich mich zuerst freiwillig gemeldet hatte, konnte ich mir aussuchen, wo ich hin will und konnte so bei der Artillerie weitermachen. Deshalb bin dann von Landshut nach Landsberg überstellt worden, zur SFA 18, das war die schwere Feldhaubitze! Das habe ich mir ausgesucht! Von Landshut sind wir im Sommer '40 nach Frankreich gekommen. Wir waren fünf, sechs Südtiroler insgesamt, die nach Épinal und von dort dann nach Port-sur-Saône gekommen sind, das war eine bayerische Einheit. In Italien war ich Obergefreiter, die Deutsche Wehrmacht hat mich als Gefreiten übernommen. Da musste man, wie soll ich sagen, da musste man dann seine Kräfte zeigen! Abends sind wir da angekommen und die anderen haben uns gefragt, ob wir schon gegessen haben. Hatten wir nicht. Dann schmeißt einer mir so ein paar Konservendosen hin, nichts Gescheites halt. Das hat mir nicht gepasst und das hab ich auch gesagt. Dann hat der gemeint, morgen treffen wir uns und raufen uns das aus. Der Lobis, das war ein Rittner, von Beruf Metzger, der hat daraufhin gesagt: „Dem, meinem Kamerad da, dem tust du nichts! Wenn du etwas willst, dann kriegst du es mit mir zu tun. Aber du allein bist mir zu wenig, du musst schon wen mitnehmen!" Der Bayer ist dann mit dem Schmied Vitus gekommen, so einem Kerl von einem Mann. Aber der Lobis hat den einfach dem Bayer entgegengeschmissen und daraufhin war die Rauferei bald vorbei. Und wir wurden akzeptiert! Jaja, mit denen bin ich dann später sehr gut ausgekommen.

Theodor Hofmann, Natz-Schabs, Landwirt
geb. 1925 in St. Andrä/Brixen, Optant, nicht ausgewandert, SS

Dazumal bin ich untauglich gewesen, dann hat es geheißen zurückgestellt und '43, wie der Italiener kapituliert hat, bin ich zum Südtiroler Ordnungsdienst Wache schieben gegangen und habe schön verdient. Wenn einer zum SOD gehen wollte, dann ist man genommen worden. Es ist Krieg gewesen, da haben wir überall Wache stehen müssen – in der Festung drüben, beim Tunnel und überall, wo es gebraucht wurde. Da hast du dein Geld bekommen für die Stunden, die du gemacht hast. Das ist gut gewesen, es war auch nicht anstrengend. '44 haben sie mich nochmal gemustert und ich bin tauglich gewesen. Im Herbst musste ich dann einrücken und bin zuerst zur SS nach Berlin. Dort sind wir noch in Zivil gewesen, acht Tage. In *Wallisch* unten, in Italien, haben wir dann die Uniform bekommen und den Eid abgeben müssen. Dort haben wir auch die Ausbildung gehabt. Unten hat es mit der SS natürlich oft Schwierigkeiten gegeben. Wir Südtiroler sind für die SS Italiener gewesen. Die haben auf uns ein bisschen einen kleinen Hass gehabt, weil der Mussolini sie im Stich gelassen hat. Wie es mir zum Beispiel passiert ist: Ich bin in der Küche gewesen und habe die Gefangenen bewacht. Da hat einer etwas gefragt und ich gebe ihm halt auf Italienisch Antwort, ich kann ja gut Italienisch. Jetzt kommt der Offizier herein: „Was?", hat er gesagt, „Sie kommen vors Kriegsgericht!" Danach, wenn etwas gewesen ist, haben sie mich immer alleine losgeschickt. Normalerweise war man immer zu zweit. Einmal wurden im Gebüsch welche gesehen. Sagt der Offizier: „Hofmann! Sie gehen hinüber und holen die heraus!" Ja, dann sind da zwei gewesen, die waren eh ganz *kommod* [unproblematisch] und haben mir gleich die Waffen abgegeben. Die Waffen habe ich dem Offizier übergeben. Ja! So ist die Sache dann gut ausgegangen. Ein anderes Mal ist mitten in einer Wiese einer gelegen. Da hat der Offizier wieder mich alleine hingeschickt. Der Tote hat eine schöne Uhr gehabt, die und die Papiere hab ich mitgenommen und habe sie dem Offizier abgegeben. Der Offizier hatte den gekannt, das war einer von seiner Truppe gewesen. Der wollte wahrscheinlich irgendwie abhauen, ich weiß es nicht genau, der ist eigentlich noch warm gewesen, der ist noch nicht lange da gelegen.

Karl Pobitzer, Schlanders, Grundschullehrer und
Mitarbeiter in der Schulverwaltung
geb. 1918 in Schleis/Mals, Dableiber, italienisches Heer

1939 habe ich im Vinzentinum die Matura gemacht. Nach zwei Jahren Philosophiestudium am Priesterseminar in Brixen habe ich solche Zweifel gehabt, ob ich Priester werden sollte. Ich bin also ausgetreten und acht Tage darauf wurde ich einberufen. Zuerst war ich beim Militär in Meran – die Ausbildung habe ich dort gemacht und dann sind wir 1942 am Vorabend von Heiligabend nach Turin gekommen, nach Alpignano, das ist ungefähr elf Kilometer von Turin entfernt. Dort haben sie mich dann zum Autofahrenlernen nach Verona geschickt. Ich bin bei der Autoprüfung durchgefallen und das war mein Glück! Meine Kollegen, die nicht durchgefallen sind, mussten nach Jugoslawien. Wie es ihnen dort ergangen ist, das weiß ich nicht.
Ich bin jedenfalls nach Kalabrien gekommen, und dort war auch schon das deutsche Heer. Aber ich war beim italienischen Heer als Dolmetscher der Division. In Catanzaro hab ich im Vorzimmer vom Oberst Dienst gemacht. Zuerst hat der Oberst ein bisschen skeptisch dreingeschaut, als er mich eingestellt hat, aber nach acht Tagen hatte ich seine Sympathien erworben. Nach ungefähr einem halben Jahr wurde dieser Oberst versetzt, konnte mich aber nicht mitnehmen. So bin ich ins Sanitätsamt des Regiments gekommen und dort geblieben, bis ich vom Militär verabschiedet wurde.
Nach kurzer Zeit hat es dort dann geheißen, wenn sie mit dem Sanitätsarzt sprechen wollten: *„Devi andare da Carlo!"* [Du musst zu Karl gehen!]. Da durfte nicht jeder schnell einmal zum Arzt gehen, sonst wäre der Arzt jeden Tag überrollt worden. Jeder hat ständig ein bisschen Schmerzen gehabt, damit er nicht an die Front gehen muss. Aber der Arzt war sehr, sehr korrekt. Wenn einem wirklich etwas gefehlt hat, dann hat er ihn auch freigeschrieben. Ich bin geblieben bis am 7. November 1945. Da wurde mir gesagt: „Jetzt brauchen wir dich nicht mehr!" Da bin ich heimgekommen!

Robert Lageder, Kastelruth, Koch
geb. 1927 in Tagusens/Kastelruth, Optant, nicht ausgewandert, SS

'45 hab ich dann müssen einrücken. Da waren wir schon 18 Jahre alt, manche nur 17. Aber nicht alle mussten einrücken. Die bei der Partei waren, wurden anders behandelt. Die haben dann abgesprochen, wer einrücken kann, soll oder nicht. Da ist auch ein wenig Schindluder getrieben worden.

Unten in Bozen haben sie uns in ein Zimmer geführt, da sind zwei Herren drinnen gesessen mit dem Hakenkreuz am Oberarm: Wir sollen uns freiwillig melden zur SS! Das wollten wir nicht und sollten dann eine Einheit wählen. Wir haben also unterschrieben, und danach haben sie schön die SS draufgemacht. So haben sie uns reingelegt.

Als wir einrückten, ist schon kein Zug mehr gefahren, weil die Zugstrecke in Waidbruck bombardiert worden war. Wir wurden mit einem Lastwagen, so ein Holz-Gas-Lkw, transportiert. Bis Sterzing sind wir rausgekommen. Dann ging's weiter über den Brenner runter, weiter bis nach Hallein, dort sind wir bei der Gebirgs-SS eingerückt. Dann wurde auch dort bombardiert und wir mussten auf Einsatz gehen, das war am 30. April! Der Reichsführer Himmler hat ausgegeben: Mit drei Wochen Ausbildung ist jeder Mann einsatzfähig! Wir sollten noch nach Rosenheim und gegen die Amerikaner kämpfen. Aber der Kompaniechef und der Spieß sind abgehauen. Danach hat der Untersturmführer unseren Zug übernommen und es wurde erzählt, die zwei, die abgehauen sind, hätten sie schon in St. Johann in Tirol aufgehängt. Aber das glaub ich bis heut nicht.

Wir mussten auf einen Pass hinauf und dort die Stellung halten mit der Panzerfaust, gegen die Amerikaner! Aber sie sind Gott sei Dank nie gekommen. Am 8. Mai [1945] hat es geheißen, wir können jetzt heimgehen. Wir haben die Gewehre zu einer Pyramide aufgestellt und noch ein Lied gesungen und dann überlegt, ob wir uns gefangen nehmen lassen oder schwarz über die Grenze zurück nach Südtirol abhauen sollen. Wir haben uns gestellt und die Amis haben uns dann nach Kufstein gebracht. Danach mussten wir marschieren bis Fürstenfeldbruck! Dort haben sie uns ausgehungert. Mit 68 Kilo bin ich eingerückt und am 15. Juli sind wir mit den Lastwagen von Fürstenfeldbruck nach Dachau gekommen. Dort waren wir alles SS-Männer, bewacht von den Amerikanern. Da hab ich halt nur noch 42 Kilo gewogen. In Dachau haben wir dann Verpflegung bekommen. Das war schon eigenartig: KZler raus und wir rein! Da waren ja 30.000 SS-Männer in Dachau, die sind alle verhört worden. Fingerabdrücke haben wir machen müssen und die Verbrecher wurden rausgesucht. Da ist ein Pfarrer gekommen, der hat unsere Adressen aufgenommen und hat unsere Namen in die „Dolomiten"-Zeitung reintun lassen und dass wir in Dachau sind.

Im Jänner [1946] sind wir nach Bad Aibling gekommen, ins Ausländerlager. Da sind sie alle entlassen worden, die meisten Wehrmachtsoffiziere sowieso. Alle Nationen haben ihre Landsleute geholt. Die Italiener haben uns eben nicht geholt. Es hat geheißen, es muss zuerst der Strafauszug nach Rom geschickt werden. So sind wir am 15. Juni noch nach Babenhausen raufgekommen und schließlich nach Heilbronn. Am 5. November wurde das Lager aufgelöst. Dann wurden wir ins Päpstliche Hilfswerk nach München geschickt. Dort sind wir zum Italienischen Konsulat gegangen und dort ist der Entlassungsschein schon seit Juli gewesen! Dann haben wir schon reinkönnen, sind nach Mittenwald und am 15. November bin ich dann halt heimgekommen.

Alois Steinegger, Söll/Tramin, Landwirt
geb. 1921 in Söll/Tramin, Optant, nicht ausgewandert, Wehrmacht

In Zara, Anfang '44, da waren wir 80 schwerverwundete Deutsche in einem Lager. In unserer Baracke waren alle voller Blut und krank. Wir dachten, wir sind zum Erschießen da. Das haben wir erfahren, weil da auch noch eine Baracke mit italienischen Gefangenen war. Zu denen hatten wir eigentlich keinen Kontakt. Da kommen auf einmal welche von den Italienern in unsere Baracke rein und verstecken sich. Ich habe perfekt Italienisch können und gefragt, was sie da wollen. „Bitte", haben sie gesagt, „bei uns ist der Kommissar [der Partisanen] unten und der sucht zehn Mann fürs Minenkommando!" Dann hat der Kajtarek, so ein Bursch, gesagt: „Du, Steinegger, jetzt gehen wir runter!" Wir sind rein in die italienische Baracke und hin zum Kommissar. Unterschied zu den Italienern hat der keinen gesehen, wir hatten keine Nummer und nichts, nur italienische Alpinihosen und so einen Futtersack mit drei Löchern, das hatten wir uns schon organisiert. „Wir melden uns freiwillig!", haben wir gesagt. Der Kommissar schaut uns an und sagt: „Dobro", das heißt gut. „Dobro Italijanski!" Dann hat er die Pistole gezogen – die Italiener waren alle auf dem Boden – und gesagt: „Du, du, und du", bis er die acht Mann zusammen hatte. Wenn die nicht schnell aufgesprungen wären, hätte er sie wohl gleich umgelegt.

Heimatfront

„Zu Hause drüben haben die Fenster gezittert. Dann haben wir die Fenster mit schwarzem Papier verhängen müssen, damit kein Licht rausschaut, wegen der Tiefflieger."

Elisabeth Plattner

Abbildung Seite 128:
In Südtirol war die Zivilbevölkerung mit fortschreitendem Kriegsverlauf vor allem entlang der Brennerstrecke von militärischen Handlungen betroffen, da diese von den Alliierten als strategisch wichtige Verbindungslinie zwischen Italien und dem Deutschen Reich immer häufiger bombardiert wurde. Bombenschäden gab es vor allem in der Nähe der Bahnhöfe in den Städten, wie hier in Bozen in einer Aufnahme von 1946.

Abbildung Seite 129:
Nach dem Krieg wurde mit dem Wiederaufbau begonnen und heute präsentieren sich selbst Nebengassen der Landeshauptstadt mit gepflegten Fassaden. Im Bild der Durchgang zwischen Piavestraße und Rathausplatz, gleich anschließend beginnen die Lauben, Bozens Einkaufsstraße mit einer Vielzahl an Geschäften, meist Filialen internationaler Modeketten.

Die Einbeziehung der Bevölkerung in die Kriegshandlungen wird in der Wissenschaft als „Heimatfront" bezeichnet. Die zentralen Bezugspunkte zum Krieg sind für Südtirolerinnen und Südtiroler die Option mit allen Konsequenzen sowie die Einberufung der Männer zum italienischen Militär oder zur Wehrmacht bzw. SS. Die Erlebnisberichte der Zivilistinnen und Zivilisten hingegen bilden den Erinnerungsort „Heimatfront" und zeugen von der „Normalität" in Gebieten fernab von der Front und vom eigentlichen Kriegsgeschehen. Militärische Aspekte treten in die Erfahrungswelt der Menschen erst ein, wenn es zu Kriegshandlungen an ihren Aufenthalts- und Wohnorten kommt. Dies trifft bei den Südtirolerinnen und Südtirolern erst gegen Kriegsende zu. Der Krieg wird zum Bezugspunkt, wenn sich die Fliegeralarme häufen, wenn an zunehmend bombengefährdeten Zugstrecken SOD-Einheiten Wache schieben, wenn Gräben zur Abwehr von Panzern und feindlichen Einheiten ausgehoben werden, wenn Soldaten der Wehrmacht durchziehen, um über die Berge zurück nach Deutschland zu fliehen. Das nahende Kriegsende zeigt sich dann auch daran, dass die letzten Habseligkeiten vor feindlichen Truppen vergraben und zunehmend Feindsender wie Radio London gehört werden. Südtirol selbst wird Teil des letzten Rückzugsgebietes, der propagandistisch ausgeschlachteten „Alpenfestung", was mit eine Erklärung für die zahlreichen alliierten Bombardierungen ist.

Franz Oberhofer, Pfunders, Landwirt
geb. 1934 in Pfunders, Rücksiedler

Im zweiten Winter draußen in Neu Titschein [heute: Nový Jičín, Tschechien] ist mit der Schule nicht mehr viel gewesen. Man ist schon noch hingegangen, aber es gab immer Fliegeralarm. Manchmal war man unterwegs, dann war Fliegeralarm und man ist wieder heim. Die Hauptstraße ist Tag und Nacht von Flüchtlingen befahren worden, teils mit Ochsen, teils mit Rössern. An den Seiten der Wagen sind Leichen drangehängt gewesen, gefrorene Kinderleichen. Die haben es nicht geschafft, sind auf dem Weg gestorben. Die Flüchtlinge konnten sie nicht begraben, es ist ja alles gefroren gewesen.

Täglich, auch im Winter, sind immer wieder die Soldaten zurückgewandert, um von der Front wegzukommen, um einige Tage auszuruhen. Wo wir waren, das waren die größten Höfe. Wir hatten ein großes Futterhaus und dort mussten wir die Soldaten über Nacht, einen Tag oder auch zwei behalten und dann sind sie wieder weg. Eines Tages waren welche da, die haben gesagt: „Geht endlich, geht! Die Front rückt immer näher!" Damals wurde gerade Breslau bombardiert, dort ist es furchtbar zugegangen. Im Jänner hatte der Vater alle Papiere zusammen, weil zum Gehen hat man ja Papiere gebraucht. Aber er hat den Mund nicht halten können und dann ist nichts mehr gegangen mit dem Zurückgehen. Am 7. April hat man schon die Front gesehen, ein Aufblitzen und Krachen. In der Nacht gab es auch Luftkämpfe. Das hat furchtbar gescheppert. Wenn es gegangen wäre, wäre man am liebsten durch ein Maulwurfloch hinuntergeschlüpft. Einmal sind der Bruder und ich wirklich in Betonröhren hineingeschlüpft. Die Kühe haben die Ketten abgerissen. Das ist so furchtbar gewesen. Die Angst! Da hast du ja so viel Angst gehabt! In der Nacht sind die Partisanen gekommen und haben im Stall Schweine abgestochen. Dann sind sie in die Küche hinein und haben das Fett ausgelassen. Aber uns ist nichts passiert.

Franz von Walther, Bozen, Journalist und Koordinator
der deutschsprachigen Programme des RAI-Senders Bozen
geb. 1933 in Bozen, Dableiber

Wir hatten ein Unda-Radio, die sind in Toblach in der Fabrik von Max Glauber hergestellt worden. Das Radio ist immer gestört worden und bis man auf den Kurzwellen etwas gefunden hat, das konnte dauern. Aber man hat eigentlich schon ganz gut empfangen. Auch den Schweizer, da war immer die Ansage: „Die Nachrichten der Schweizerischen, der besten Agenturen in Bern! Hier die Nachrichten!" Die Schweizer waren sehr ausgeglichen, sie haben auch die Deutschen zitiert und haben beide Seiten irgendwie zu Wort kommen lassen. Man hat durch die Schweizer natürlich erfahren, was los war. Und Radio London, die haben immer auch Werbung gemacht. Wie wir schon in Meran waren, das war Ende '44 oder Anfang '45, da haben der Vetter, Onkel Erich, und ein gewisser Professor Bühlmann aus München, der in Meran gelebt hat, gesagt: „Heute war eine Stimme für Österreich!" Da war ein immigrierter Jude aus Wien, ich weiß nicht, wie der geheißen hat, und der hatte gesagt: „Selbstverständlich wird nach dem Krieg Österreich wiedererstehen und dann wird selbstverständlich auch Südtirol dazukommen!" Das war natürlich eine Begeisterung. Unsere Leute haben gleich eine Flasche Trientner Ferrari-Sekt aufgemacht. Man hat dem Kriegsende entgegengesehen und gehofft, dass es möglichst schnell geht.

Zu Kriegsende, beim Waffenstillstand in Italien, waren wir oben auf dem Ritten. Da ist gleich darüber gesprochen worden und die Nachricht vom Selbstmord vom

Hitler haben wir auch gehört. „Selbstmord" hat es natürlich nicht geheißen, sondern: „Der Führer starb den Heldentod!" Das kann ich mich noch erinnern, wie das im Radio kam. Diese Sachen, die bleiben einem. Auch die Rede vom Hitler nach dem Attentat vom 20. Juli 1944: „Die Attentäter müssen ausgerottet werden!" Das hab ich noch im Ohr, das „ausgerottet werden!" – so wie er halt geredet hat.

Elisabeth Plattner, geb. Hafner, Jenesien, Landwirtin
geb. 1925 in Mölten, Optantin, nicht ausgewandert
Wenn in Bozen die Bomben gefallen sind, haben die Leute in den Keller hinuntergehen müssen. Uns wurde geraten, in den Stall raufzugehen, wo der Heustock drüber ist, weil dort die Bomben eventuell nicht durchschlagen. Bei uns sind zum Glück keine gefallen. Wie alles gezittert hat, wenn sie die schweren Bomben runtergeworfen haben! Wir haben die Fenster mit schwarzem Papier verhängen müssen, damit kein Licht rausschaut, wegen der Tiefflieger.
Bei Kriegsende sind wir alle nur froh gewesen, dass man im Radio nichts mehr hört und kein Fliegeralarm mehr gewesen ist. Einmal sind zu Hause zwölf, 15 oder 20 Soldaten im Stall drüben gelegen. Sie wollten über die Berge heim flüchten. Das war im Mai, das Vieh ist auf der Alm gewesen. Die Soldaten haben sich ein bisschen Stroh reingetan und waren froh, dass sie ein bisschen rasten konnten. Ich kann mich noch erinnern, dass die Mutter eine ganze Schüssel voll Suppe gemacht hat, die sie den Soldaten hinübergetragen hat. Am nächsten Tag sind sie weiter gegangen. Der Rückzug ist auch nicht gerade ohne gewesen.

Charlotte Müller, geb. Thaler, Meran, Mitarbeit SOS-Kinderdorf,
dann Krankenschwester in Tirol, nach Rückkehr Arbeit in Frisörsalon
geb. 1933 in Gries/Bozen, Rücksiedlerin
Während der Bombenangriffe sind wir aufs Land zu meinem Onkel in Obsteig, das ist draußen in Österreich [in der Nähe von Telfs in Tirol]. Bei den Angriffen sind Fallschirme herunter und wie ich mit der Magd vom Hof meines Großonkels in die Schule gegangen bin, haben wir im Wald jemanden *„Help, help!"* schreien hören. Ich hatte Angst, aber die Magd war zwei, drei Jahre älter als ich und hat gesagt: „Brauchst keine Angst haben. Die tun uns nichts, da gehen wir jetzt schauen!" Das war dann ein ganz junger Mensch, den sehe ich heute noch vor mir. 20 Jahre alt, mehr nicht. „Bitte", hat der dann zur Magd gesagt und hat so gedeutet, dass man ihm hilft. Er hat den Fuß gebrochen gehabt. Wir sind rübergegangen ins Dorf und haben das gemeldet. Sie haben ihn geholt und – das muss ich schon sagen – sehr brutal behandelt. Er konnte ja nicht einmal

gehen. Einer war auch so ein Fanatischer S... – wie haben sie geheißen? NSDAP? Die, die mit den Khaki-Uniformen herumgegangen sind [gemeint ist die SS]. Der hat gesagt: „Den lasst nur laufen, der soll nur selber gehen!" Er hat ein Kettchen um den Hals gehabt und gesagt, das ist von seiner *mother* und er möchte es behalten. Einer ist zu ihm hin und ratsch, hat er es ihm weggenommen! Er hat dann geweint, logisch. Mir hat der Mensch so leidgetan. Er hatte eine Uhr am Arm gehabt und die hat er dann der Magd zugesteckt als Dank.

In Obsteig zu Kriegsende standen da im Wald Lastwagen von der SS. Die haben das alles stehen lassen, und da ist dann geplündert worden. Jeder ist gerannt, um möglichst viel zu holen. Es gab Mehl, Reis und sonst noch Lebensmittel. Unter anderem habe ich eine Schreibmaschine mitgenommen, aber die hat mir ein junger Mann aus der Hand gerissen. Also habe ich mich mehr auf die Lebensmittel konzentriert und die zum Onkel heimgebracht. Die SS waren auch noch da. Die waren eigentlich ganz nett, muss ich sagen, nachdem die ja sehr verschrien waren. Aber es waren auch lauter junge Leute.

Robert Lageder, Kastelruth, Koch
geb. 1927 in Tagusens/Kastelruth, Optant, nicht ausgewandert

Nein, Ausbildung haben wir bei der SOD eigentlich keine gehabt. Wir haben ein Gewehr bekommen mit der gewissen Munition, und dann haben immer zwei Mann Wache stehen müssen unten im Tal. Wir sind dann aber oft über den Bach zu dem Hof auf der anderen Seite. Dort drüben sind wir auf dem Ofen gelegen, statt auf Wache zu gehen. Wir hätten die Eisenbahn bewachen müssen, damit keine Minen gelegt werden oder dass die halt in Ordnung ist. Es wurden schon Bomben auf die Brücke geworfen, aber die haben sie nie leicht getroffen, weil sie im Tal unten war.

Einmal musste ich eine Woche lang nach Bozen hinunter – da bin ich 16 Jahre alt gewesen –, die Arbeiter unten in der Industriezone bewachen, die haben Aluminium gegossen. Gewesen sind es alles Italiener, die hat der Deutsche '43 übernommen. Die sind als italienische Gefangene unten in dem Aluminiumwerk gewesen. Ich habe einmal einen gefragt, warum er da ist. Er hat gesagt, er hat dem Offizier eine runtergehauen, deshalb ist er ins Lager gekommen. Er hat mir *castagnaccio* gegeben, das ist so Kastanienbrot gewesen, und ich habe ihm Zigaretten gegeben. Das hätte ich ja nicht dürfen, aber das ist alles irgendwie gegangen. Der Dienst selbst, ja, einer ist außen um die Fabrik herum, ich war drinnen. Dann war wieder Wechsel – ich draußen, er drinnen. Nachher haben die Sträflinge alle antreten müssen und wir haben sie wieder ins Lager [gemeint ist das Polizeiliche Durchgangslager Bozen] hinausbegleitet. Wir haben links und rechts von denen gehen müssen, so mit den Bajonetten auf den Carabineristutzen drauf. Das waren vielleicht 15 Mann, die da schichtweise in der Fabrik gearbeitet haben. Draußen im Lager haben andere sie abgelöst und die haben wir dann wieder hereinbegleitet.

Als Uniform haben wir nur eine Bluse gehabt, eine grüne Bluse und da die *Faatsch* herumgebunden, mit „SOD" drauf. Südtiroler Ochsendienst! Südtiroler Ordnungsdienst hat es natürlich geheißen. Wir haben bezahlt bekommen. Jeden Tag 100 Lire – kann das sein? Bei der Rente hab ich das dann gesehen.

Theresia Gufler, geb. Holzknecht, Terlan, Magd,
später Kindermädchen und Pfarrhausfrau
geb. 1932 in St. Leonhard in Passeier, Rücksiedlerin

Ich weiß nur noch '45, am 4. April ist es gewesen, da ist der Amerikaner eingezogen. Wir haben vorher alle guten Sachen, Lebensmittel, im Stall versteckt, damit sie die nicht nehmen. Unser Haus in Vils [Bezirk Reutte, Nordtirol] stand neben der Straße, so haben wir nachher alles gesehen, als der Zusammenbruch war. Die ganze Nacht über war etwas los: Ein Weißes-Kreuz-Auto, dann wieder ein *Wagele* voll mit Sachen bepackt, dann wieder ein Ross mit einem *Wagele* und so ist es halt die ganze Nacht durch gegangen. Wo die Leute alle hergekommen sind, weiß ich nicht. Hinten, beim Nachbarn raus, haben wir ein Gärtchen gehabt und da waren zwei Mal Gefangene. Die sind ausgeraubt worden. Alles, was sie hatten, war weg.

Wir sind eigentlich sicher gewesen. Aber Angst hatten wir natürlich schon, wenn die Flieger gekommen sind. Einmal ist einer abgestürzt und da sind fünf, sechs solche Fallschirme heruntergekommen. „Bomben!", hab ich gedacht, *mah*, hab ich eine Angst gehabt. Erst als die gelandet sind, hab ich gesehen, dass das Amerikaner waren. Die sind alle tot gewesen. Einer ist auf einem Baum gehangen, ein anderer lag auf einem Dach. Das seh ich heut noch vor mir: Sie wurden dann aufgebahrt in der Feuerwehrhalle.

Wir Schüler mussten Gräben ausschöpfen, bevor sie eingezogen sind, damit sie nicht drüberkommen. Das waren so große, drei, vier, fünf Meter tiefe, breite Gräben. Später waren Franzosen stationiert, dann Belgier [richtig: zuerst Amerikaner, dann Franzosen]. Die haben gar nichts gemacht, es sind ganz nette Leute gewesen, man hat auch geredet mit denen. Zu der Zeit sind die Panzer jeden Tag unterwegs gewesen. Kaugummi hätten sie uns gegeben, aber wir haben keine Kaugummis gemocht.

Südtirolersiedlung

„Zur Bevölkerung haben wir nicht gesagt, dass wir Südtiroler sind, sondern halt schnell Vorarlbergerisch gelernt. Wir haben schon gewusst, dass sie uns nicht gar so gerne haben."

Paul Thöni

Abbildung Seite 136:
Unmittelbar nach Bekanntwerden der Optionsvereinbarung begann in Tirol ein großes Wohnbauprogramm. Während des Krieges wurden im Rahmen der „Sondermaßnahme S" allein in Tirol, Vorarlberg und Salzburg rund 10.000 Wohnungen errichtet. Auch in Innsbruck entstanden ganze neue Siedlungen, wie etwa in Pradl. Im Bild das Gebäude in der Gumpstraße 47 während der Bauphase.

Abbildung Seite 137:
Heute befindet sich in dem ehemaligen Südtirolerhaus in der Gumpstraße 47 der renovierte Hauptsitz der „Neuen Heimat Tirol", also jener Wohnungsbaugesellschaft, die bereits 1939 in Tirol mit dem Bau der Südtirolersiedlungen beauftragt war. Die „Neue Heimat" ist bis heute mit der Instandhaltung, dem Schleifen, dem Wiederaufbau und meist mit der Neubebauung der ehemaligen Siedlungen beauftragt.

Eine Woche nach den Umsiedlungsvereinbarungen begannen im Gau Tirol und Vorarlberg die Planungen für das größte Wohnbauvorhaben während des Krieges. Schon am 10. September 1939 ordnete der Tiroler Gauleiter Franz Hofer ein Bauprogramm für 10.000 Wohnungen an, die „Sondermaßnahme Südtirol" oder „Sondermaßnahme S". 6.000 Wohnungen in Tirol, rund 1.200 Wohnungen in Vorarlberg und 2.000 Wohnungen im Gau Salzburg sowie viele andere in der „Ostmark" sollten gebaut werden, für deren Errichtung 70 Prozent der Gesamtkosten aus zinsgünstigen Reichsdarlehen stammten. In Innsbruck war die „Neue Heimat", in Vorarlberg die VOGEWOSI (Vorarlberger gemeinnützige Wohnungsbau- und Siedlungsgesellschaft) für den Bau der Wohneinheiten in 22 Tiroler und neun Vorarlberger Gemeinden zuständig. Für die Zuteilung der Wohnungen sorgte die DUS, dennoch kamen nicht ausschließlich Südtirolerinnen und Südtiroler in den Siedlungen unter. Und längst nicht alle Ausgewanderten landeten in einer Siedlung. Tatsächlich konnten sich nur jene Südtiroler Familien den Bezug einer neuen Wohneinheit in den Siedlungen leisten, in denen mindestens ein Mitglied eine feste und gut bezahlte Arbeitsstelle vorzuweisen hatte.

Der Kontakt zwischen Umgesiedelten und angestammter Bevölkerung vor allem in Tirol und Vorarlberg war angesichts der Bevorzugung und des schlagartig massiven Auftretens der Gruppe der Südtirolerinnen und Südtiroler von Konflikten geprägt. In der Bevölkerung und in den Medien gab es nicht selten Klagen wegen Straftaten, die die Zugewanderten selbst auf die niedere soziale Herkunft eines Großteils der Umgesiedelten zurückführten. Die Kindperspektive, aus der die Zeitzeuginnen und Zeitzeugen sprechen, hat einmal mehr die Dominanz alltagsbezogener Wahrnehmungen zur Folge.

Hilde Gartner, Schwaz, Bankangestellte
geb. 1924 in Welschnofen, Optantin
Wir haben am Anfang nicht so sehr Anschluss gesucht. Der Papa im Amt klarerweise hatte schon die Kollegen und den Landrat, der den Papa sehr gerne gehabt hat. Der ist nach dem Kriegsende ins Rheinland und wollte ihn unbedingt mitnehmen. Dort hätte der Papa auch fast doppelt so viel verdient wie

hier, aber er wollte nicht weg von Tirol. Damals haben sie in Schwaz Häuser gebaut und in so einem großen Block haben wir dann gewohnt. Der Block war nicht nur für die Südtiroler, da waren auch Beamte drin. Beispielsweise hat der Landratsstellvertreter auch da gewohnt, ein Bekannter von uns, sowie ein Gymnasialprofessor, der immer zu meinem Papa zum Schachspielen gekommen ist. Das Wohnen war, muss ich sagen, angenehm. Unterm Hitler [sic!], wie es später war, gab es natürlich Fliegerangriffe und da hat man die Wohnungstür offen lassen müssen. Es ist aber nie etwas weggekommen. Auf Diebstahl stand allerdings die Todesstrafe. Das kann man sich heute gar nicht mehr vorstellen. Es war so ruhig, da hat es weder Krawalle noch sonst irgendetwas jemals gegeben. In unserem Haus haben drei Beamte gewohnt, also da ist nie das Geringste vorgekommen. Und die Südtiroler haben weitgehend zusammengehalten.

Joseph Zoderer, Bruneck, Schriftsteller
geb. 1935 in Meran, Rücksiedler
Dann war da am Bahnhof kein Onkel, der uns abholte. Der hat sicher in seinem Hotel größere Interessen zu vertreten gehabt, als uns *Lotterer* zu empfangen. Den haben wir gar nicht gesehen, stattdessen sind wir ins Grazer Priesterseminar gekommen und haben diese leeren Studiersäle bezogen. Das war ein Unheil für die Pater vom Seminar. Aber dieses Unheil der Pater, die uns ihre Räumlichkeiten überlassen mussten, war ein Unheil, aus dem ich Genuss gezogen habe: Lebensabenteuer! Ich und meine drei Jahre ältere Schwester – sie war also damals siebeneinhalb Jahre alt – sind herumgefegt durch diese Säle, die waren ja leer! Überall haben die Leute mit Matratzen Fluchtkojen aufgerichtet, und ich hab meinen Vater – der war ständig nervös, das spürt ein Kind – immer schreien gehört: „Ich habe einen Bock geschossen!" Das ist mir so geblieben: „Ich habe einen Bock geschossen!" Später habe ich darüber geschrieben. Warum ist mir dieser Satz geblieben? Aus Graz kenne ich fast keinen Satz, keinen anderen, überhaupt keinen, der so präsent ist, Tag und Nacht: „Ich habe einen Bock geschossen!" Mein Vater war ja nie Jäger oder irgendwas. Sicher, er war an der Dolomitenfront, war als 17-Jähriger im Ersten Weltkrieg Kaiserschütze gewesen, da hat er sicher ein Gewehr in der Hand gehabt, aber so? „Ich habe einen Bock geschossen!" Das war der Anfang von ewigen Traurigkeitsreden zwischen meinem Vater und meiner Mutter.
Ich hab mich im Priesterseminar, solange wir dort waren, jedenfalls vergnügt. Hunger haben wir dort keinen gehabt, Durst sowieso nicht, Wasser hat es überall gegeben. Damals hat es noch keine Südtirolersiedlung gegeben, die wurde

später gebaut und da war mein Bruder dann sehr wichtig als Volkstanztänzer und die Südtiroler Kultur aufrecht erhaltender Vereinsobermeier. Wir waren da im Zentrum von Graz, wenn man vom Bahnhof runterfährt zum Hauptplatz. Wenn man geradeaus ging, da waren der Südtiroler Platz und der Hauptplatz, der damals Hitlerplatz geheißen hat, mit dem Rathaus. Das war eigentlich meine Heimat damals. Meine wirklich erste, bewusst wahrgenommene Heimat, die mir als Heimat auch nicht mehr abhandengekommen ist, war dann in der Annenstraße. Eben an der Ecke beim Kanal, dort an der Annenstraße, die nicht mehr Annenstraße, sondern Hitlerstraße geheißen hat, war ein sogenanntes Spitalshaus. Wahrscheinlich war das früher für die Pest oder für die Armen eingerichtet: vielstöckig, das Wasser nur draußen auf dem Gang und die Küche immer mit einem vergitterten Fenster auf den Gang hinaus, düster also, immer brauchte man das Licht. Die Schlafzimmer gingen auf den Kanal hinunter, wo wir lebende Ratten sehen konnten. Das war unsere Natur. Im dritten Stock war eine Dreizimmerwohnung für uns, da waren auch ganz andere Leute drinnen, es war also kein Südtirolbau. Ich weiß nicht, warum wir vom Priesterseminar weg sind. Vielleicht sind wir durch Priester dort hingekommen, weil mein Vater Messner und religiös war? Wir haben dort natürlich auch gleich mit der Pfarrkirche zu tun gehabt.

Franz Trebo, Innsbruck, gelernter Maler, dann Fräser
geb. 1926 in Enneberg, Optant
In Bregenz, in der Achgasse, wurden zwei Siedlungen für Südtiroler gebaut. Die Achsiedlung hat man sie geheißen und weiter oben war die Schendlinger Siedlung. Es waren wohl zu 95 Prozent Südtiroler Familien dort. Dazwischen waren auch andere Häuser, nicht nur Südtirolerhäuser. So ausgestattet wie jetzt waren die Wohnungen klarerweise nicht. Aber es waren zwei große Siedlungen und man hat schon eine Freude gehabt, dass man jetzt einmal eine eigene Wohnung hatte und nicht immer im Gasthaus essen musste. Unter uns, wir waren im ersten Stock, war eine Vorarlberger Familie. Wie die da reingekommen ist, ist mir ein Rätsel. Damals sind in Bregenz 3.000 Südtiroler angesiedelt worden, das waren mehr als zehn Prozent der Bevölkerung. Ja, das war eine ganz nette Gemeinschaft. Ich kann mich erinnern, Frau Thaler mit ihrem Sohn. Sie war Witwe und in Südtirol immer kränklich gewesen, aber in Bregenz ist es ihr gesundheitlich bestens gegangen. Die hat sozusagen das feuchte Klima gebraucht.
Ich ging wieder in die Schule und mindestens ein Drittel der Schüler waren Südtiroler. Ein gewisser Hermann Wolf war Schulleiter. Es hat ein bisschen

Schwierigkeiten gegeben mit den Einheimischen, aber unser Turnlehrer hat dann den Bregenzer Schülern die Meinung gesagt, dann war's gut. So hab ich dann recht und schlecht Deutsch gelernt. Für eine höhere Schule war's natürlich viel zu wenig.

Charlotte Müller, geb. Thaler, Meran, Mitarbeit SOS-Kinderdorf,
dann Krankenschwester in Tirol, nach Rückkehr Arbeit in Frisörsalon
geb. 1933 in Gries/Bozen, Rücksiedlerin

In der Pradler Südtirolersiedlung in Innsbruck war es eigentlich ganz nett, die Jugend hat sich gleich verstanden und wir hatten auch Kontakt mit den Einheimischen. Wenn ich in den Hof ging, dann durfte ich ab und zu mit denen spielen. Einmal sind wir, das weiß ich noch, mit dem Nachbarssohn Kartoffeln ausgraben gegangen. In Stams war das, da hat man dann ein gewisses Quantum Kartoffeln geschenkt bekommen, das war dann die Belohnung. Das war während der Kriegszeit, ich war neun, zehn Jahre alt.

Johann Pfanzelter, Kastelruth, Bankangestellter
geb. 1935 in Bozen, Rücksiedler

Wir sind da nach Garching an der Alz gekommen, das war so ein kleines Dorf in der Nähe von Altötting in Bayern. Wir haben da in einem Haus in der Nähe einer Kirche gewohnt, in der ich dann die Erstkommunion hatte. Da waren mehrere Südtiroler in verschiedenen Häusern da in dem Stadtteil. Soviel ich mich erinnern kann, waren da drei oder vier Südtiroler Familien, eine hat Zingerle geheißen, eine Ritsch, eine Foppa und eine Köhl. Die Familie Köhl hatte acht Kinder, die haben etwas weiter weg gewohnt und haben sich irgendwie abgesondert, da gab es wenig Kontakt. Mit den anderen drei Familien haben wir uns aber ständig getroffen. Mit den Kindern, die waren alle so in unserem Alter, haben wir in der Au gespielt. Da waren zwei Bäche, der Mühlbach und die Alz. Was haben wir da immer gewütet, Räuber und Gendarmen gespielt und gefischt und überhaupt „*a Hetz*" gehabt. In der Au habe ich schwimmen gelernt, da war direkt ein Schwimmbad, so mit Umkleidekabinen und allem Drum und Dran. Am Anfang haben uns die Einheimischen nicht gern gesehen. Ich weiß nicht, ob sie sich vorgestellt haben, dass da so Neger [sic!] kommen. Aber wir waren ja ganz normale weiße Leute und haben auch deutsch geredet! Dann ist das mit der Zeit schon gegangen. Wir haben dann auch immer mit den Einheimischen gespielt und die Familien haben sich gut untereinander verstanden. Als wir wieder von dort weg sind, haben einige geweint. Von den Einheimischen hat später einmal eine bei uns hier angerufen, um zu fragen, ob wir diese Pfanzelter da zur Kriegszeit in Garching waren. Das war in den 1970er-Jahren. Ja, das war nett.

Paul Thöni, Mals, Mittelschuldirektor
geb. 1926 in Mals, Optant, nicht ausgewandert

Das war ein Dilemma: Die Leute, zu denen man eingewandert ist, haben nicht gar so eine Freude mit diesen Zuwanderern gehabt. Das habe ich in Vorarlberg erlebt. Wir sind die *Zittiroler* gewesen. Man darf nichts Schlechtes reden, aber es ist halt so. Wenn so etwas passiert, dann geht eine Art „Schaum" zuerst: Leute, die nichts haben, Leute, die man gerne loswird, und solche hat man dann auch abgeschoben. Wie ich das erlebt habe, haben sie draußen in Vorarlberg zum Teil nette Wohnungen gekriegt. Das hat einen gewissen Neid erweckt. Ich bin zweimal auf Besuch gewesen in der Südtirolersiedlung in Dornbirn, bei Freunden von mir, das waren ärmere Leute, er war ein Beamter. Die haben auch etwas mitgemacht! Es war schon ein bisschen ein „Volk" auch dabei! Das gibt's überall, so eine Art Leute, die man gerne loswird. Die Kinder aber, die haben etwas gelernt, sind anständige Leute geworden, haben einen Beruf erlernt. Es waren halt ärmliche Verhältnisse, die natürlich einiges mit sich bringen.

In der Schule haben sie uns gut behandelt. Zur Bevölkerung haben wir nicht gesagt, dass wir Südtiroler sind, sondern halt schnell Vorarlbergerisch gelernt. Wir haben schon gewusst, dass sie uns nicht gar so gerne haben. Das ist ja auch verständlich.

Marianne Tschurtschenthaler, geb. Harasser, Schwaz, Verkäuferin
geb. 1936 in Girlan, Optantin

Der Vater ist 1939 raus, wir anderen am 10. Jänner 1940 – daran kann ich mich persönlich nicht mehr erinnern, aber das haben die Eltern so oft erzählt, dass es mir heute noch an jedem 10. Jänner einfällt. Wir kamen dann nach Schwaz, der Vater hatte eine gute Arbeit in der Tabakfabrik. In Schwaz waren wir in einer Villa in Arzberg oben. Da blieben wir gut über zwei Jahre, bevor die Südtirolersiedlung hier in Schwaz fertig war. Dort hatten wir eine nette Hausgemeinschaft mit vier Parteien. In dem Block war noch eine andere Südtiroler Familie, doch der Rest waren keine Südtiroler. Wir sind aber wunderbar miteinander ausgekommen. Der Tati war da schon eingezogen, er ist aber oft auf Urlaub gekommen. Ich kann mich an die Postkarte erinnern, in der er geschrieben hat, dass er kommt. Die war in Kurrentschrift verfasst und wir Kinder konnten das ja nicht lesen, aber das Wort „Urlaub" hab ich trotzdem sofort erkannt.

Brenner

„Was für ein komisches Gefühl das gewesen ist: das erste Mal übern Brenner!"

Anton Rinner

Abbildung Seite 144:
Der Brenner wurde ab der zweiten Hälfte der 1930er-Jahre immer wieder für militärische Aufmärsche propagandistisch in Szene gesetzt. Im Bild ein von Hakenkreuz- und Tricolore-Fahnen gesäumter Aufmarsch von Jungfaschisten und Hitlerjugend im Sommer 1939, in der Bildmitte der Grenzstein, dahinter das Grenzgebäude.

Abbildung Seite 145:
Das Designer-Outlet am Brenner, vor dem die italienische, die österreichische und die europäische Fahne friedlich nebeneinander zum Konsum einladen, ist heute zentraler Anziehungspunkt in der kleinen Grenzgemeinde. Grenzbalken und -kontrollen gibt es seit dem Inkrafttreten des Schengener Abkommens 1998 keine mehr, der Grenzstein ist kaum mehr sichtbar, die Grenzgebäude veröden, die Einwohnerzahl sinkt seit Jahren kontinuierlich.

Bis zum Ende des Ersten Weltkrieges war der Brenner ein Bergpass mit wenig emotionaler und keiner politischen Bedeutung. Mit der Errichtung des ersten Grenzsteines und der ersten Schranke 1919 änderte sich das: Der Brenner erstand als Grenze in steinerner Hinsicht durch den Bau von Grenz-, Finanz- und Wachhäusern. Gleich hinter der Grenze gab es dann in beiden Ländern Einrichtungen für die Verwahrung von abgeschobenen Personen, mit denen eine nicht unerhebliche Anzahl von Südtirolerinnen und Südtirolern Bekanntschaft machen sollte. Der Brenner wurde daneben auch zur Grenze in den Köpfen der Menschen. Er bezeichnet jenen Erinnerungsort, an dem Trennung und Zurückweisung geschahen, an dem legale und illegale Übergänge gemacht wurden und an dem Ausgewanderte und Dagebliebene sich treffen bzw. sich getrennt durch die Grenzbalken zumindest sehen konnten. Gleichzeitig bedeutete der Brenner für den einen oder die andere aber auch den Ausbruch aus dem Alltag, versinnbildlichte Abenteuerlust und den Aufbruch in eine erstrebenswerte Fremde. Der Brenner wird damit zu einem zentralen politischen und gedanklichen Konstrukt. In den Erinnerungen der Optantinnen und Optanten kommt er daher auch selten mit konkreter Ortsbenennung vor, er ist aber immer jene Grenze, die das Draußen und das Drinnen, das Hinaus oder Hinein definiert.

Elisabeth Kronthaler, geb. Scherlin, Erl/Tirol, Köchin, Hausfrau
geb. 1929 in Kastelruth, Optantin

Mein Bruder Gottfried und ich haben uns einmal entschlossen, von Erl aus schwarz über den Brenner zu gehen. Wir hatten ja keinen Pass und waren staatenlos. Am Brenner oben war ein Erler als Finanzer und der hat uns geholfen. Da und da müsst ihr gehen, hat er gesagt. Wir wurden aber in Gossensaß erwischt. Man hat uns eingesperrt und per Schub [Abschiebung] über den Brenner einfach zurückgeschickt. So weit wären wir schon gekommen gewesen! Nach drei Wochen sind ich, meine Schwester Anna und eine Wörglerin, auch eine Südtirolerin aus Kastelruth, noch einmal losgegangen. Wir sind während des Tages und lange auf Seitenwegen gegangen. Irgendwann sind wir auf die Straße hinunter, weil wir gesagt haben, jetzt kann nichts mehr sein. Ich hab noch die Gretl-Frisur gehabt, hab dann aber die Zöpfe heruntergetan, endlich,

147

das ist so befreiend gewesen. Plötzlich kommen zwei Carabinieri und je näher die kommen, erkenne ich einen. Aber sie sind schön vorbeigefahren. Es dauerte allerdings nicht lange, bis sie wiederkamen und vor uns hergefahren sind. Da hat er auf Italienisch gesagt: „Haben wir uns nicht gesehen, erst vor drei Wochen?" Wir haben gebittet und gebettelt, aber es half nichts. Sie haben uns nach Gossensaß in die Kaserne zurückgebracht und einen Maresciallo geholt. Der hat uns gefragt, woher wir sind und wie wir heißen. „Oh, Scherlin!" Er war eine Zeit lang in Kastelruth Maresciallo gewesen und seine Frau Kindergärtnerin! Er hat uns privat zu ihr hingebracht und sie hat sich noch genau an uns erinnert. Sie hat uns Tee gekocht und Kekserl gegeben, während er derweil in einem Hotel Quartier für uns drei gemacht hat. Er hat angeordnet, dass sie uns die Schuhe sauber putzen und uns hat er gesagt, wir müssten um sieben Uhr früh mit dem Zug fahren, da sei keine Kontrolle. Er hat uns einen Brief mitgegeben für den neuen Maresciallo in Kastelruth. Er hat sogar gefragt, wie lang wir bleiben mögen. Wir haben gesagt, dass wir halt Heimweh haben und dass wir einfach einmal unsere Verwandten sehen möchten. Wir haben den Brief in Kastelruth abgegeben und alles ist gut gegangen. Danach haben wir uns wieder melden müssen, auf dem Rückweg. Zwei Carabinieri haben uns auch wieder mit dem Schub über den Brenner heraus. Wir sind wohl 14 Tage drinnen gewesen. Die Mutter hat hinterher oft gesagt: „Mich wundert's, dass ich euch da gehen hab lassen. Gell, so junge Gitschen." Ich war 16 oder 17.

Regina Dodner, geb. Stockner, Milland, Bauernarbeit, Näherin
geb. 1926 in St. Andrä/Brixen, Optantin, nicht ausgewandert
Die Bekannten von draußen haben geschrieben, die Mutter habe so viel Heimweh und die Kinder sollten raufkommen auf den Brenner. Das waren mein Vater, von Bozen der Onkel Max, von Meran die Tante Zenze und die Base Fani aus Neustift, das war eine ledige Person, die auch mitgefahren ist. Die war überhaupt verdrossen um die Großmutter, um ihre Mutter. Anstelle meines Vaters hab ich mitfahren müssen, weil ich Italienisch konnte und die anderen alle nicht. Wir sind also hinaufgefahren auf den Brenner und da sind die Grenzposten gestanden. Etwa hundert Meter weiter war die Grenzstange und da sind unsere Leute gestanden, wir haben sie schon gesehen. Aber man hat kein Wort verstanden, die Entfernung war zu groß. Die *Grenzeler* haben zu mir gesagt, ich soll runtergehen ins Büro der Grenzleute und den Brigadier fragen. Wenn der es erlaubt, dürfen wir rübergehen. Da war ein ganzer Raum voller Männer, die haben mich aber nur zum Narren gehalten. Ich bin ja erst 14 Jahre

alt gewesen. „*Se mi dai un bacio!*" Wenn ich ihm einen Kuss gebe, dürfe ich rübergehen. Da bin ich gegangen, ich bin zornig gewesen. So ist es nichts geworden mit dem Rübergehen, und sie drüben haben geweint. Die Großmutter ist umsonst so weit hergefahren. Elmen im Lechtal, das ist ziemlich weit.

Anton Rinner, Tramin, Kellermeister
geb. 1925 in Meran, Optant, nicht ausgewandert

Mit 17 bin ich freiwillig in den Krieg. Ich hab nur gedacht: weg von da. Erstens habe ich mit der Religion abgeschlossen gehabt und dann bin ich in einem Betrieb gewesen, in einem großen. Ich war ziemlich jung und hab mir gedacht: „Jetzt mag ich mal raus in die Welt. Ich will etwas anderes sehen. Ich will weg von Tramin!" So hab ich mich gemeldet, ich war der Einzige von ganz Südtirol, der da freiwillig zur Wehrmacht ist [sic!]. Was für ein komisches Gefühl das gewesen ist: das erste Mal übern Brenner, mit 17 Jahren in der Fremde! Du hast ja nicht gewusst, wo du hinkommst und was da auf dich zukommt. Ein Jahr lang bin ich in die Unteroffiziersschule gegangen. Beim Abschied hat einmal ein Offizier gesagt: „Ihr seid die bestausgebildeten Soldaten der Welt." Wir haben auch alles, was die deutsche Wehrmacht gehabt hat an Waffen, beherrscht.

Karl Tarfusser, Nals, Landwirt
geb. 1926 in Nals, Dableiber

Während der Tage, die wir 1945 im Lager in Innsbruck gewesen sind, haben wir uns aus den Bändern von Pferdegeschirren Sandalen gemacht, mit einem Bändchen so zum Schnüren, weil wir wussten: Wenn wir zu Fuß gehen müssen, können wir nicht immer mit den Schuhen gehen. Mit diesen Sandalen waren wir dann auch die meiste Zeit unterwegs, außer wenn es bergauf gegangen ist, dann haben wir sie in die Reisetasche getan und die Schuhe angezogen. Es ging hinauf in die Berge. Bald war da kein Holz mehr und uns ist der Schnee entgegengekommen. An den Latschenstauden haben wir uns hinaufgezogen. *Madoia!* Irgendwann sehen wir oben einen Stein hervorschauen, das muss ziemlich hoch oben gewesen sein: „D-I" stand drauf, weil damals ist Österreich Deutschland gewesen, also „Deutschland – Italien". „Oh, jetzt sind wir auf der anderen Seite, jetzt sind wir schon sicher! Falls wir erwischt werden, führen sie uns jetzt in Richtung Bozen, oder zumindest runterwärts, ist alles schon besser als Russland zu!" Wir gehen weiter und schauen auf Gossensaß, was für ein Anblick. Nach Gossensaß kamen wir dann auch hinunter. Wir haben geschwitzt, dass wir gedampft haben, und dann eiskalte Milch getrunken.

Paula Atz, geb. Morandell, Kaltern, Inhaberin eines Gastbetriebes
geb. 1934 in Kaltern, Rücksiedlerin

1945 sind wir dann weg aus Innsbruck und auf den Brenner hinaufgekommen. Dort hat es geheißen, wir werden über die Grenze gebracht. Da sind Hunderte Leute gewesen, nicht nur wir. Wir müssen da warten und dann rufen sie uns auf, so hat es geheißen. Später haben sie ein paar aufgerufen. Aber für uns hieß es, heute nicht mehr, morgen geht es weiter. So mussten wir halt unter den Bäumen dort schlafen. Man hat gesagt, wir dürfen nicht gehen, denn wenn sie uns aufrufen und wir sind nicht da, dann ist halt nichts, dann kommen wir nicht hinüber. Wir sind drei Tage auf dem Brenner geblieben. Kalt war's. Wir hatten nur den grauen Mantel von der Mama, das ist ein ganz dicker Mantel gewesen, damit hat sie uns immer zugedeckt. Am dritten Tag hat die Mama gesagt: „Nein, das geht nicht mehr. Jetzt müssen wir uns einen Platz suchen." Wir sind in das Hotel Brennerbad hinein, das gibt's ja heute noch. Die Mama hat zu der Wirtin gesagt: „Hätten sie nicht ein Platzl für uns? Wir erfrieren ja draußen." „Hinaus, Zigeuner, verschwindets!", hat sie geantwortet. Dann sind wir eben wieder gegangen, und die Mama hat erst einmal gesagt: „Was hab ich denn verbrochen? Als ob ich jemanden umgebracht hätte. Jetzt stehen wir auf der Straße. Gar nichts mehr haben wir!"

Robert Lageder, Kastelruth, Koch
geb. 1927 in Tagusens/Kastelruth, Optant, nicht ausgewandert

Die, die ausgewandert sind, hat man manchmal besucht. Wir sind, kann ich mich erinnern, rausgefahren nach Bregenz zur Schwester meiner Mutter. Ich bin dann oft mit der Mutter mit dem Zug rausgefahren. Und hereingekommen sind ab und zu auch welche. Aber am Anfang, wie war das da noch gleich ... während des Krieges bis '43 haben die von draußen nicht über den Brenner hereindürfen. Oft haben Soldaten draußen Urlaub bekommen und haben nur bis auf den Brenner herkommen dürfen. Bis dann am 8. September, als die Deutschen reingekommen sind, der Brenner aufgegangen ist. Einmal ist da der Gottfried Scherlin, dessen Vater ausgewiesen worden war, mit einem Knecht und mit zwei Pferden auf den Brenner rauf. Er wollte die Pferde hinausbringen nach Tirol, weil der Vater draußen schon einen Hof hatte. Aber da haben sie ihn am Brenner nicht rübergelassen und er ist mit den Pferden wieder zurückgekommen. Irgendwann sind die Pferde aber weggewesen.
Und selber: Am 8. Mai 1945 hat es geheißen, wir können jetzt abdampfen von Salzburg da bei der Wehrmacht. Aber wir wussten halt auch nicht, was das für

uns bedeutet. Es hat geheißen, euch passiert nichts. Wir hatten niemanden erschossen, wir hatten ja kaum angefangen gehabt mit dem Militärdienst. Euch schicken sie wieder über den Brenner runter und ihr bekommt den Entlassungsschein. Aber der Italiener hat uns nicht reingelassen über den Brenner. Die meisten sind daher schwarz über den Brenner, zu Fuß, auch meine beiden Brüder. Der Hubert sogar von Oberschlesien herunter, der war bei der Division Brandenburg. Der Walter hatte überhaupt einen Durchschuss durch die Wange gehabt. Und verschiedene, die so wie er keinen Entlassungsschein von den Italienern hatten, die haben halt schwarz übern Brenner müssen, wenn sie auch draußen entlassen worden sind.

Paul Thöni, Mals, Mittelschuldirektor
geb. 1926 in Mals, Optant, nicht ausgewandert

Ich war gerade einen Monat lang im Stubaital beim Reichsarbeitsdienst. Da hat's geheißen: Die Badoglio [Marschall Pietro Badoglio wurde erster italienischer Ministerpräsident in der postfaschistischen Ära nach der Absetzung Mussolinis im Juli 1943] setzen den Mussolini ab! Da haben wir Südtiroler natürlich die Ohren gespitzt. Der Arbeitsdienst hat drei Monate gedauert. Wir haben da immer gesungen: „Ein jeder muss zum Arbeitsdienst und dann zum Militär!" Nach Beendigung des Arbeitsdienstes war die Eisenbahn über den Brenner defekt, aber ich konnte mit der Hermann-Göring-Division [vermutlich SS-Panzergrenadier-Division Leibstandarte-SS Adolf Hitler] mitfahren. Das war so eine Fliegerdivision, aber mit Panzern. Ich hab mit denen über den Brenner nach Bozen mitfahren können. Danach hat es geheißen, die besetzen jetzt Italien. Da ist es bei uns zugegangen wie im normalen deutschen Gebiet. Das ist ruckzuck gegangen! Ein Riesenerfolg! Das hat unseren Leuten natürlich gefallen. Ich weiß das nur vom Hörensagen, aber es soll ein großer Empfang gewesen sein! Das ist ja verständlich, denn unsere Leute haben nicht mehr auswandern brauchen. Das muss man sich vorstellen, dass das alles überflüssig wird! Und es ist alles wieder deutsch, nicht wahr? Das war eine freudige Sache dieser Einmarsch! Für ein paar ist es das weniger gewesen, die hat man dann auch als Deutsche behandelt. Die hat man einrücken machen, die Dableiber. Sie sind genau wie wir behandelt worden. Aber die meisten haben sich auch nicht gewehrt. Ein paar Italiener, die sind halt verschwunden, da hat man eigentlich nichts gehört, was da passiert ist. Ja, der Einmarsch war für den Großteil eine Erlösung!

Zurückkommen

„Es hat gute Leute gegeben. Tatsache war aber, es gab mehr böse. Man ist halt still gewesen und dann ist es irgendwann ausgeblieben. Das hält sich nur so lange, so lange immer gestichelt wird."

Franz Oberhofer

Abbildung Seite 152:
Von politischer Seite war die Rückkehr von Optantinnen und Optanten gewünscht, zumal man sich dadurch eine Verstärkung der deutschen Stimmberechtigten erhoffte. Möglich war die legale Rückkehr erst nach den Rückoptionsvereinbarungen ab 1948. Als Anreiz wurden, wie hier am Küepachweg in Haslach in Bozen, Rücksiedlerwohnungen errichtet. Die bereits drückende Wohnungsnot wurde durch die Rückkehrer noch verstärkt und bis die neuen Häuser bezugsfertig waren, hausten nicht wenige von ihnen in den Baracken des ehemaligen Polizeilichen Durchgangslagers Bozen oder in bombengeschädigten Wohnungen.

Abbildung Seite 153:
Heute stehen nicht mehr viele der ehemaligen Rücksiedlersiedlungen, wie hier in Haslach. Die mit „Hungerburg" oder „Revolverviertel" in Bruneck benannten Wohnungen wurden dagegen 1989 abgerissen, bis dahin wurden dessen Bewohner als „Pofel", die Jugendlichen als Halbstarke und Kriminelle bezeichnet.

Das Verhältnis zwischen den Ausgewanderten und den Einheimischen besonders in Tirol, Vorarlberg und Salzburg war nicht immer so ungetrübt, wie es die offiziellen Stellen während des Krieges und danach gern darstellten. Die neu Zugezogenen wurden wegen der Begünstigungen bei der Wohnungs- und Kreditvergabe beneidet, und nach Kriegsende fürchtete man ihre Konkurrenz auf dem Arbeitsmarkt. Nachgetragen wurde ihnen nach 1945 zudem die Anhängerschaft zum Nationalsozialismus, die mit der Aussiedlung manifest geworden war.

Hinzu kam die völkerrechtlich prekäre Stellung all jener, die für Deutschland optiert hatten: Sie besaßen de jure keine Staatsbürgerschaft. Wirtschaftlich und sozial ging es vielen Ausgewanderten dann auch schlechter als zu Kriegszeiten und nicht wenige machten sich noch in den letzten Kriegstagen auf den Weg zurück nach Südtirol. Nur für wenige Tage war es im Mai 1945 möglich, legal die Grenze zu passieren. Danach hieß es warten – in Nordtiroler Lagern, solchen der Nothilfe- und Wiederaufbauverwaltung der Vereinten Nationen (UNRRA) oder in alliierten Kriegsgefangenenlagern. Viele machten sich in dieser Zeit illegal auf den Weg, sei es über die Berge, in denen das Menschenschmugglerwesen blühte, sei es getarnt als italienische Zwangsarbeiterinnen und Zwangsarbeiter auf den Zügen des Internationalen Roten Kreuzes. Erst nach den Rückoptionsvereinbarungen 1948 war es Südtirolerinnen und Südtirolern möglich, legal in die alte Heimat zurückzukehren und die italienische Staatsbürgerschaft zu erhalten oder in Österreich die österreichische – im Falle jener Ausgewanderten, denen die wirtschaftliche und soziale Integration in der neuen Heimat zumindest ein Stück weit geglückt war.

Obwohl in Südtirol Rücksiedlersiedlungen – zum Beispiel in Haslach in Bozen, in Bruneck und Meran – errichtet wurden, kehrte nur ein Drittel der Ausgewanderten zurück. Diese waren in Südtirol aber nicht wirklich willkommen und erfuhren häufig erneut Abweisung und Ausgrenzung. Nicht umsonst hießen diese Rücksiedlersiedlungen im Volksmund „Shanghai", „Hungerburg" oder „Revolverviertel" – Spottnamen, die den heute noch bestehenden Siedlungen als konkreten Erinnerungsorten anhaften.

Agnes Gius, geb. Pugneth, Kaltern, Strickerin
geb. 1923 in Kaltern, Rücksiedlerin

Wir sind in Bozen angekommen, mein Mann und ich, das Kind und mein Vater. Wir sind früher zurück, etwa zehn Tage vor Kriegsende. Wie wir dann in Bozen angekommen sind, hatte die Tante, die Schwester meines Vaters, für alle ein Sträußchen aus Maiglöckchen als Empfang. Das ist keiner der offiziellen Empfänge von der Südtiroler Volkspartei gewesen. Nein, das hat die Tante einfach so für uns gemacht. Wir sind dann nach Kaltern gefahren.

Franz Oberhofer, Pfunders, Landwirt
geb. 1934 in Pfunders, Rücksiedler

Am 7. April sind wir von Neu Titschein [heute: Nový Jičín, Tschechien] weg. Auf dem Weg hinaus haben wir circa acht Stunden gebraucht, bis wir auf dem Hof waren. Zurück dauerte es acht Tage bis Innsbruck. Acht Tage! Mein Gott, noch einmal! Hunger! Drei Tage davon waren wir in Budweis. Das ist ein Stückchen oben, weil unten, in Wien, war schon der Russ. Da ist man nicht mehr hinübergekommen. Deshalb sind wir hinauf nach Budweis und mussten einen Umweg machen. Immer Fliegeralarm! Hinein in den Zug, ein Stück gefahren, hinaus in einen Wald, dann wieder zurück. Einmal sind wir in einen Zug eingestiegen, dann wurde plötzlich geschrien: „Hinaus! Hinaus aus dem Zug!" Die Partisanen oder Tschechen hatten den Zug gekapert und wollten ihn gegen die russische Front führen, um dort die Leute abzuliefern. Da sind viele Familien zerrissen worden. Wir sind noch herausgekommen, aber wir hatten keinen Rucksack und damit keine Lebensmittel mehr. Der Zug war weg. Wir hatten den Vater verloren, haben ihn dann aber doch wieder gefunden.

Dann sind wir hergekommen nach Hall, doch einen Tag zu spät! Wenn wir einen Tag früher dran gewesen wären, hätten wir es noch über den Brenner geschafft. Danach ist die Brennergrenze geschlossen worden, und nichts ist mehr gegangen. In Hall waren wir im Lager bei den Amerikanern. Zuerst waren wir beim Bärenwirt untergebracht, wo sonst die Gaststube war. Dann haben sie uns aus der Stadt hinaus in so eine alte Hütte gebracht. Man hat schon rausgehen können, etwa zum Betteln und so, aber man hat halt gesagt „Lager", weil da bist du ja unter den Amerikanern gewesen. Hunger, Hunger, Hunger!

Von Hall sind wir irgendwann einmal weg und über das Zillertal hinein: Zuerst zur Dominikushütte, hinauf zur Tschogelhütte und dann über die Gletscher herüber. Eine Schwester hatte schon vorher einmal die Gelegenheit gehabt, herüberzugehen und wusste von Bergführern, die Leute hinüber und herüber geführt haben. Wir waren auf der Tschogelhütte und haben auf gutes Wetter gewartet. Eine Gruppe ist losgegangen, zwei Vintler waren auch dabei und von den Oberparleiters der Vater. Wir sind morgens um sechs Uhr früh weg. Dann hat der Führer, der uns zwölf, 15 Leute da geführt hat, unter dem Gletscher den Einstieg verfehlt. Wir sind aber weitergegangen. Überall war Nebel, dann kamen die Gletscherspalten, und wir wussten nicht mehr, wo wir sind. Auf einer Spalte war so eine Platte drauf und da sind wir zusammengerückt. Um zwölf hat es aufgerissen und der Bergführer hat gesehen, wo wir sind, nämlich vis-à-vis von der Tschogelhütte, in Schlegeis im Zillertal drinnen. Wir mussten zurückgehen und er hat dann den richtigen Weg gefunden. Es ist neun, halb zehn gewesen, als wir hinüberkonnten zur Edelrauthütte und dann nach Pfunders her. Der Rest der Familie hat noch im Zillertal warten müssen. Mit denen sind dann auch Pfunderer herüber, ein Onkel von mir und die zwei kleinsten Geschwister, die haben sie in einer Kraxe tragen müssen. Die Mutter war schwanger. Sie ist einmal ins Rutschen gekommen auf dem Gletscher, aber es ist alles gut gegangen. Also wieder heim! Hier ist es wieder losgegangen. Es gäbe noch viel zu erzählen, aber es ist noch zu früh. Jedenfalls, von den Leuten hier bist du *angespien*, also angespuckt worden. Auch in der Schule ging es so weiter. Es hat Familien gegeben, die gehetzt haben. Da hatten wir zu kämpfen und es hat lange gedauert, bis es ein bisschen gegangen ist, weil Neider und Gönner gibt es überall. Es ist ihnen ja überall gleich gegangen, denen, die zurück sind. Wir hatten hier aber auch wirklich nichts, keinen Verdienst und nichts. Ein paar haben schon geholfen. Einer, der ist gegen die Auswanderer gewesen, aber seine Frau, die hat uns immer heimlich unterstützt mit Butter oder so, aber das haben wir alles heimlich tun müssen, das hat nicht aufkommen dürfen. Es hat gute Leute gegeben. Tatsache war aber, es gab mehr böse. Man ist halt still gewesen und dann ist es irgendwann ausgeblieben. Das hält sich nur so lange, so lange immer gestichelt wird. Wenn einem das einmal egal ist, dann fällt das alles weg. Dann geht es leicht, aber da war nichts mit Ausreden. Es wurde nicht offen drüber geredet.

Johann Pfanzelter, Kastelruth, Bankangestellter
geb. 1935 in Bozen, Rücksiedler
Bei uns in Garching an der Alz waren nach dem Krieg die Amerikaner. Die Erwachsenen haben dann halt immer so politisiert und gemeint, vielleicht kommt Südtirol jetzt, wenn da die Engländer und Amerikaner sind, doch zurück zu Österreich. Da war dann eine Amerikanerin, die hat uns Südtiroler Familien gesagt: „Ihr müsst zurückgehen und euer Land selbst besetzen!" Vielleicht hat

sie ja irgendwie mehr gewusst, von den Vorgesetzten und so. Daraufhin sind aber nur zwei Familien gleich zurück, wir und die Familie Foppa. Die Zingerle und die Ritsch sind erst zurück, als die Rücksiedlung offiziell möglich war.

Im Oktober 1945 sind wir von draußen weg. Das haben uns die Amerikaner dort organisiert, die von der Hilfsorganisation da, von der UNRRA. Wir konnten fünf Kisten mit Sachen mitnehmen, die sind auf einen Viehwaggon aufgeladen worden, der mit italienischen Kriegsgefangenen [vermutlich italienische Zwangsarbeiter] voll war, die zurück nach Italien gebracht wurden. Weil wir in der Familie alle kein Wort italienisch konnten, haben die Amerikaner zu uns gesagt, wir sollen ja kein deutsches Wort reden. Das Reden haben die Foppa übernommen, die waren vom Unterland, die konnten gut italienisch und die waren mit uns im selben Waggon. Die Foppa haben auch in Garching immer schon mit den italienischen Kriegsgefangenen kommuniziert und ihnen auch einmal etwas zugesteckt. Aber zu reden gab es eigentlich nicht viel, weil wir bald problemlos in Bozen angekommen sind. Am Güterbahnhof wurde der Waggon abgestellt und dann haben wir doch glatt in dem Waggon zwei, drei Monate gelebt! Ich kann mich erinnern, da war ein Lautsprecher, da wurde ständig ein Lied gespielt: *Mama ti voglio bene!* Tag und Nacht ist das am Bozner Güterbahnhof gespielt worden. Neben dem Bahnhof waren Engländer, bei denen haben wir dann fast jeden Tag Nudeln bekommen, so Pasta halt, *mai* war das gut! Dann sind die Engländer aber weg und danach war nichts mehr mit Essen. Aus dem Waggon wurde uns dann auch noch eine unserer Kisten gestohlen und zwar genau die, in der unsere wertvollsten Sachen drinnen waren: Die Mutter hatte Silberbesteck und schöne Teller und ein paar so armselige wertvolle Dinge halt. Danach hatten wir nichts mehr, keinen Löffel, keine Gabel, kein gar nix mehr. Am Bahnhof waren überall Bombentrichter und da haben die Soldaten oft ihre „Aluminiumkavetten", so ihre Schüsseln und Gabeln weggeschmissen. Die haben wir dann herausgeholt, damit wir zumindest ein Geschirr hatten. Dann mussten wir da weg, wir waren auf der Suche nach einer Wohnung. In der Nähe gab es ein Haus, bei dem war eine Seite komplett weggebombt. Wir haben uns da im zweiten oder dritten Stock einquartiert. Es gab eine Küche, ein Klo, aber kein Wasser. Das mussten wir dann täglich von einem Brunnen holen, der einen Kilometer entfernt war. Die Wohnung hat einer Italienerin gehört, die hat uns da wohnen lassen ohne zu zahlen. Womit hätten wir auch zahlen sollen? Wir hatten nichts. Eigentlich haben wir die Wohnung besetzt, so würde man heute sagen. Die Italienerin hat da auch nichts hergerichtet und wir sind halt einfach rein. Von den anderen bombardierten Häusern haben wir die Möbel zusammengeklaubt und Holz haben wir auch so beschafft, ebenso wie einen alten Holzherd. Aber bald wurden wir auch da wieder rausgeschmissen. Im selben Haus hat eine italienische Familie, die Familie Medici, gewohnt und die haben uns ein Zimmer gegeben. Da sind wir dann lange drinnen gewesen, eigentlich bis in die späten 1950er-Jahre. Die ganze Familie in einem Zimmer, also die Mama, meine zwei Brüder, meine Schwester und ich eben.

Josef Peer, Burgeis, Buchhalter
geb. 1921 in Burgeis, Optant, nicht ausgewandert

Daheim anzukommen, das kann man sich nicht vorstellen, wie das war! In Afrika haben wir nie mehr damit gerechnet, dass wir je wieder heimkommen. Da haben wir uns gedacht, die werden uns arbeiten lassen bis zum Umfallen. Aber da hat sich der Spruch bewahrheitet: „Es kommt nie so schlimm, wie befürchtet und nie so gut, wie erwartet!" Das ist auch tatsächlich der Fall gewesen, zumindest bei uns. „*Hoamat*", hat die Maridl Innerhofer gesagt, „*muas man gspirn!*", Heimat muss man spüren. Heimweh hat mich geplagt. Als ich eingerückt bin, der Zug ging um fünf in der Früh, ist die Mutter mit mir bis zum Genossenschaftshaus, dem „Müller-Haus", runtergegangen. Sie hat geweint. „Mutter, ich komme schon wieder!", habe ich gesagt. In Afrika habe ich mir dann gedacht: „Da hast du viel versprochen!" Für das Glück, dass ich heimkommen konnte, habe ich mich dann auch eingesetzt bis aufs Äußerste für die Heimat!

Anna Degasperi, geb. Gius, Bozen, Hilfskindergärtnerin, später Hausfrau,
geb. 1925 in Bozen, Rücksiedlerin

Mein zukünftiger Mann war auch ein Südtiroler. Er war ein armer Bub, der eigentlich niemanden gehabt hat außer seine Geschwister und die Mutter. Mein Vater hatte ihn angestellt, die Möbel meiner Eltern einzuwaggonieren, nachdem sie schon ausgewandert waren, und hat ihm deswegen meine Adresse hier am Ritten gegeben, damit ich ihn für diese Arbeit bezahlen konnten. Als er in Russland war, hat er uns geschrieben, ob wir ihm nicht Zahnpasta, Zahnbürste und so Sachen nach Russland schicken könnten, weil er alles verloren hatte. So hat es angefangen. Er schrieb dann auch: „Kann ich nicht zu Euch auf Urlaub kommen nach Südtirol? Ich hab dort niemanden mehr." So ist es gewesen, so hat es angefangen und so ist es geblieben. Er war ein ganz armer Mensch und ich hab auch nichts gehabt. Er ist dann in Italien gewesen, in Monte Cassino, und da haben ihn die Amerikaner gefangengenommen. Zufällig wurde er in Bozen in der Kaserne eingesperrt.

Meine Eltern waren in der Steiermark, und am Ritten oben war nichts mehr – der Kindergarten ist aufgelassen worden –, da hab ich gesagt: „Jetzt pack ich zusammen und geh meine Eltern besuchen in der Steiermark." Mein bisschen Gewand hab ich mitgenommen und Geld – Geld hat man genug gehabt damals, weil man nichts zum Kaufen gekriegt hat. Ich bin losgezogen, schwarz über die Grenze, und bin bis Gries am Brenner gekommen. Da wurde ich aufgehalten. Die Amerikaner haben gesagt: „Aus! Gesperrte Zone! Sie kommen nicht weiter." Und dort wo meine Eltern waren, waren die Russen. Was sollte ich also tun? Ich hab ein Zimmer genommen in einem Gasthöfl, aber da gab es nichts zu essen. Der Hunger war groß. Einmal am Tag hat man eine Suppe gekriegt und sonst nichts. Ich hab gewusst, in Südtirol ist was zu holen, da krieg ich schon etwas zu essen von jemandem, und bin wieder zurück hinein, zu Fuß, von Gries am Brenner nach Bozen. Bei einem Bekannten, dessen Sohn in Cilli [deutsch für Celje, Slowenien] beim Militär war, hab ich die paar Tage schlafen können und ein bisschen etwas zu essen organisiert. Der Hof war in Bozen direkt gegenüber der Kaserne und auf einmal ruft einer von dort herüber: „Anni! Anni!" Und wer war das? Mein Mann! Sagt er: „Morgen werde ich entlassen!" Da bin ich nicht mehr hinaus nach Tirol. So bin ich halt da hängen geblieben. Das bisschen Gewand, das ich mitgehabt hab in dem Gasthöfl, ist halt draußen, in Gries am Brenner geblieben.
So haben wir zusammen weitergemacht. Wir haben in einem Gasthaus ein Zimmer genommen für ein paar Tage. Mein Mann war ein bisschen ein Organisator, der hat schon eine Wohnung gefunden, alte Möbel, eine alte Kredenz, ein Herd waren schon drinnen, langsam hat er einen Tisch und ein paar Stühle dahergebracht. Unser erstes Bett war super, das war so ein Klappbett, wo überall die Federn aufgestanden sind. Aber wir sind zufrieden gewesen. Die erste gemeinsame Weihnacht sind wir auf einer Bank aus zwei Apfelkisten und einem Brett gesessen und haben beide geweint. Aber dann ist es weitergegangen, dann hat er ein Stück Grund in Pacht genommen.

Robert Lageder, Kastelruth, Koch
geb. 1927 in Tagusens/Kastelruth, Optant, nicht ausgewandert

'46 im November sind wir rein, von Mittenwald gab es einen Transport. Das war ein Zug mit Heimkehrern. Da war eine Vinschgauer Familie, die von Tschechien her zurück ist, die hatten mehr Gepäck. Drüben hatten die einen Hof gehabt und mussten nach dem Krieg wieder abhauen. Einen haben wir schwarz mit hereingenommen, der ist auf der hinteren Seite beim Zug reingekommen und hatte keine Genehmigung von den *Walschen*. Vielleicht war er hier in Italien auf der schwarzen Liste. Den haben wir jedenfalls reingeschmuggelt indem er sich im Viehwaggon hinter dem Gepäck versteckt hat. Mit dem Zug sind wir von Mittenwald die Martinswand entlang runtergefahren. Auf dem Brenner hat es geheißen: „Alle raus!". Die Grenzbeamten sind hinein zum Kontrollieren. Ich hab mir gedacht, jetzt werden sie den finden, aber nein, sie haben das Gepäck nicht herausgezogen. Nach dem Brenner wurde durchgegeben, wo jemand aussteigt und wo der Zug überall anhält. Von Sterzing runter immer wieder. In Waidbruck hat er auch gehalten und da sind wir raus.

Andere, die aus der Sicht der Italiener keinen Entlassungsschein hatten, mussten schwarz über den Brenner, auch wenn sie draußen entlassen worden waren. Das ist schon irgendwie gegangen. Nach dem Krieg, das war '47, habe ich auf der Gemeinde wieder um die italienische Staatsbürgerschaft angesucht, weil wir ja deutsche Staatsbürger waren. Aber sie haben uns die Staatsbürgerschaft schon müssen geben, die haben wir schon gekriegt. Die, die schwarz aus Deutschland zurück sind, mussten in Oberau unten einen Entlassungsschein holen. Ich habe ja einen Entlassungsschein gehabt, mit Fingerabdruck drauf – wir mussten ja Fingerabdrücke machen wie die größten Verbrecher.

Die, die ausgewandert sind, hat man später manchmal besucht. Meine Mutter hatte eine Schwester draußen in Bregenz, da bin ich oft mit ihr mit dem Zug mitgefahren.

Nationalsozialismus

„Da in Südtirol ist der Samen von dem Nationalsozialistischen in gute Erde gefallen!"

Johann Fischer

Abbildung Seite 162:
Die Begeisterung für das Nationalsozialistische Regime wurde im gesamten Reich propagandistisch inszeniert und ausgeschlachtet. Hier etwa eine jubelnde Menschenmenge auf dem Innsbrucker Bahnhof am 4. November 1940. Die populistisch aufgebauschte Hoffnung in den Nationalsozialismus mündete in Südtirol nicht selten in unrealistische Erwartungshaltung und unreflektierte Führertreue.

Abbildung Seite 163:
„Südtirol, Deinen Brüdern entrissen! In der Hölle sollen Deine Feinde schmoren!" Das sind Zeilen aus einem Lied der Südtiroler Deutschrockband Frei.Wild, der ein Naheverhältnis zum Rechtsextremismus vorgeworfen wird. Die Gruppe distanziert sich davon und lässt bei Konzerten die Fans laut „Nazis raus!" rufen. Ohne Band und Fans zu verleumden: Unreflektierte Begeisterung für rechtspopulistische Parteien und Gruppierungen und die Übernahme längst vergessen geglaubter Deutschtumslogans sind in Südtirol auf dem Vormarsch. Im Bild begeisterte Konzertbesucher des Alpenflair-Festivals, organisiert von Frei.Wild in Natz-Schabs im Juni 2013.

Der Widerstand der Menschen in Südtirol gegen die Assimilierungspolitik des Faschismus äußerte sich schon in den 1920er-Jahren durch mehr oder weniger politische, ideologisch uneinheitliche Gruppierungen: Turnerbünde, Alpenvereine, einige katholische Vereinigungen sowie Organisatoren und Beteiligte der „Katakombenschulen". Als Hitler an die Macht kam, dauerte es nur wenige Monate, bis diese Untergrundgruppierungen eine gemeinsame Ausrichtung bekamen: Sie orientierten sich am Nationalsozialismus, schlossen sich zum Völkischen Kampfring Südtirols (VKS) zusammen und stellten Satzungen auf, die nationalsozialistischem Gedankengut angepasst waren: Führertreue sowie Opfer-, Blut- und Bodenmentalität wurden zu neuen Werten, die Anklang fanden. Die Mitgliederzahl der Illegalen wuchs in den 1930er-Jahren beständig.

1939 trat der VKS dann immer offensiver und schließlich im Zuge der Option offiziell als Sprach- und Propagandaorgan der Optantinnen und Optanten auf. Im Zuge der Umsiedlung wandelte sich die Gruppierung in die Arbeitsgemeinschaft der Optanten (AdO). Mit 1943 erfolgte durch den Einmarsch der Deutschen Wehrmacht und die Integration Südtirols in die Operationszone Alpenvorland (OAV) die allgemeine „Legalisierung" der Bewegung. Viele Deutschsprachige empfanden den Einmarsch der Deutschen als Befreiung und jubelten den Soldaten zu. Südtirol blieb zwar durch die OAV weiterhin unter der italienischen Marionettenregierung, der Repubblica Sociale Italiana (RSI), dennoch konnte nun lange verbotenes Brauchtum wieder gelebt, der Volkstanz wieder in althergebrachter Manier getanzt, die weißen Stutzen wieder öffentlich getragen werden. In der Erinnerung wird die teils offene, teils tabuisierte Begeisterung für das NS-System sichtbar. Die Begeisterung für den Nationalsozialismus ist somit Erinnerungsort und Mahnung zugleich.

Johann Fischer, Kurtatsch, Gastwirt, Landwirt
geb. 1927 in Kurtatsch, Optant, nicht ausgewandert

In der Schule haben wir als Hausaufgabe bekommen, zu Hause dies und jenes auf Italienisch laut zu lesen. Wenn wir also laut gelesen haben und der Vater ist in der Nähe gewesen, hat er gesagt: „Madonna! [sic!] Hört auf mit dem *walschen*

Krampf da!" Heute ist das anders. Jetzt sagen wir unseren Kinder: „Tut gut *Walsch* lernen!" Weil es wichtig ist, dass sie *Walsch* lernen! Das haben unsere Eltern nicht verstehen wollen, aber ich versteh auch bis heute, dass sie damals so dagegen argumentiert haben.

Dann kam der Nationalsozialismus. Es gibt einen Bibelspruch: Von dem Samen, der von Christus ausgestreut wurde, ist viel unter Dornen und Disteln gefallen, hat nicht gekeimt und ist nicht aufgegangen. Ich hab mir oft gedacht: Da in Südtirol ist der Samen von dem Nationalsozialistischen in gute Erde gefallen! Da sind wenige Samen zugrunde gegangen unter den Dornen und Disteln, weil sonst hätten nicht fast 90 Prozent [richtig: 86 Prozent] raus gewählt. Aber es stimmt schon, dass sie gesagt haben: „Entweder ihr Südtiroler optiert für Deutschland, wenn ihr Deutsche seid, oder für die Italiener!" Und es hat geheißen, wenn die Südtiroler für die Italiener wählen, dann kommen sie hinunter.

Josef Peer, Burgeis, Buchhalter
geb. 1921 in Burgeis, Optant, nicht ausgewandert

In Südtirol gab es in den 30er-Jahren eine Organisation, den Völkischen Ring, oder Kampfring [richtig: Völkischer Kampfring]. Das waren eben die, wie der Nicolussi [Karl Nicolussi-Leck], die für das Deutschtum in Südtirol, fürs Volkstum gearbeitet haben. Durch die ist praktisch dieser Antagonismus entstanden. Ein paar von denen sind schon im November 1939 ausgewiesen worden, darunter sind der Theiner gewesen, der Fabi Otto, der Fabi Robert und dann noch zwei, drei. Die sind damals nach Innsbruck gekommen, weil sie wahrscheinlich von gewissen Leuten irgendwie angeschwärzt worden sind, dass sie für die Auswanderung geworben haben. Die sind praktisch als Nazis bekannt gewesen. Ja, die Mitglieder vom Volk-Ring, die haben halt da die Leute aufgeklärt, um was es geht. Es ging hauptsächlich um die Erhaltung des deutschen Volkstums, um die Sprache und alles, was damit zusammenhängt.

Anna Mair, geb. Scherlin, Erl/Tirol, Bäckerin
geb. 1931 in Kastelruth, Optantin

Der Vater hat sich mit weiteren 36 oder 37 Männern getroffen, bei uns in der oberen Stube, und da haben sie sich beraten. Sie hätten halt, wie soll ich sagen, probiert, irgendetwas zu tun, einen Putsch zu machen oder halt irgendetwas in die Wege zu leiten, damit das nicht zustande kommt: dass man italienisch wählen muss oder deutsch und dass, wenn man deutsch wählt, man dann heraus muss. Jemand muss etwas verraten haben und dann sind die Carabinieri gekommen und haben geklopft. Die Mutter macht auf, weil sie auch nicht wusste, wer da jetzt kommt. Die Carabinieri sind schnurstracks hinein, zur Stiege hinauf und haben die 37 Männer in der Stube angetroffen. Einer wär neben dem Ofen gestanden, hat der Vater immer gesagt, wenn der das Schriftstück, das sie gehabt haben, gleich in den Ofen hineingesteckt hätte, dann wär nie aufgekommen, um was es gegangen ist. Die 37 Männer sind verhaftet worden und innerhalb von 24 Stunden haben sie die über den Brenner abgeschoben. Die haben nie mehr herein dürfen.

Alle diese 37 Männer sind dann in Innsbruck und Zams untergekommen. Ein Hotel Österreichischer Hof, mein ich, hat es in Innsbruck gegeben, und da sind sie stationiert gewesen. Sie haben alle eine Arbeit gefunden, damit sie beschäftigt waren. Der Vater war beim Reichsnährstand und hatte einen guten Posten – was gut war, weil er schon auch Schulden hatte. Er ist zweimal in Rotholz in der landwirtschaftlichen Lehranstalt gewesen und hat deswegen ein bisschen mehr gewusst als ein normaler Bauer.

Alois Steinegger, Söll/Tramin, Landwirt
geb. 1921 in Söll/Tramin, Optant, nicht ausgewandert

Ich war damals in Tramin unter den Faschisten. Uns Deutschen ist das auf die Nerven gegangen und anstatt der faschistischen Lieder haben wir angefangen „Wohl ist die Welt so groß und weit" zu singen. Das haben wir absichtlich getan. Daraufhin haben sie uns für eine Nacht eingesperrt: Die Schuhbänder mussten wir rausziehen, die Hosenriemen und, wenn man Hosenträger gehabt hat, mussten wir die auch abnehmen. In der Früh haben sie uns eine hinten draufgegeben und wir haben wieder heimgehen können. Für uns war es eine Unterhaltung, eigentlich, weil wir ein bisschen blöd waren, nicht?

Wir haben immer gehofft, dass wir zu Österreich oder zum deutschen Sprachraum kommen. Wir haben illegale Vereine gehabt und wurden da geschult. Im Notfall hätten wir auch Gewalt angewandt, wenn es das gebraucht hätte. Oft waren wir eine halbe Woche lang auf dem Berg. Wir sind nach Oberradein, wo keine Straße mehr hingeführt hat und wir sicher waren. Da sind wir unterrichtet worden, das war eigentlich ganz interessant. Viel Schreiben haben wir da gelernt, weil viele nicht Deutsch schreiben konnten, und auch Geschichte ein bisschen, sonst eigentlich nichts. Sonst haben wir da oft die alten Bräuche und Volkstänze aufleben lassen. Die konnte ich fast alle, aber die musste man hoch oben am Berg tanzen, weil sonst ... In Kaltern drüben, wo man von der Mendel heruntergeht, war die Quästur. Wir haben die Polizisten dort die *questurini* geheißen.

Die waren noch viel schlimmer als die Carabinieri, die waren richtige Parteisoldaten. Wenn die uns erwischt haben, haben sie uns ein paar Prügel gegeben. Je nachdem, wie die Statur gewesen ist oder wie sie aufgelegt waren, haben sie einem einen halben Liter oder einen Viertelliter Rizinusöl trinken machen. Das haben sie einem gewaltsam eingeschüttet. Natürlich ist man nur zehn, 15, 20 Meter gekommen, dann waren die Hosen voll!

In Altenburg waren damals so Faschistenanhänger. Hiesige! Südtiroler! Wir haben uns mit denen nie richtig verstanden, weil das ungebildetes Volk war. Da sind wir oft hinauf und haben gesungen, im Gasthaus oben, oberhalb der Kirche. Wir waren so 20, 25 Mädchen und Buben aus Tramin. Am nächsten Tag hatten wir schon die Quästur im Haus. Die haben mich gefesselt und abgeführt. Zwei Tage später haben sie mich gehen lassen müssen, weil ich noch nicht das achtzehnte Jahr vollendet hatte. Die anderen mussten einen Rechtsanwalt nehmen, die sind drei, vier Monate in Bozen im Gefängnis gesessen. Dabei haben sie noch Glück gehabt, dass sie sie nicht auf die Insel Lipari oder da unten auf die Strafinsel bei Neapel hingetan haben. Der Kerschbaumer, mein Kollege von '61, der war zwei Mal unten. Heute ist alles anders.

Erich Kobler, Margreid, kaufmännischer Vertreter
geb. 1928 in Margreid, Rücksiedler

Das Schwierige ist erst 1938 passiert, im Jänner. Bei uns zu Hause war eine Versammlung der Kollegen, der illegalen Gruppe. Es sind zwei Herren aus Bozen gekommen und die haben gesprochen und gesungen. Die Versammlung war für das Deutschtum. Vom Nationalsozialismus, da gilt das, was ich immer sage: Vom Nationalsozialismus haben wir nichts gehört! Interessanterweise! Das werden die Älteren gewusst haben, aber die Jugend hat nichts gewusst. Wie ich auch nicht gewusst habe, als ich in Innsbruck war, dass es ein Konzentrationslager gegeben hat. Das haben wir alle nicht gewusst, das haben wir erst nach dem Krieg erfahren [sic!].

Mein Vater war also bei der Versammlung bei uns in Margreid. Beim Heimgehen, das war gegen zwölf Uhr, war das Haus umzingelt von Polizei. Zuerst sind sie nach Neumarkt ins Gefängnis gekommen, und in Trient ist ihnen dann der Prozess gemacht worden. Die sind alle verurteilt worden, der eine für ein Jahr, ein anderer für vier Jahre. Mein Vater hat fünf Jahre bekommen, weil er der Älteste und der Anführer war. Sie sind alle verschickt worden, auf die Insel oder in die Abruzzen und dann in die Basilicata. Dort sind sie aufgeteilt worden auf verschiedene Ortschaften. Da waren sie frei, sie mussten sich nur zweimal am Tag melden. Sie haben nicht arbeiten müssen, wären aber froh gewesen, wenn sie eine Arbeit gehabt hätten. Briefe hat der Vater halt meiner Mama geschrieben.

Berta Stimpfl, geb. Tappeiner, Laas, kurze Zeit Lehrerin, dann Hausfrau
geb. 1911 in Laas, Optantin, nicht ausgewandert

Nach dem Einmarsch der Deutschen war es besser. Uns hat es gefreut, uns Junge. Es ist uns vorgekommen, jetzt geht's uns gut! Wir können wieder die weißen Strümpfe anziehen und alles tun, was verboten war. Es war einfach *feiner*, angenehmer. Wir haben geschwind so Mädchen und Buben zusammengenommen, um Volkstänze zu machen. Wir sind ein bisschen in den Wald hinauf, da ist so ein schönes Plätzchen gewesen. Uns ist einfach vorgekommen: Jetzt ist alles *feiner*. Wir sind nicht mehr beobachtet worden! Es ist einfach alles viel leichter gewesen. Für uns junge Leute war das schon etwas Besonderes! Einmal einen Volkstanz tanzen und singen hat man wieder können – es ist ja sonst immer alles verboten gewesen!

Theresia Sanin, geb. Christof, St. Michael/Eppan,
Hauswirtschaftslehrerin und Privatzimmervermieterin
geb. 1930 in St. Pauls/Eppan, Dableiberin

Die deutsche Besatzung war für mich ein Vorteil, weil ich endlich einmal – noch ein ganzes Jahr lang – in die deutsche Schule gehen konnte. Wir haben es ein bisschen als lächerlich empfunden, wenn sie als Befreier gefeiert worden sind. Wie die Frauen den deutschen Soldaten nachgerannt sind, das hat man schon als ein bisschen lächerlich empfunden. Dann bist du auf einmal der deutsche Typ gewesen. Zu mir haben sie das auch gesagt, weil ich hatte rötliches Haar, eben die dunklen Augen und die weiße Haut. Da bist du ein richtig germanischer Typ gewesen. So kindische Sachen hat es im Dorf oft gegeben. Sonst haben sie ja auch nicht viel zu sagen gehabt. Die Hilfslehrerinnen haben nicht wirklich viel können, unverschuldet. Sie haben auch nicht gerade die Intelligentesten dafür gefunden, sondern halt die Begeistertsten. Unsere Leute sind in Gefahr gewesen, weil sie eingezogen werden konnten. Wir hatten die Sorge, als eben die Deutschen gekommen sind, dass die ganzen wehrfähigen Männer zum Schluss noch einberufen werden. Meine Mutter hat schon zum Nachbar gesagt: „Geh nicht mehr, der Krieg ist jetzt gleich aus! Hans, geh nicht mehr! Versteck dich irgendwo!" Aber das hat er sich nicht getraut.

~~Repressionen~~ in Repressalien ~~von~~ Damals in ~~unsrer~~ Heimat. Inser Landl, 1920...
unserer

I Wos hobs ös mit inseren Landl getun?
   ös hobs in as Landl derschlogn!

II Und insern schienen Tirolefun,
    dein hobm mer miessn vergraubm.

III Wos hobs ös mit insere Giater getun?
    Ös hobs uns mit Stiyern belouchn;
    und wer euk nött olls derzohln konn,
    den jogs ös vom Grund und vom Bodn!

IIII Wos hobs ös mit insere Leute getun?
     Ös schlogs insre Mander in Kettn,
     daß koaner a Fingerle ruehrn konn
     inser Land und Leut zu derrettn.

IV Wos hobs ös mit insere Buebm getun?
   Ös hob sie uns g'haült zi Soldoutn,
   dei kennen jetz in der hoaßestn Sunn
   für enkre Houbgier derbroutn.

V Wos hobs ös mit insere Kinder getun?
   Ös zwing sie zu bluetwalschn Learn,
   vos geat insere Kinder des Walsche un
   Deutsch betn hilft jo viel mehrer.

VI Wos hobs ös mit insere Numen getun? Hob's gmeant ös müeßt nue erfin
   Jo häng bei an a und an o hintndreun, des Zuig mueß angaling verschwi

VII Wos hobs ös mit insere Toetn getun?
    Hob's gmeant ös müeßt
    a Friedhof war heiliger Bodn,
    a deutsche Schrift af an Kreizl dreun,
    wie kunnt euk zoll öpper schoudn.

VIII Souviel und mau mehrer hobs ös uns,
     Wos hobs ös nu wolln den Schlog derwoltn
     Kon jogt man euk aus mit an reatlichn
     aus insern heiligen Goltn.

Refrein: No no sou geat nüt, des mueß wieder anderster weran
...

„I bin Südtiroler, ondersch gsog, a Pizza mit Knedl
und i versteah net wo's Problem isch, i kriags net in mein Schedl.
Ob iatz Crucchi oder Walsche, Italiener oder Daitsche,
irgendwia, sein mir jo olle lai es glaiche
mir sein olle Südtiroler oder Alto Atesini,
mir sogn Riffl und sie sogn holt Bambini!"

Konflikt und Konsens

„Es ist eine Hetzerei gewesen bis zum Gehtnichtmehr!"

Karl Tarfusser

Abbildung Seite 170:
„Wos hobs ös mit insre Kinder getun? Wos geat insre Kinder des Walsche un ..." In zahlreichen Gedichten, Liedern und Texten wurde zur Optionszeit das Gegeneinander thematisiert. Schwarz-Weiß-Stereotypisierungen waren die Basis der Propaganda, die von der Bevölkerung rezipiert und reproduziert wurde. Das Gedicht „Inser Landl" wurde von Regine Dodner erst nach 1945 niedergeschrieben.

Abbildung Seite 171:
„I bin Südtiroler, ondersch gsog, a Pizza mit Knedl." Kaum besser als durch kulinarische Referenzen lässt sich das heute vorhandene, neue Selbstbewusstsein der Südtiroler Jugend auf den Punkt bringen wie hier durch einen Song der Rittner Hip-Hop-Band „Homies for Life". Das Zusammenleben der Sprachgruppen und die permanente Auseinandersetzung damit sind auch Teil eines Emanzipationsprozesses Südtirols vom ehemaligen Vaterland Österreich und der Schwesterregion, dem Bundesland Tirol.

Mit „Konflikt und Konsens" beschreiben wir jenen Erinnerungsort, der das Mit- und Gegeneinander der Option thematisiert. Zwischen verschiedenen Gruppen und in unterschiedlichen Interaktionsfeldern gab (und gibt) es Dissens und doch auch wieder Einvernehmen. Zu den Akteurinnen und Akteuren gehörte die Gruppe der Dableiber, jene der Optanten, von denen nicht alle tatsächlich gegangen sind, also auch jene der Dagebliebenen, jene der Rücksiedler, zudem Italienerinnen und Italiener, Deutschsprachige als Minderheit, Südtirolerinnen und Südtiroler in der „neuen Heimat" und nicht zuletzt jene, die vertrieben und enteignet wurden, um Wohnraum für die Umsiedelnden zu schaffen.

Primäre Austragungsorte für das, was als „Spaltung" Eingang in die wissenschaftliche und populärwissenschaftliche Literatur fand, waren die Propaganda in der hauptsächlich dörflichen Gemeinschaft und die daraus resultierende Trennung in Dableiber- und Geher-Gruppierungen. Untereinander gab es Anfeindungen, auch Handgreiflichkeiten, Schmierereien auf Häusern und Verleumdungen. Die Position der Dableiberinnen und Dableiber signalisiert dabei bis heute ein Minderheitsgefühl und ein Ausgegrenzt-Sein. Andererseits verlief diese „Spaltung" nicht immer dramatisch. Manchmal legten sich die Konflikte im dörflichen Kontext bald wieder, vor allem dann, wenn die Dableiberinnen und Dableiber aus wirtschaftlichen oder anderen Gründen gebraucht wurden.

Aber auch an den neuen Wohnorten der Umgesiedelten, in der „Ostmark" und anderswo, kam es zu Spannungen: Hier standen sich die Umgesiedelten und jene gegenüber, deren Höfe enteignet worden waren. Oft waren diese zwar von ihrem ehemaligen Besitz vertrieben worden, lebten aber noch im Dorf oder in der Nähe und konfrontierten durch ihre Anwesenheit die Ausgewanderten mit dieser Realität der Umsiedlung.

Die Konflikte zwischen den Gruppen der Dableiber und Optanten wurden nach 1945 aus politischer und wirtschaftlicher Notwendigkeit schnell begraben – und das obwohl die Deutschland-Optantinnen und -Optanten als Staatenlose lange Zeit rechtlos und in jeder Hinsicht auf der Verliererseite waren. Reichten die politischen Eliten ihren ehemaligen Kontrahentinnen und Kontrahenten aus Opportunität und Notwendigkeit die Hand, so war es im gesellschaftlichen

und privaten Kontext „die Liebe", wie es ein Zeitzeuge ausdrückt. Wenn es um Eheschließungen ging, waren die Gräben der Optionszeit nach 1945 oft schnell überwunden.

Theresia Sanin, geb. Christof, St. Michael/Eppan,
Hauswirtschaftslehrerin und Privatzimmervermieterin
geb. 1930 in St. Pauls/Eppan, Dableiberin

An einzelne Flugzettel kann ich mich nicht erinnern, aber das war schon radikal. *Walsche Fackn, walsche* Schweine haben sie uns geheißen, Steine in die Fenster geschmissen und – wir waren sieben Mädchen – gesagt: „Ihr werdet keinen Deutschen zum Heiraten bekommen, ihr kommt eh alle hinunter nach Sizilien."

Karl Pobitzer, Schlanders, Grundschullehrer und
Mitarbeiter in der Schulverwaltung
geb. 1918 in Schleis/Mals, Dableiber

Wir sind vier Brüder gewesen und eine Schwester. Die ersten paar Monate, nachdem wir uns entschieden hatten, zu bleiben, haben sie wenig mit uns geredet. Aber dadurch, dass wir Loden herstellten, walkten, brauchten sie uns einfach. Besonders den Vater, der hat gute Beziehungen zu italienischen Händlern gehabt, der hat vermittelt, wenn die Leute Vieh zum Verkaufen hatten. Der Vater ist hingegangen zu dem Händler und hat das Vieh verdolmetscht, obwohl er nur sechs Worte Italienisch konnte. So '40, '41 haben sie uns schon wieder in die Dorfgemeinschaft miteinbezogen. Auch sonst hat man keine Probleme mehr gehabt, weil sie gesehen haben, dass in Deutschland nicht das Paradies ist. Man hatte ihnen versprochen, dass jeder Sohn einen Hof bekommt. Als die Ersten dann hinausgekommen sind, sind ihnen die Augen aufgegangen, dass in Deutschland nicht so alles glänzt, wie's die Nazis versprochen haben. Sie sind konfrontiert worden mit der Wirklichkeit des Nationalsozialismus, da ist die Begeisterung schnell abgeflaut. In unserer Verwandtschaft waren alle Kategorien, von Dableibern bis Auswanderern, vorhanden. Bei uns war es Brauch, dass am Neujahrstag alle Verwandten bei einer Tante zusammenkommen, da sind alle gekommen, ob Auswanderer oder Dableiber, dort hat es nie etwas gegeben. Wir waren vielleicht auch nicht der Typ Mensch, der entweder das Dableiben als allein selig machend oder das Auswandern als solches verstanden hätte.

Hermann Oberparleiter, Meran, gelernter Schneider, Kellner
geb. 1934 in St. Lorenzen/Pustertal, Rücksiedler

Man hat uns in der Tschechoslowakei einen Bauernhof angeboten und da sind wir dann hingekommen. Das ist eine Situation, wie sie in vielen Orten heute auf der ganzen Welt noch zu sehen ist. Wir sind zwei Jahre in St. Pölten gewesen, da bin ich in die erste und zweite Schulklasse gegangen. Dann sind wir übersiedelt nach Neu Titschein, Nový Jičín heißt das auf Tschechisch. Der deutsche Staat oder die, die uns ins Sudetenland hinausgeholt haben, haben die Tschechen vom Hof vertrieben. Die haben den eigenen Hof verlassen müssen, konnten nur mitnehmen, was sie tragen konnten. Wir Südtiroler sind hinausgeschickt worden, um Tschechien zu Verdeutschen. Ehrenberg hieß das Dorf, in dem wir gewesen sind, tschechisch Loučka. Nový Jičín war eine kleine Stadt, vielleicht wie Brixen. Die Tschechen mussten alle gehen und wir haben uns da hineingehockt, ja, wie Gott in Frankreich. Wir haben Kühe gehabt und Rösser. Das war alles schon da. Wir haben zu essen gehabt, Hühner und Schweine, alles gab es dort. Von der Hungersnot haben wir nichts gespürt draußen.

Logisch hat man das gewusst, dass die vertrieben worden sind. Mein Vater hat den Gauleiter gebeten, ob der die Magd und den Knecht auf dem Hof bei uns lassen kann, zum Helfen. Die beiden sind dann bei uns geblieben, bis wir wieder zurückgewandert sind. Die Gauleiter haben gesagt, wir sollten mit den Leuten streng sein und sie so behandeln, als ob sie Zweite-Kategorie-Menschen wären. Aber in unserer Familie hat man das anders gemacht, wir sind bald, nach vier, fünf Tagen, alle zusammen am gleichen Tisch gesessen. Weil wir sie ja noch mehr gebraucht haben als sie uns, wegen der Arbeit. Ein bisschen etwas hat mein Vater schon gewusst von der Bauernschaft, aber nicht so viel, um den Hof zu bearbeiten, den uns die Tschechen haben abtreten müssen. Zum Glück ist uns der Sohn der Besitzer oft besuchen gekommen, der war auch schon 20, 25. Der hat uns eigentlich nicht gehasst, der hat das schon verstanden, dass das die Politik war. Der ist immer schauen gekommen, ob alles passt. Der hat mit uns geredet. Mit dem Knecht und dem Mädchen wird er schon mehr geredet haben, wie das weitergeht und so. Die Alten sind nie gekommen, die haben das nicht ertragen. Die haben irgendwo in eine Wohnung ziehen und zuschauen müssen, wie wir auf dem Hof arbeiten. Es ist ja so im Leben, es ist brutal, nicht? Für uns war das ein Geschenk! Wenn du im Dorf, wie sagt man heute, die Herrschaft bist. Wir haben alles gehabt! Der Staat hat uns beschützt! Dann, nach ein paar Jahren, werden die Tschechen es schon gespannt haben, als der Krieg immer weiter rückwärts gegangen ist, von Russland her, von Polen. Da waren wir froh, dass wir früh genug weggekommen sind, vielleicht würden wir sonst nicht mehr leben. Da staut sich ein Hass auf. Aber die Politik ist so gewesen damals.

Anna Degasperi, geb. Gius, Bozen, Hilfskindergärtnerin, später Hausfrau
geb. 1925 in Bozen, Rücksiedlerin
Das war schlimm. Gut, wir Jungen haben nicht so viel gespürt, aber die Eltern schon. Es war ein Hass. Auch unter Geschwistern gab es Gehässigkeit. Es war traurig, es war eine hässliche, *schiache* Zeit. Sonst kann ich mich wenig erinnern, ich weiß halt, dass es eine fürchterliche Streiterei und Zwisterei überall gab. Einige Schulkolleginnen haben uns überhaupt nicht mehr angeschaut. Da ist man kein Mensch mehr gewesen, für die, die dageblieben sind. Obwohl wir nichts dafür konnten. Und die Auswandererei war überhaupt etwas Grausiges, das Weggehen, das Wissen, jetzt dürfen wir nicht mehr herein. Es war furchtbar. Ich habe zwei Jahre lang mit wahnsinnigem Heimweh gekämpft. Und dann in Innsbruck: Wir sind dort logisch ein bisschen angefeindet worden. Alles arme Leute sind raus, solche, die nichts besaßen, überhaupt nichts! Nicht einmal das Mindeste vom Minimum hatten diese Bauersleute und Arbeiter. Es war die pure Not. Schmutzig waren sie. Es war nicht gut. Wir sind als Südtiroler angefeindet worden. Wir wurden das Gesindel genannt. Ich war entsetzt. Heute verstehe ich es.

Karl Tarfusser, Nals, Landwirt
geb. 1926 in Nals, Dableiber
Der Nachbar war ein ganz guter Kollege, mit dem ich immer beieinander gewesen bin. Die sind ausgewandert. Ohne Verabschiedung ist er gegangen. Ich mein, wie kann man das tun, wenn man ein Leben lang *beieinander* ist, auswandern, ohne *Pfiati Gott* zu sagen oder irgendwas! Wir waren gleich alt, gerade ein Jahr jünger war er. Heute wird mir noch kalt bei solchen Sachen. Die sind nicht mehr zurückgekommen, die sind nach Graz. Ich bin einmal nach Graz rausgefahren und habe ihn und seine Familie besuchen wollen. Den Kollegen selbst habe ich nicht angetroffen. Der ist in einer Fabrik gewesen und hat da nicht rausdürfen, ich weiß es nicht mehr so genau, und in der Zwischenzeit habe ich wieder fahren müssen. Das war furchtbar, das muss ich sagen, wenn man so gute Kollegen gehabt hat, das ist, als ob er gestorben wäre. Das schüttelt mich heute oft noch, wenn ich mir denk, gegangen ist der Seppl ohne *Pfiati*-Sagen oder: „Wir sehen uns vielleicht einmal." Gar nichts, verblasst. Das ist so ein komischer Hass gewesen.

Wir Dableiber haben uns halt auch ein wenig zusammengerottet, manchmal, um zu reden. Einmal bin ich am Abend am anderen Ende des Dorfes gewesen, da war ein anderer Bub von Dableibern auch, der in unserem Alter war – der war später 20 Jahre lang Bürgermeister bei uns hier. Es war Nacht und auf dem Heimweg ist man bei der AdO-Kanzlei, das war die Aus- und Rückwandererkanzlei, vorbeigegangen. Es war etwas dunkel, die Dorfbeleuchtung war schlecht. Auf einmal hat mir einer einen Sack über den ganzen Körper gezogen und ein zweiter hat mich hinten und vorn gestoßen. Ich bin danach draufgekommen, wer es gewesen ist. Das war die Hetzerei gegen die Dableiber. Es ist einfach eine Hetzerei gewesen bis zum Gehtnichtmehr. Aber ich bin nicht nachtragend, ich denke mir, ich bin noch da, mir geht es heute gut, und die schauen sich lang schon die Erdäpfel von unten an.

Dann hat es geheißen: „Falsche Christen, alte Weiber, Egoisten, Hurentreiber, warme Brüder, schlechte Pfaffen!" Eine ganze Litanei haben sie uns, den Dableibern, geschickt. Die besten Kollegen! Nicht zu glauben. Zusammengeführt hat uns nach dem Krieg die Liebe. Die hat keine Grenzen gekannt. Meine Frau ist von einem Auswanderer. Der ist ja da bei uns ein großer Bauer, da hat dann nichts gefehlt.

Regina Dodner, geb. Stockner, Milland, Bauernarbeit, Näherin
geb. 1926 in St. Andrä/Brixen, Optantin, nicht ausgewandert

Meine Freundin Paula und ich haben immer zusammen Milch hinuntergetragen und heimwärts haben wir politisiert. Also mit 13 Jahren haben wir schon angefangen zu politisieren, wegen dem Wählen. Paula ist bei einer Familie aufgewachsen, die italienisch gewählt haben, weil da war ein Geistlicher und die haben vielleicht mehr gewusst als wir. Wir haben uns nicht entscheiden können, weil es hat ja geheißen: Die, die italienisch wählen, kommen hinunter, und wir haben aber deutsch bleiben wollen. Den ganzen Weg hinauf haben wir gestritten, ich und die Paula, diskutiert halt. Sie hat gemeint, sie ist im Recht, ich habe gemeint, ich bin im Recht, und so sind wir heim. Wir haben uns später dann schon wieder verstanden.

Das haben wir natürlich mitbekommen von den Erwachsenen! Daheim ist von nichts anderem geredet worden, außer vom Krieg. Oder nachher vom Wählen. Es hat kein anderes Thema mehr gegeben. Auf dem Kirchweg heimwärts, da ist nur mehr geredet worden von der Option, von der ominösen, die es nie gebraucht hätte, wenn wir nie zu Italien gekommen wären. Das ist das Ärgste gewesen, da ist die Ursache gewesen.

Sprache

„Wenn ich grad so Deutsch könnte, wie ich Italienisch kann! Das Manko ist schon ein bisschen geblieben."

Theresia Sanin

Abbildung Seite 178:
Die Entnationalisierungs- und Italianisierungspolitik der Faschisten zog sich quer durch alle Lebensbereiche. Wer in den Jahren zwischen 1920 und 1943 geboren wurde, erhielt gezwungenermaßen einen italienischen Taufnamen. Bis heute findet man mehrsprachige Grabsteine auf den Friedhöfen des Landes, hier in Elvas bei Brixen.

Abbildung Seite 179:
In Südtirol gibt es drei Amtssprachen: Deutsch, Italienisch, Ladinisch. Im öffentlichen Bereich bedeutete dies eine rigorose Übersetzungspolitik. Mittlerweile kann in einigen Fällen ein Abweichen von starren Übersetzungspraktiken beobachtet werden, wenn etwa Italienisch und Deutsch gleichzeitig benutzt werden und die Kenntnis der anderen Sprache als Voraussetzung gilt. Auf eine selbstverständliche Weise dreisprachig ist die Freie Universität Bozen, deren Eingangsbereich inklusive Aschenbecher deutsch, italienisch und englisch beschildert ist.

In der Instrumentalisierung von Sprache manifestieren sich Politik und Ideologie. Die Italianisierung der Orts- und Straßennamen der 1920er-Jahre findet dabei in der Kindes- und Jugendperspektive selbstverständlich weniger Platz als der italienische Volksschulunterricht, der im gelebten Gegensatz zur privaten, deutschsprachigen Erfahrungswelt zu Hause und mit Spielkameradinnen und -kameraden stand. Italienisch wurde zum abgelehnten, erzwungenen Symbol der Unterdrückung. In der Option spitzte sich der Konflikt auf *daitsch* oder *walsch*, also deutsch oder italienisch zu bzw. reduzierte er sich auf diese zwei Kategorien. Nach 1940 wurde der deutschsprachige Unterricht für die Kinder jener, die fürs Deutsche Reich optiert hatten, als Befreiung empfunden, gleichzeitig diente er aber als Vorbereitung zur Integration ins Deutsche Reich.

Gegen Kriegsende verwandelte sich dann vor allem für Soldaten der Wehrmacht das ehemals verhasste Italienisch in einen Rettungsanker in der Rückkehrmaschinerie der Alliierten. Die noch vorhandenen italienischen Identitätskarten und die Italienischkenntnisse nutzten nicht wenige ehemalige Wehrmachtsangehörige zur Distanzierung von der Deutschen Wehrmacht und als Freibrief für die Heimfahrt – unter falscher Identität als italienische Zwangsarbeiter oder als Angehörige des italienischen Militärs.

Die Sprache ist in jener Zeit ein zentraler Ort des Ausverhandelns der Auseinandersetzungen und ein heute noch konfliktbeladener Erinnerungsort. Erst spät erkennen die Menschen in Südtirol die Vorteile der Mehrsprachigkeit in dem im Entstehen begriffenen Tourismusland.

Berta Stimpfl, geb. Tappeiner, Laas, kurze Zeit Lehrerin, dann Hausfrau
geb. 1911 in Laas, Optantin, nicht ausgewandert

Als wir optiert haben, sollte es für uns Optanten deutsche Sprachkurse geben und es hat geheißen: Jetzt brauchen wir Lehrer und wir haben keine! All jene, die sich ein bisschen geeignet haben wie ich, haben in Schulungen gelernt und anschließend Prüfungen machen müssen. Es hat Kurse gegeben in Graun, in Gröden … in Innsbruck bin ich auch einmal vier Monate lang gewesen. Ein paar konnten in die Lehrerbildungsanstalt gehen. Ich habe hier in Laas die Stelle als Hilfslehrerin bekommen und 45 Kinder zugeteilt gekriegt! Aber die

Kinder waren ganz brav und das Unterrichten hat mir wirklich gefallen. Die Eltern sind froh gewesen, dass die Kinder ein bisschen Deutsch gelernt haben, und sie sind wirklich gut und nett gewesen mit uns. Im Winter haben wir unterrichtet und jeden Sommer Kurse besuchen müssen. Rechnen, Zeichnen und alles andere war verboten. Wir sollten den Optanten einfach das Lesen und Schreiben beibringen, damit sie es können, wenn sie nach Österreich kommen. Die Italiener werden diese „Sprachkurse" ungern erlaubt haben, aber sie hätten sich halt doch geschämt: Das sind Südtiroler – und die Kinder können nicht einmal Deutsch! Durch diese Katakombenschulen [richtig: deutschen Sprachkurse für Kinder der Optantinnen und Optanten für Deutschland] haben sie die deutsche Sprache zum Glück schon gelernt, ein bisschen.

Karl Tarfusser, Nals, Landwirt
geb. 1926 in Nals, Dableiber

In der Früh sind wir getrennt worden und ich habe auf der anderen Seite drüben *Walsche* gesehen. Da bin ich abgehauen und zu den *Walschen*. An die habe ich mich gehalten. Zum Glück hatte ich die italienische Identitätskarte, die hat mich damals gerettet. Wir sind von Freistadt mit Pferden und so Wägelchen nach Linz gefahren. Vor Linz war Mauthausen, das Konzentrationslager, da sind wir reingekommen. Dann ist schnell mal so ein Maultier umgebracht worden, damit wir wenigstens etwas zu essen hatten. Aber dann die Personalaufnahme, das war eine Misere. Diese Personalaufnahme hat im Freien stattgefunden, an einem Tisch. Ich bin daneben gestanden und habe zugehört, was die anderen angeben. Die letzten italienischen Eingerückten sind die 1924er gewesen und ich bin '26 geboren. Dann wurde ich gefragt, wie ich heiße. Ich habe schnell einen italienischen Namen gesagt und die Mutter hat auch schnell einen italienischen Namen gekriegt. „*Strano*", hat er gesagt und fast nicht glauben wollen, dass ich '24 geboren sei. „Was für ein Regiment?" Da habe ich das von meinen Bruder angegeben, das 232. Infanterieregiment in Gries drinnen. Ich hätte sonst ja nicht gewusst, was sagen. Es ist ihnen nicht aufgefallen, sonst wäre ich heute nicht mehr da. Aber danach ist der Teufel los gewesen: Beim Appell wusste ich meinen Namen, den italienischen, nicht mehr! Das hätte schlecht ausgehen können. In der Nacht sind dann ein Sterzinger und ich abgehauen. Wir haben gewusst, dass der amerikanische Posten in seiner Hütte drinnen schläft, den hat nichts interessiert. Wir haben unser Gewand, die ganzen *Hudern*, ausgezogen, sind nackt übern Stacheldraht hinauf und auf der anderen Seite hinunter. Dann haben wir uns wieder angezogen und sind durch Linz zum Bahnhof.

Walter Silbernagl, Kastelruth, Metzgereibesitzer
geb. 1923 in Kastelruth, Optant, nicht ausgewandert

Eine alte Frau hat uns gesagt, unten in Geesthacht [nahe Hamburg] – das war fünf Kilometer weiter unten, da war eine Kugellagerfabrik – sei jetzt ein internationales Lager. Ich hab die italienische Identitätskarte mitgehabt und zum Kollegen gesagt: „Du Matthias, ich geh da runter, mich erkundigen." Er ist nicht mitgegangen, weil er nicht Italienisch konnte. Dort ist dann ein Mordseingang gewesen, ein Tor, und rechts eine Holzhütte mit verschiedenen Schaltern: Italien, Frankreich und so weiter. Ich bin zu dem Schalter und hab mich gemeldet: „Ich bin ein italienischer Deportierter, ein Arbeiter." „Ja", haben sie gesagt, „es wird kein Platz sein, die Baracken sind alle voll. Aber gehen Sie nur schauen – *„vada lì e guardi, forse trova un posto"*. Dann habe ich denen meine Identitätskarte gegeben und bin ins Lager rein. Es waren alles einräumige Baracken mit einem großen Tisch in der Mitte und Stockbetten rundherum. In der ersten Baracke war alles voll, in der zweiten auch. In die dritte Baracke rein, wieder gefragt, dann hab ich im Eck unten einen leeren Platz gesehen, aber keine Matratze. In meinem Rucksack hatte ich ein Kistchen Zigarren, das hab ich auf den Tisch gelegt und gesagt: „*Guardate, fatemi un posto*, dann könnt's die Zigarren da alle behalten." Es hat eine halbe Stunde gedauert und dann war alles in Ordnung. Ich hab die gleiche Uniform bekommen, wie sie sie in der Fabrik hatten. Auf der linken Brust haben sie aus Stoff so grün-weiß-rote Dinger zum Aufkleben gehabt. Ich hab genau wie sie ausgeschaut.

Theresia Sanin, geb. Christof, St. Michael/Eppan,
Hauswirtschaftslehrerin und Privatzimmervermieterin
geb. 1930 in St. Pauls/Eppan, Dableiberin

Das faschistische Regime war schon eine Tyrannei, aber ich hab eine Ausnahme erlebt. Oder vielleicht ist es auch gar keine Ausnahme gewesen, denn meine Lehrerin war ja auch eher Opfer als Täterin. Sie war ein wunderbarer Mensch. Sie hat auch Deutsch können, weil sie aus Rovereto stammte und ihr Vater ein höherer Beamter beim österreichischen Heer war. Sie war einfach durch und durch Idealistin. Immer vor dem Unterricht ist eine Viertelstunde lang Lebenskunde gewesen und die hat wirklich geformt. Von ihr hab ich als Volksschülerin ein deutsches Buch bekommen. Ein deutsches hat sie gekauft, nicht ein italienisches! Und in mein Poesiealbum hat sie mir ein Edelweiß gezeichnet, also unsere Blume, und was sie hineingeschrieben hat, ist auch wunderbar. Wie sie sich schon vorgestellt hat! Aus mütterlichem Pflichtbewusstsein hat sie uns an der Schulpforte empfangen.

Also ich hab keine schlechten Erfahrungen gehabt mit den Italienischen. Meine Schwester war „Untergrundlehrerin", sie war von denen mit dem Kanonikus Gamper. Aber bei ihr wollte ich partout nicht lernen! Das hat mir so widerstrebt, das von meiner Schwester anzunehmen. Mit 14 Jahren hab ich das dann schon sehr bereut. Da wurde die Klosterschule Mariengarten geschlossen, weil damals das Krankenhaus von Bozen dorthin übersiedelt wurde. Bis 14 hatte ich nur italienischen Volksschulunterricht gehabt. Da hab ich mir immer gedacht: „Wenn ich grad so Deutsch könnte, wie ich Italienisch kann!" Später konnte ich noch nach Imst gehen, das war das erste Mal, dass ich in eine richtige deutsche Schule gekommen bin. Ich hatte ein Heft, in dem ich die Wörter, die ich falsch schrieb, hineingeschrieben und immer wieder gelesen habe, wie sie richtig geschrieben gehören. Man hat schon wirklich kämpfen müssen, dass man irgendwann Deutsch lernt. Das Manko ist schon ein bisschen geblieben.

Alois Steinegger, Söll/Tramin, Landwirt
geb. 1921 in Söll/Tramin, Optant, nicht ausgewandert

Ich bin mit den letzten 3.000 – das war am 27. Dezember '46, '47 –, mit den letzten Italienern von Bosnien heim. Wir haben uns druntergeschmuggelt und zwei Italiener haben uns das Kärtchen gegeben, weil mit dem bist du auf das Schiff nach Ancona gekommen. Dort haben sie uns dann registriert. Da waren ein, zwei Damen und so ein alter Offizier, ein grauhaariger Italiener. Ich habe alles auf Italienisch angegeben und zu meinem Kollegen habe ich gesagt, zum Wachtler: „Du, pass auf, ich hau ab, wenn sie uns verhaften wollen. Dann musst du halt schauen ..." Sie haben weiter gefragt und ich habe alles auf Italienisch gesagt, auch Deutsche Wehrmacht, *esercito tedesco* halt. Na, die sind erschrocken! Jetzt ist der Offizier gekommen, der alte, und hat gefragt: „Wieso?" „Wir haben bei den Deutschen Dienst machen müssen", haben wir gesagt. Der hat aber geglaubt, dass wir Italiener sind. „Ja, von wo seid ihr?" „Von der Provinz Trient." „Das habt ihr gut gemacht! Bei uns kommt ihr gleich dran." Und dann sind wir abends noch mit einem Viehwaggon hinauf nach Pescantina, ins Militärlager bei Verona. Im Militärlager dann, da ging es rund! Uns hätten sie danach sicher gleich ein halbes Jahr auf die Strafinsel geschickt. Die haben uns da alphabetisch registriert und dann wieder ins Lager geschickt. Da waren Wachtler und Steinegger, wir, die Letzten halt, und wir haben gesagt: „Du, wir hauen ab!" Das haben wir dann gemacht und ich bin dann rauf bis Auer und dann heim.

Edmund Dellago, St. Ulrich/Gröden, Exportkaufmann
geb. 1933 in St. Ulrich/Gröden, Rücksiedler

Als wir zurückgekommen sind nach Gröden, gab es vielleicht zwei, drei Leute, die Englisch konnten, von Französisch gar nicht zu reden. Das ist ein Mordsvorteil gewesen für mein weiteres Leben, denn ich konnte Deutsch, Italienisch, Englisch, Französisch, Ladinisch. Und, wenn man es genau nimmt, auch noch Südtiroler Dialekt und oberösterreichischen, außerdem Spanisch und acht Jahre lang hatte ich Latein gehabt. Das ist vielleicht nicht mein Verdienst, das ist Verdienst der kulturellen Situation in Gröden, weil, man soll es nicht für möglich halten, aber das Grödnerische ist eine Leiter, ein Sprungbrett für Fremdsprachen, durch die Verwandtschaft der indogermanischen Sprachen. Die Grödner Sprache hat ja von überall importiert, natürlich, weil unser Wortschatz war ja sehr gering, vielleicht 8.000 Wörter oder so. Wenn ein Grödner in Frankreich in einen Bahnhof kommt, dann ist er der Erste, der in den richtigen Zug einsteigt, weil er versteht, was da geredet wird. Wirklich! Und im Englischen ist es ähnlich, weil Englisch ist sowieso eine Sprache, die von überall gekauft und gestohlen hat. Deshalb ist es für uns relativ leicht.

Die Schule damals, das war ein Muss, da gab es nichts anderes als die italienische Schule, aber durch das Grödnerische hat man es schon verstanden. In der Kirche haben die Pfarrer auch zum Teil Italienisch gesprochen, also das war keine Fremdsprache für uns. Es ist auch heute nicht so, dass nur Grödnerisch gesprochen wird und die anderen sind Fremdsprachen. Wir sprechen wirklich die drei Landessprachen und das nicht schlecht. Sei es das Italienische, sei es das Grödnerische, die einen vielleicht ein bisschen besser das Deutsche, die anderen besser das Italienische.

Schweigen

„Irgendein Keil ist immer noch drinnen."

Marialuise Oberrauch, geb. Mahlknecht

Abbildung Seite 186–187:
Der Südtiroler Karikaturist Peppi Tischler brachte den problematischen Umgang der Südtirolerinnen und Südtiroler mit der Option nach 1945 mittels seiner Kultfigur „Schnauzer" zu Papier: Alles nicht Aufgearbeitete wird unter den Teppich gekehrt. Dieses Motiv erschien in mehreren Publikationen, unter anderem in Hansjörg Kuceras „Auf und ab um Südtirol" aus dem Jahr 1991.

Unmittelbar nach Ende des Zweiten Weltkrieges, im Mai 1945, gründeten einige Dableiber gemeinsam mit einigen wenigen Optanten die Südtiroler Volkspartei (SVP). Sie wurde das gemeinsame Sprachrohr der Deutschsprachigen. Bald schon nahm die Partei wahllos Optantinnen und Optanten und auch Ausgewanderte in ihre Reihen auf. Ein großes Problem der Nachkriegsjahre war die Staatenlosigkeit jener, die optiert hatten: Denn wer 1939 fürs Deutsche Reich gestimmt hatte – egal ob er tatsächlich ausgewandert war oder nicht –, besaß nach 1945 keine Staatsbürgerschaft. Die Optantinnen und Optanten für das Deutsche Reich wurden somit zum politischen Zankapfel, die italienische Regierung nutzte das Problem konsequent als Druckmittel. In dieser Situation entschieden sich besonders die politischen Eliten, die Gräben der Vergangenheit zuzuschütten und einen Mantel des Vergessens über die Option zu legen. Es ging um den gemeinsamen Kampf für das gemeinsame Ziel, das zuerst Selbstbestimmung, später Autonomie heißen sollte. Durch das einvernehmliche Zudecken der Auseinandersetzungen wurde aber auch die Täterschaft vieler Südtirolerinnen und Südtiroler bewusst „vergessen". Das Schweigen nach 1945 zeigte sich schnell auf politischer Ebene, im dörflichen Kontext gingen die Gehässigkeiten zwischen Dableiberinnen und Dableibern einerseits und Optantinnen und Optanten andererseits noch eine Zeit lang weiter – zumindest bis zum Rücksiedlerabkommen, dem Optantendekret vom Februar 1948.
Erst in den 1980er-Jahren wird die Mauer des kollektiven Schweigens gebrochen, als eine junge, kritische Generation sich der kollektiv betriebenen Schuldabwehr entgegenstellt und die Täterschaft vieler Südtirolerinnen und Südtiroler erstmals öffentlich thematisiert. Das Schweigen war damit nachhaltig zu Ende und langsam bekamen auch verschiedene Opfergruppen eine Stimme. Trotz dieser Fortschritte sind viele der bekannten Argumentationsmuster bis heute in den Erzählungen der Zeitzeuginnen und Zeitzeugen zu finden. Je nach persönlichen Erlebnissen und je nach Familiengeschichte spiegeln sich die damaligen Auseinandersetzungen heute noch in den Erinnerungen, haben aber zu einem guten Teil ihre Vehemenz und Emotionalität verloren. Vielfach werden jedoch nach wie vor Details ausgeblendet, wird immer noch geschwiegen.

Franz von Walther, Bozen, Journalist und Koordinator
der deutschsprachigen Programme des RAI-Senders Bozen
geb. 1933 in Bozen, Dableiber

1945 hat man natürlich gehofft, dass wir Südtiroler abstimmen können, zu wem wir gehören wollen, aber wie hätte das gehen sollen mit den paar Dableibern, die stimmenmäßig nicht viel ausgemacht haben. Das Problem war zunächst wirklich, dieses Optionsabkommen irgendwie für null und nichtig zu erklären, es aus der Welt zu schaffen. Deswegen hat man sofort versucht – wirklich auch aus Überzeugung – möglichst bald eine Versöhnung herbeizuführen. Der Karl Tinzl war am Anfang auch dabei. Er war zwar Präfekt während der Nazizeit gewesen, hat sich aber sehr ordentlich benommen. Jedenfalls haben sie ihm nichts anhaben können. Aber er hatte keine Staatsbürgerschaft und galt als Kollaborateur. Das hat ihn natürlich diskreditiert. Jedenfalls haben sie geschaut, möglichst alle wieder miteinzubeziehen, und ich muss auch sagen, Rache oder so, nein ... Der Vater hat einmal, wie wir bei einem Menschen vorbeigegangen sind, gesagt: „Siehst du, das ist der, der hat mich angezeigt." Da hat er einen Moment noch ... aber man wollte wirklich vergessen. Der Karl Nicolussi-Leck, SS-Hauptsturmführer, der war ja Propagandist für die Optanten. Der hat damals im Winter oben in unserem Haus am Ritten mit meinem Vater diskutiert, als es so halb verboten war und bevor er nach Argentinien gegangen ist. Jedenfalls wollte man das wirklich überwinden. Und einsehen, dass die einen begeistert waren, die anderen halt nicht. Das ist eigentlich ziemlich rasch gegangen. Obwohl das natürlich nicht alle kapiert oder eingesehen haben. Ich glaube, die Wunden der Option sind aber schließlich doch zum Großteil geheilt.

Die ganze Kriegssituation ist schon ein ganz gewaltiger Stress gewesen. Für alle. Nachher waren es vor allem die Dableiber, die sich dafür eingesetzt haben, dass der Vertrag [Optionsabkommen] annulliert wird. Das war auch schon so vorgesehen gewesen und da war man froh, dass man irgendwie Frieden schließen konnte, indem man gesagt hat: „Lassen wir's, reden wir nicht mehr allzu viel davon." Lange Zeit galt der Spruch: „Ihr müsst einmal aufhören, von den Sachen immer wieder anzufangen." Das hört man ja auch, wenn man von den KZs redet. Das ist natürlich, sagen wir, lange drinnen geblieben.

Vieles ist einfach nicht gesagt worden, ist versteckt worden. Dass verschiedene Sachen im Auftrag vom Himmler getan wurden, die Volkslieder, die gesammelt wurden, und alles Mögliche. Vergessen hat man das einfach. Wenn etwas Schlimmes zu Ende ist, hat man irgendwann keine Lust mehr, da noch lang herumzubohren. Der Nicolussi hat ja bis zum Schluss Propaganda gemacht und war auch bis zum Schluss … im Grunde hat er sich nie so richtig distanziert. Und trotzdem hat man gesagt: Ja, gut, soll er bleiben. Man hätte auch sagen können, mit denen will man nichts mehr zu tun haben. Die sind aber wieder integriert worden.

Marialuise Mahlknecht, geb. Oberrauch, Meran, Arbeit im Textilgeschäft
geb. 1924 in Bozen, Dableiberin
Die sind heute noch so. Auch wenn wir uns in der Stadt treffen, wir grüßen uns knapp, wir reden nicht miteinander. Das ist noch da.

Karl Tarfusser, Nals, Landwirt
geb. 1926 in Nals, Dableiber
Der Hass hat gedauert bis 1947. Der Krieg war aus, aber diese „Halbalten" haben uns immer noch gepflanzt. Nachdem ich so viel mitgemacht habe, zu Fuß von Budweis bis Gossensaß und dabei übern Brenner, als so hoch Schnee war und wir uns an den Latschenstauden hinaufziehen mussten. Das mit dem Optantendekret hat bis zum 30. Juni '47 [richtig: 1948] gedauert. Alle haben zurückwählen können, die rausgewählt haben und dann staatenlos gewesen sind. Der alte Sunnenwirt drüben, der hat gesagt: „Seid so gut und lasst mich wieder ein *Walscher* werden." Mit dem 30. Juni ist es vorbei gewesen, dann waren wir wieder alle die Gleichen. Sonst wurde immer nur *buon giorno, buona sera* zu den Dableibern gesagt – von den Älteren, nicht von den Jüngeren. Die in meinem Alter waren schon ein bisschen anders. Da hat der eine oder andere eine Freundin gehabt, da hat man nicht gefragt, ob es ein Dableiber oder Auswanderer ist. Die Liebe war wichtiger. Aber die „Halbalten", die sind ekelhaft gewesen.

Marialuise Mahlknecht, geb. Oberrauch, Meran, Arbeit im Textilgeschäft
geb. 1924 in Bozen, Dableiberin
Elisabeth Riedl, geb. Oberrauch, Steinach am Brenner, Verkäuferin
geb. 1926 in Bozen, Dableiberin

Marialuise: Eigentlich hat man nicht über diese Zeit gesprochen. Es wurde bei uns überhaupt nicht gesprochen, wir durften nur sprechen, wenn wir gefragt wurden.

Elisabeth: Ja, später war das ein großes Thema. Aber allmählich hat die allgemeine Entschuldigung in Südtirol geheißen: „Vergessen wir's! Tragen wir nichts nach!"

Marialuise: Ja, das ist bestimmt unsere Einstellung gewesen. Die, die uns bespuckt haben, auch noch zu grüßen. Es ist nicht drüber geredet worden!

Elisabeth: Ja, vergessen wir's! Es war eine ungute Zeit, viele haben's nicht verstanden.

Marialuise: Viele sind mitgerissen worden: Weil die andern gehen, gehen wir auch.

Elisabeth: Ein großzügiges Vergessen, nennen wir es so. Von den Eltern, von allen.

Marialuise: Das Vergessen hätte eigentlich in unserem Kopf drinnen sein sollen, aber ich kann nichts vergessen, es sitzt alles zu tief. Hier in Meran treffe ich noch liebe Freunde, Bekannte, Mitschülerinnen von meiner Schwester. Ich grüße sie, aber mehr nicht. Reden kann ich nicht mit ihnen, irgendein Keil ist immer noch drinnen.

Robert Lageder, Kastelruth, Koch
geb. 1927 in Tagusens/Kastelruth, Optant, nicht ausgewandert

Manche werden vielleicht die Dableiber ein bisschen schikaniert haben. Das kannst du im Dorf immer haben. In Tagusens, im Weiler drüben hat man nichts gemerkt. Sie sind alle wieder arbeiten gegangen und die meisten haben alle erst einen Beruf lernen müssen. Ich bin auch schon 21 Jahre alt gewesen, als ich nach Meran zum Kochlernen gegangen bin. Alle haben irgendein Handwerk gelernt und manche mussten oft noch zahlen für die Lehre. Mein Bruder, der Peter, wollte Mechaniker werden. Er hat in Bozen schon einen Posten gehabt, aber da hätte der Vater zahlen müssen fürs Essen und Übernachten. So hat der Peter stattdessen Schneider lernen müssen, weil er das in Waidbruck unten tun konnte und da war eine Tante, bei der er schlafen und essen konnte.

Berta Stimpfl, geb. Tappeiner, Laas, kurze Zeit Lehrerin, dann Hausfrau
geb. 1911 in Laas, Optantin, nicht ausgewandert

Über die Sachen in Laas [am 2. Mai 1945 wurden zehn Personen, neun davon italienische Arbeiter, von Angehörigen des SOD beziehungsweise der Deutschen Wehrmacht erschossen] habe ich nicht viel erfragt. Mein Mann hat über das nicht geredet – er würde es schon gewusst haben. Ich weiß nur, dass ich einmal Schießen gehört habe. Damals hat's geheißen, draußen haben sie welche erschossen. Aber ich habe da wenig erfragt, ich kann da nicht viel sagen. Es ist besser gewesen, wenn alles still gewesen ist, wenn das nicht alles aufgekommen ist, das war zu viel! Das war eine *schiache* Zeit! Aber an das kann ich mich noch erinnern, an dieses Schießen! Irgendetwas muss ich doch gewusst haben. Gelt, hart, ja, traurig ist das! Das denke ich mir immer, wenn ich vorbeigehe, das ist nicht richtig gewesen, das hätte nicht sein dürfen, nein! Ich weiß nicht, warum sie das getan haben, ich weiß auch nicht, wer! Es ist besser, es weiß niemand nichts! Einige werden's schon wissen.

Marianne Tschurtschenthaler, geb. Harasser, Schwaz, Verkäuferin
geb. 1936 in Girlan, Optantin
Über Südtirol wurde bei uns viel gesprochen. Aber über das Auswandern ist eigentlich mit uns Kindern wenig gesprochen worden. Trotzdem wussten wir Kinder, dass es für die Eltern nicht leicht und dass es eine schwere Entscheidung war. Sie haben es aber nicht bereut. Der Tati hatte eine gute Anstellung. Nein, bereut haben sie es sicher nicht, sonst wären sie vielleicht wieder rein – aber das war nie ein Thema, darüber ist nie gesprochen worden, nie!

Theresia Sanin, geb. Christof, St. Michael/Eppan,
Hauswirtschaftslehrerin und Privatzimmervermieterin
geb. 1930 in St. Pauls/Eppan, Dableiberin
Der Vater hat das gesagt und von der Kirche ist es auch ausgegangen: Man soll ja nicht nach dem Krieg die Wunden weiter aufreißen. Man hat alles zugedeckt. Es ist dann nicht mehr davon geredet worden, dass sie uns hinterhergespuckt und nachgeschrien und Steine geschmissen haben. Ich weiß nicht, ob das Sinn macht, wenn man das herauskehrt, wenn man das offen anspricht. Das hätte nichts gebracht. Es wäre keine Gemeinschaft mehr zustande gekommen, zum Beispiel in den Vereinen. Irgendwie ist es aber schon noch immer da. Wenn ich heute mit Leuten rede, da spüre ich – fast –, wer Dableiber war und wer Auswanderer. Heute noch, ja!

1989

„Das hat mich als Studentin natürlich sehr interessiert und fasziniert, mit welcher Vehemenz diese Kriegsgeneration sich gewehrt hat gegen Fragestellungen, gegen In-Frage-Stellungen ihrer Positionen."

Martha Verdorfer

Abbildung Seite 194:
Die 1980er-Jahre waren gekennzeichnet durch heftige Auseinandersetzungen, in denen die Südtiroler Zeitgeschichte ein öffentliches Thema wurde. Die Verfechterinnen und Verfechter jener Position, die jede Mitschuld und Mittäterschaft in der Zwischenkriegs- und Kriegszeit leugnete, bewiesen bis Ende des Jahrzehnts ein starkes Beharrungsvermögen. Selbst Silvius Magnago, der als Landeshauptmann zum Vater der Autonomie wurde – hier am Abend der Paketabstimmung am 22. November 1969 –, postulierte ein „net rogeln", also ein Ruhenlassen der Vergangenheit.

Abbildung Seite 195:
Erst durch den politischen Wechsel von Magnago zu Luis Durnwalder war eine öffentliche Auseinandersetzung mit der eigenen braunen Vergangenheit in Südtirol möglich. Mit der erfolgreichen Ausstellung „Option – Heimat – Opzioni" zum 50-jährigen Gedenken an die Umsiedlung und dem erstmals 1989 ausgestrahlten Publikumserfolg „Verkaufte Heimat" von Felix Mitterer wurde die Option Teil des Gesellschaftsdiskurses. Erst im Anschluss daran erhielten auch die Opfer eine Stimme. Der Deserteur Franz Thaler wurde – hier bei der Ehrung als politische Persönlichkeit des Jahres 2012 – zum Symbol für diesen Wandel.

In den 1980er-Jahren erfasste Südtirol ein Historikerstreit, als eine junge, kritische Generation von Historikerinnen und Historikern anfing, die konservativen, monokausalen Erinnerungsmuster der Wehrmachtsgeneration zu hinterfragen und durch permanente Auseinandersetzung zu revidieren. Die deutsch- und ladinischsprachige Meistererzählung, die das zum Teil begeisterte Mitläufertum im Nationalsozialismus und die Täterschaft vieler Südtirolerinnen und Südtiroler begraben und auf die Verfolgung durch den italienischen Faschismus reduziert hatte, geriet zunehmend in die Kritik und war schließlich nicht länger haltbar. Erst jetzt wurde das Tabu des hauseigenen Nationalsozialismus allmählich aufgebrochen und neue Gesellschafts- und Opfergruppen wie Frauen und Deserteure, für die der Sarntaler Dableiber, Deserteur und KZ-Inhaftierte Franz Thaler wohl zum Symbol wurde, kamen zu Wort. Für einige Jahre wurde Zeitgeschichte in Südtirol zum politischen Thema.
Höhe- und Wendepunkt war das Jahr 1989, das sich durch den politischen Wechsel von Silvius Magnago zu Luis Durnwalder und den 50. Jahrestag der Option auszeichnete. Die in den 1980er-Jahren erzielten Fortschritte im wissenschaftlichen und öffentlichen Diskurs erfuhren im Jahr des politischen Wechsels ihren anschaulichen Niederschlag auch in Form einer großen Ausstellung zur Option in Bozen. Das Jahr 1989 markierte damit eine grundlegende Neubetrachtung der Optionszeit und zugleich auch den Höhepunkt der Aufarbeitung der Zwischenkriegszeit und des Zweiten Weltkrieges. Seitdem hält sich die wissenschaftliche und nichtwissenschaftliche Auseinandersetzung mit dieser Zeit auf hohem Niveau – und doch hat ein Historisierungsprozess eingesetzt. Nun, 75 Jahre nach den Ereignissen, können wir diesen gut an den vermutlich zum letzten Mal gesammelten Gesprächen mit Zeitzeuginnen und Zeitzeugen erkennen. Heute erzählen uns die Menschen, die die Options- und Kriegsjahre miterlebt haben, offener und beinahe ohne Verbitterung von ihren Erlebnissen und Erfahrungen. Die Generation, die den Wandel der 1980er-Jahre mittrug, wurde dabei selbst zum zentralen Akteur des Erinnerungsortes „1989" ebenso wie die in jenem Jahr erscheinenden wissenschaftlichen Analysen, Dokumentarfilme, Diskussionsrunden im Fernsehen, Leserbriefdebatten, der Spielfilm „Verkaufte Heimat" und eben die Optionsausstellung.

Martha Verdorfer, Bozen, Oberschullehrerin
geb. 1962 in Bozen

Ich hab auf der Universität zwei Paradigmenwechsel mitgemacht: Einmal war das die Historische Frauenforschung – ich war am Anfang vor allem bei der Historikerinnengruppe in Innsbruck aktiv – und zum Zweiten die Geschichte von unten oder *Oral History*. Beides hat mich sehr fasziniert, dass man den Blick von Menschen, die bisher kaum zu den Protagonisten der Geschichte gezählt worden sind, sowie ihre Erfahrungen und Erlebnisse mit einbringt. Leopold Steurer war ein Jahr lang mein Lehrer und wir blieben dann weiter in Kontakt. Als ich angefangen habe, Geschichte zu studieren, war ich manchmal mit ihm unterwegs zu Menschen, mit denen er Interviews geführt hat, in einer sozusagen noch sehr unprofessionellen Form. Es war gar nicht immer ein Tonbandgerät dabei, sondern es war einfach ein Gespräch. Nach dem Studium haben wir mit dieser Methode gemeinsam das Buch über die Deserteure gemacht.

In den 80er-Jahren war in Südtirol die Zeitgeschichte ein hochpolitisches Tagesthema. Was in Deutschland um '68, '69 passiert ist, dass man die Elterngeneration nach ihrer Stellung zur Zeit des Nationalsozialismus, nach ihrer Verantwortlichkeit befragt hat, überhaupt die gesellschaftliche Auseinandersetzung mit der Vergangenheit, das ist in Südtirol erst in den 80er-Jahren passiert. Das hat mich als Studentin natürlich sehr interessiert und fasziniert, mit welcher Vehemenz diese Kriegsgeneration sich gewehrt hat gegen Fragestellungen, gegen In-Frage-Stellungen ihrer Positionen. Diese versteinerte Haltung der Älteren habe ich von zu Hause gar nicht gekannt. Obwohl meine Großeltern auch Optanten waren, waren sie sehr differenziert und haben immer auch darüber gesprochen, wie schlimm diese Zeit war und dass es vor allem die Einheimischen waren, die sich sehr schuldig gemacht haben. Da kam mir der Gedanke, Zeitgeschichte Südtirols zu betreiben – nicht nur aus einem historischen, sondern schon auch aus einem gesellschaftspolitischen Interesse heraus, um hier Position zu beziehen und zu einem breiteren und differenzierten Wissen über die Südtiroler Geschichte beizutragen.

1989, das war ein wichtiges Datum. Dass das Gedenken an 50 Jahre Option gerade Ende der 80er-Jahre stattfand, war aus verschiedenen Gründen ein Glücksfall. Es war eine Zeit, in der sich eine neue Geschichtsschreibung in Südtirol etabliert hat. Mit Claus Gatterer, mit Leopold Steurer, aber auch bereits mit einigen jüngeren Historikern, Hans Heiss, Christoph von Hartungen, Stefan Lechner, Walter Pichler – die dann eben auch bei der Ausstellung mitgearbeitet haben. Außerdem der politische Wechsel von Magnago zu Durnwalder. Insgesamt

war es klar, dass man etwas machen musste und dass es nun auch möglich war, etwas zu machen. Dass sich eine Gruppe von deutsch- und italienischsprachigen Historikern zusammenfand, war auch ein Glücksfall. Ich hab dann ein Jahr lang mit der Gruppe zusammengearbeitet, die diese Optionsausstellung vorbereitet hat. Ich hab in diesem Jahr wahnsinnig viel gelernt, obwohl ich schon einiges über die Option gewusst habe, da ich sie ja bereits in meiner Dissertation behandelt habe. Gerade diese Zusammenarbeit mit den italienischsprachigen Kollegen, diese Einbeziehung des Trentino beziehungsweise dieser italienischen, auch der ladinischen Realitäten, das alles war mir bis dahin noch nicht so wirklich zu Bewusstsein gekommen. Die Auseinandersetzung um verschiedene Sichtweisen auf die Geschichte war eine sehr interessante Erfahrung; vor allem auch die Diskussion darüber, wie wir als Historiker und Historikerinnen unser Wissen und auch unsere Wertigkeiten weitergeben können an ein möglichst großes, breites Publikum. Das war eine Herausforderung, zum Teil auch der Abschied von sogenannten wissenschaftlichen Standards. Das war der Versuch, Geschichtserzählung zu popularisieren, ohne sie zu banalisieren. Wir wollten historische Prozesse verdeutlichen in einer Form, die auch einer Bevölkerung etwas sagt, die eben nicht Geschichte studiert hat oder auch gar keine Matura hat. Da hat mir natürlich meine Erfahrung mit *Oral History* geholfen, weil da der Kontakt mit den sogenannten einfachen Leuten, diese Beziehung zur Alltagskultur und zum Alltagsleben gegeben war. Das geht der Geschichtswissenschaft ja oft ein bisschen abhanden, aber in der Optionsausstellung von 1989 ist es gut gelungen: diese offene Erzählung, die für sehr viele unterschiedliche Menschen unterschiedlicher Sprachgruppen, unterschiedlicher Generationen, unterschiedlicher sozialer und kultureller Milieus verständlich ist. Das hatte wohl auch damit zu tun, dass die Gruppe, die die Ausstellung vorbereitet hat, relativ groß und in ihrer Zusammensetzung selbst so unterschiedlich war.
In der Zwischenzeit sind natürlich sehr viele andere Themen aufgekommen, die Prioritäten ändern sich und es gibt jetzt wieder sehr viele Jugendliche, die von der Option kaum etwas oder gar nichts gehört haben. Sie haben nur ein sehr oberflächliches Wissen, das sich auch in Begrifflichkeiten, ja Begriffsverwischungen ausdrückt. Ich empfinde das ein bisschen als Enttäuschung. Ich hab mir damals gedacht: Jetzt kann niemand mehr zurück hinter diese Entwicklung. So ganz zurück kann man auch nicht. In der Geschichtsdebatte in Südtirol hat sich 1989 eine Zäsur ergeben, hinter die man bis heute nicht mehr zurückgefallen ist. Allerdings hat es im Wissen und in der Diskussion damals einen Höhepunkt gegeben, der jetzt schon nicht mehr da ist.

Leopold Steurer, Meran, Oberschullehrer
geb. 1946 in Sterzing

Claus Gatterer ist, nachdem er in Wien war, von der intellektuellen Elite in Südtirol nicht mehr zur Kenntnis genommen worden, nur von den damaligen Universitätsstudenten, also der jüngeren, vereinfacht gesagt, der 68er-Generation. Er war der Erste, der das Thema Option und die nationalsozialistische Begeisterung der Bevölkerung angesprochen hat. Bevor meine Doktorarbeit 1980 erschienen ist und die Sondernummer der Zeitschrift „Föhn" über Option, Umsiedlung und Widerstand, kam im Jahre '79 eine Studie des Jesuiten Reinhold Iblacker über die Person von Josef Mayr-Nusser heraus. Mayr-Nusser war Präsident der katholischen Jugend in Südtirol in den 30er-Jahren, prominenter Dableiber, Antinazi. Er und seine kleine Gruppe in der Katholischen Aktion haben schon sehr früh die Ideologie des Nationalsozialismus durchschaut und abgelehnt. Mayr-Nusser hat bei seiner Einberufung zur Waffen-SS den Eid auf den Führer verweigert, wurde deswegen wegen Wehrkraftzersetzung verurteilt und starb im Februar 1945 auf dem Transport ins Konzentrationslager Dachau. An der Person Mayr-Nusser, an der Auseinandersetzung um seine Person, kann man die verspätete Aufarbeitung des Nationalsozialismus in Südtirol ablesen. Die Figur Mayr-Nussers ist in der Öffentlichkeit – außer im kleinen Kreis der katholischen Jugend – nicht zur Kenntnis genommen worden. Nun erschien im Jahre '79 dieses Buch des Jesuiten Iblacker und typischerweise war es nicht ein Südtiroler, der diese kritische Periode aufarbeitete. Sein Buch hat eine große Diskussion ausgelöst. Der Chefredakteur der „Dolomiten", Josef Rampold, beziehungsweise ein SVP-Politiker haben damals wörtlich gesagt: Es wäre besser, wenn dieses Buch nicht geschrieben worden wäre, weil es nur alte Wunden aufreißt. Dabei muss eine kritische Geschichtsschreibung – das trifft immer zu, wenn sie beginnt sich durchzusetzen – notwendigerweise alte Wunden anrühren und kann sich daher nur unter Schwierigkeiten durchsetzen. Anfang der 80er-Jahre erscheinen die ersten Filme und weitere Publikationen, in denen die Diskussion über Südtirol, die Option, den Zweiten Weltkrieg, den Widerstand und so weiter fortgeführt wird. Auch der RAI-Journalist Gerd Staffler hat damals mit der kritischen Aufarbeitung der Geschichte begonnen, ich habe ihn dabei ein bisschen beratend unterstützt. Er hat zwei Filme gemacht, der eine wurde im September 1983 ausgestrahlt – in Erinnerung an die Besetzung Südtirols durch die deutschen Truppen im September 1943, den Austritt Italiens aus dem Zweiten Weltkrieg und die Errichtung der Operationszone Alpenvorland. Das hat damals Aufsehen erregt und große Diskussionen in der Öffentlichkeit. Ein zweiter Film war über den Widerstand, über die Deserteure: „Sie sagten Nein". Das waren die ersten Momente einer öffentlichen Auseinandersetzung mit großen Polemiken und Schwierigkeiten, vor allem wegen der offiziellen Meinung, vertreten durch die Tageszeitung „Dolomiten". Es hat sehr lange gebraucht, bis sich eine ruhigere Diskussion durchsetzen konnte, das war dann erst in den 90er-Jahren möglich.

Für die Ausstellung 1989 gab es natürlich einige wichtige Voraussetzungen: Es hat damals Studenten gegeben, die gute Arbeiten geschrieben haben, in Wien, Innsbruck, auch in Italien. 1985 erschien das grundlegende Werk von Karl Stuhlpfarrer zur Option und Umsiedlung in Südtirol, in dem zum ersten Mal die Option anhand von Dokumenten aus italienischen, deutschen und österreichischen Archiven dargestellt worden ist. Er hat damals eine fundamental neue Optik eingebracht, und das war die Voraussetzung für die Optionsausstellung! Aber es gibt in den 80er-Jahren auch zum ersten Mal auf italienischer Seite junge Historiker, die sich aus italienischer Sicht damit beschäftigten, nämlich mit der Frage: Wie hat die italienische Sprachgruppe damals den Faschismus und die Option erlebt? Die Optionsausstellung hatte also nicht nur den Vorteil, dass sie sich auf gute wissenschaftliche Recherchen stützen konnte, sondern dass zum ersten Mal ein ausgewogenes Bild beider Sprachgruppen reflektiert wurde. In dieser Darstellung war nicht mehr die ethnische Polarisierung drinnen, die gegenseitigen Vorwürfe, die Schuld des Faschismus, die Schuld des Nationalsozialismus und so weiter. Das hat man auch gesehen an der Akzeptanz, die Katalog und Ausstellung in beiden Sprachgruppen und in der Presse gefunden haben. In diesem Sinne war das tatsächlich ein Wendepunkt, nämlich der Versuch, endlich einen Weg zu gehen, der einen Rückblick auf unsere Vergangenheit ermöglicht, mit dem sich beide Sprachgruppen identifizieren können.

Die günstigsten Voraussetzungen waren überhaupt die politischen Umstände. Mit den Landtagswahlen im Jahre 1988 ist die sogenannte Wehrmachtsgeneration in der Südtiroler Volkspartei endgültig abgetreten. Ich nenne nur zwei Namen: Silvius Magnago und Anton Zelger. In dem Augenblick, in dem diese Generation abtritt und bald auch die entsprechenden Meinungsmacher in der Presse, auch in den Leserbriefen schwächer werden, wird ein pragmatischerer Umgang mit der eigenen Vergangenheit möglich. Was die Vertreter dieser Generation allerdings noch erreicht haben, war, dass die Ausstellung, kaum dass sie vorbei war, praktisch total abgebaut wurde – geblieben ist nur der Katalog mit dem abgedruckten Material.

Musik

„‚Auf zum Schwur' und solche Sachen, das sind die alten Lieder, die waren dann Symbole, genauso wie die ‚Brennende Lieb' das Symbol war der Dableiber."

Franz von Walther

Abbildung Seite 202–203
Kaum eine Organisation wurde von den Diktaturen so instrumentalisiert wie die Musikkapellen. Ihr Weiterbestand war gesichert, solange sie ohne die ortsüblichen Trachten die faschistischen Märsche spielten und damit die faschistische Festkultur begleiteten. Erst nach dem Einmarsch der Deutschen im September 1943 war das Tragen der traditionellen Gewänder und der weißen Stutzen wieder erlaubt, was viele Angehörige der deutschen Minderheit als Befreiung empfanden. Im Bild wahrscheinlich die Musikkapelle Obermais in einer Aufnahme aus dem Jahr 1944. Ohne die nationalsozialistischen Fahnen im Hintergrund könnte es sich durchaus um ein Foto von heute handeln.

Die Musik wird besonders in der Zwischenkriegszeit jener Ort, an dem sich politische Systeme abbilden, an dem Propaganda passiert und an dem sich politisch-ideologische Verhältnisse sichtbar machen lassen. Ziel der faschistischen Assimilierungspolitik war daher auch nicht die Auflösung der kulturellen Vereine und Organisationen, sondern deren Vereinnahmung. Besonders die Musikkapellen erhielten hier eine wichtige Funktion, da ihnen in der faschistischen Festkultur eine wichtige Rolle zukam.

Beginnend mit dem Jahr 1940 und endgültig nach dem deutschen Einmarsch im September 1943 blühten das deutschsprachige Vereinsleben, der Volkstanz, die Musikkapellen, die Pflege des Volksliedes und der Trachten wieder auf. Von vielen wurde das, was Historikerinnen und Historiker als „kulturelle Wiedergeburt" bezeichnen, als Befreiung empfunden, wobei unreflektiert bleibt, wie sehr in dieser Diktatur gleichzeitig eine ideologische und organisatorische Orientierung an NS-Vorgaben erfolgte: Die „Wiedergeburt" oder „Neuausrichtung" diente in Südtirol der politischen Mobilisierung der Bevölkerung für den nationalsozialistischen Endsieg. Dazu zählten auch die sogenannten Appelle der AdO bzw. der deutschen Volksgruppe, wie sie etwa auf der Seiser Alm, aber ebenso an anderen Orten ab 1940 regelmäßig veranstaltet wurden, und wo neben Volkstanz, Musizieren und Sport auch politische Vorträge auf der Tagesordnung standen. Selbst für die Ausgewanderten wurde der musikalische Empfang am Innsbrucker Hauptbahnhof zum Ort des emotionalen Ankommens, weil hier öffentlich deutsches Liedgut vorgetragen wurde.

Der Erinnerungsort „Musik" steht somit in engem Konnex mit Heimat und Sprache – alle drei sind besonders emotional besetzt und ideologisch sowie politisch instrumentalisierbar. In der Rhetorik der Diktatur wird klar, dass sich Ethnie sowie Nation besonders auch durch die Musik definieren sollen.

Robert Lageder, Kastelruth, Koch
geb. 1927 in Tagusens/Kastelruth, Optant, nicht ausgewandert

Wir waren drei Geschwister, drei Brüder – ich habe Trompete geblasen, der Walter Flügelhorn, der Hubert Bassflügelhorn. '37 sind wir neun, zehn Mann zur Waidbrucker *Musig*, zur Musikkapelle gegangen. Der Oberrauch hat uns die Noten beigebracht, wir haben den Sarner Marsch gespielt und sind in der Stube herummarschiert. Dann hat er gesagt: „Jetzt seid ihr bereit. Wollt ihr zur Kastelruther *Musig* gehen oder zur Waidbrucker? Bei der Kastelruther *Musig* gibt's nichts, bei der Waidbrucker gibt's nach dem Konzert immer ein belegtes Brot und zu trinken." So sind wir zur Waidbrucker Kapelle gegangen, wegen dem belegten Brot. Damals haben wir auch noch die *Giovinezza* spielen müssen. Ein Stückl hat „Mein Tiroler Land" geheißen, aber wir mussten das O ausstreichen, denn Tirol zu sagen, war ja verboten. Dann ist da gestanden: „Mein Tirler Land", dabei gibt es in Kastelruth einen Tirlerhof. '42 ist die Waidbrucker *Musig* aufgelöst worden, denn es haben immer wieder ein paar einrücken müssen und wir sind dann zu wenige gewesen, um weiterzuspielen.

Danach sind wir mit der Kastelruther *Musig* gegangen, die hat es durchgehend gegeben. Die Seiser *Musig* ist auch aufgelöst geworden, und die Musikanten haben ebenfalls nach Kastelruth müssen. Die alten Männer, jeder, der ein Instrument spielen konnte, hat wieder spielen müssen. In der Schule haben wir geprobt. Von Tagusens bin nur noch ich allein gewesen. Wenn bei der *Musig* nichts zu tun gewesen ist, mussten wir zum SOD Wache machen. Beim Schönblick waren die Flak und Offiziere. Da haben wir ab und zu gespielt. Als der Peter Hofer [AdO-Leiter und ab 1943 Präfekt] in Kastelruth begraben wurde, haben wir den Einzug mit der Musikkapelle begleitet. Ein paar Soldaten, die auf Urlaub da waren, haben in Uniform mitgehen müssen.

Während des Krieges haben wir den „Hoch Heidecksburg"-Marsch gespielt und „Alte Kameraden", „Kapitän Rimek", „In Treue fest" – so Marschstücke oder Wiener und Tiroler Melodien, Potpourri. Beim Deutschen ab '43 konnte man das wieder. Unterm Faschismus haben wir die Tracht nicht anziehen dürfen, das war verboten. In Waidbruck unten war das eigentlich eine Schützentracht, aber da hat man eine eigene Bluse gehabt und einen Hut mit einer Adlerfeder drauf. Ich bin '46 zurückgekommen und bin erst '47 dann wieder mit der *Musig* gegangen. Als *Musiggwand* hat man halt anziehen müssen, was gerade da gewesen ist. Die Strümpfe waren oft halb kaputt und die Schuhe waren mir zu klein. Die Tracht haben wir dann '47 das erste Mal wieder angezogen.

Maria Sigmund, Brixen, gelernte Schneiderin, später Arbeit in Singschule
geb. 1923 in Brixen, Optantin, nicht ausgewandert

Mein Bruder ist gleich zur Optionszeit hinaus, weil draußen in Innsbruck ist für die Optanten immer eine musikalische Begrüßung gewesen. Die Optanten sind angekommen und im Hotel [Victoria], das da gewesen ist, wurden sie im Saal musikalisch begrüßt. Mein Bruder hat so ein kleines Quartett beieinander gehabt und hat immer ein wenig gespielt für die, und hat auf die Weise mitgeholfen. Die Mama war eine Grödnerin und da ist das Musikalische auch hergekommen. Der Vater war auch musikliebend. Wenn er selber gesungen hat, dann hat's oft verstimmt geklungen, aber er hat die Musik *narrisch* gern gehabt. Er hat nicht Musik studiert, aber er war so ein Tiefdenker. Einmal hab ich ihn gefragt: „Vater, wie ist das eigentlich, wenn man sagt, A-Dur ist schöner als C-Dur?" Er hat gesagt: „Schau, Mitzele, das ist wie bei den Farben. Jede Farbe ist anders, aber den einen ist lieber Gelb und die anderen haben lieber Rot. Siehst, da ist der Unterschied."

Franz von Walther, Bozen, Journalist und Koordinator
der deutschsprachigen Programme des RAI-Senders Bozen
geb. 1933 in Bozen, Dableiber

Was wir alles für Lieder lernen haben müssen in der Nazizeit! Alle kann ich sie noch. Ja, fürchterliche Lieder auch. „Jetzt zittern die morschen Knochen der Welt vor dem roten Krieg. Wir haben die Schrecken gebrochen, für uns war's ein großer Sieg. Wir werden weiter marschieren, bis [richtig: wenn] alles in Scherben fällt. Denn heute hört [manchmal: gehört] uns Deutschland und morgen die ganze Welt." Und auch die italienischen Lieder: „*Nizza, Savoia, Corsica fatal. Malta baluardo d'italianità, Tunisi nostra sponda, monti e mar*" – jetzt weiß ich nicht mehr weiter, also jedenfalls, das ganze Mittelmeer, das gehörte alles zusammen! Wir haben schon immer Gesangsunterricht gehabt. Ein Gesangslehrer hat gesagt: „Zackig muss das sein, zackig! Ihr singt wie die Kapuzinerpater!" „Auf zum Schwur" und solche Sachen, das sind die alten Lieder, die waren dann Symbole, genauso wie die „Brennende Lieb" das Symbol war der Dableiber. Aber man hat natürlich früher überhaupt mehr gesungen, auch nach dem Krieg, bei Festen und so weiter. Die Marschlieder, „Westerwald" und was weiß ich – nach dem Krieg die allerwildesten nicht mehr. Ich weiß nicht, wie das Lied der SS gegangen ist: „Wir sind die schwarze Garde, die nie ein Feind gefällt, sind Hitlers Leibstandarte [meist: Hitlers Schwarzgardisten oder des Führers Leibstandarte], das beste Korps der Welt." Nein, so geht's:

„Wo wir marschieren", fürchterliche Sachen, „da wächst kein Gras, da splittern die Schädel, als wären sie Glas. Wo wir marschieren, geht's keinem gut, da stinkt's nur nach Rauch und Blut." Furchtbare Sachen! Aber gut, das war einem nicht einmal so bewusst in dem Moment. Vielleicht meint man jetzt, ich sei ein Nostalgiker, aber das bin ich nicht. Aber da ist sehr viel Stimmung gemacht worden, auch mit der Musik, das stimmt schon. Obwohl, da muss man ein bisschen zurückhaltend sein mit der Behauptung, dass das alles Täter waren, auch der Sepp Thaler oder wie sie alle heißen. Natürlich haben sie alle mitgetan. Und natürlich ist die Musik verführerisch, wenn da so ein Aufmarsch ist. Da gibt es den, wie heißt er denn, der nicht mehr gespielt wird, „Badenweiler Marsch" [eigentlich: Badonviller-Marsch]. Der ist zum Auftritt vom Hitler gespielt worden. Ja, die waren Großmeister der Inszenierung, um die Leute zu verblöden. Es wär wichtig, dass die Leute sich nicht mehr so leicht …, aber das reißt die Leute mit, wenn man das Schauspiel sieht, alle in Reih und Glied …

Giuliana Hüttner, geb. Scherlin, Erl/Tirol, Diplom-Säuglingsschwester
geb. 1934 in Kastelruth, Optantin
Für meine Mutter muss es nach dem Optieren ganz schlimm gewesen sein, weil sie hat ja drinnen eine ganz große Familie gehabt, in der ein unwahrscheinlicher Zusammenhalt war. Auch kulturell, die haben sich zum Beispiel getroffen und Musik gemacht. Im Elternhaus der Mutter wurde sehr viel Hausmusik gemacht und der Vater, Sebastian Rabanser, war Kapellmeister. Er hat seine Kinder mit Musizieren warmgehalten sozusagen. Auch bei uns wurde dies dann noch praktiziert: Die Tanten sind mit Musikinstrumenten gekommen und dann ist bei uns in der Stube gesungen worden. Das war schon schön. Das war ein Familienleben drinnen … Draußen, da war das nicht mehr und da hab ich sehr darunter gelitten, ja, sehr.

Karl Tarfusser, Nals, Landwirt
geb. 1926 in Nals, Dableiber
Trachten hat die Musikkapelle keine gehabt, die haben sie auch nicht anziehen dürfen, nur so eine Art Tracht, ähnlich wie die Schützen mit dem Hut. Schon ein wenig einheitlich, aber nicht ganz. Aber so, dass man gesehen hat, dass die Musikkapelle Andrian etwas anders ist als jene von Nals.
Einmal ist der Präfekt gekommen, da bin ich elf Jahre alt gewesen, um auf dem Platz drüben den Brunnen einzuweihen. Dem Platz wollten sie einen neuen Namen geben. In den Brunnen haben sie einen großen *fascio* hineingestellt, ein

ungefähr 1,60 mal 2,20 Meter großes Liktorenbündel, mit vier Wasserhähnen. Es ist der Präfekt Giuseppe Mastromattei gekommen und die Nalsner Musikkapelle musste spielen. Mein Vater ist Kapellmeister gewesen. In der Früh fällt auf einmal auf, dass in der Nacht ins Probelokal eingebrochen worden ist und die Mundstücke gestohlen worden sind: Als die Musikanten nach dem Hauptgottesdienst runtergehen, um die Instrumente zu holen und die *Marcia Reale* und die *Giovinezza* zu spielen, sind keine Mundstücke da gewesen. Also sind sie wieder raufgegangen, ohne Instrumente. Als der Präfekt gerufen hat „*La banda di Nalles, la banda di Nalles!*" haben sie halt gesagt, was geschehen ist. Die Mundstücke hat eigentlich ein Musikant gestohlen, ein großer Bauer. Das hat er mit Absicht gemacht, damit nicht gespielt werden konnte. Allerdings musste er dann flüchten, das ist am 13. Juni '37 gewesen. Bis nach dem Krieg hat er nicht mehr herdürfen. Aber dem Vater und den anderen haben sie nichts antun können.

Ladinerinnen und Ladiner

„Natürlich, daheim ist Grödnerisch gesprochen worden, und als es dann geheißen hat, wir wandern aus, ist nur mehr Deutsch gesprochen worden, damit wir Deutsch richtig lernen."

Edmund Dellago

Abbildung Seite 210:
Für die Ladiner in Gröden bedeutete die Option ein beinahe plebiszitäres Bekenntnis zum Deutschtum. Rund 80 Prozent der Optionsberechtigten stimmten für eine Abwanderung ins Deutsche Reich. Für die Optionswilligen war eigens eine Zweigstelle der ADERSt in der Villa Aquila in St. Ulrich – hier im Bild – eingerichtet worden. Die VKS-Führung in Gröden bemühte sich schon im Oktober 1939, also vor Ende der Optionsfrist, darum, die geschlossene Aussiedlung der Grödner zu erwirken. Die Konflikte, die damals im Tal aufbrachen, wirken bis heute fort.

Abbildung Seite 211:
In St. Ulrich findet zweijährlich die Kunstausstellung „Biennale Gherdëina" statt, die zahlreiche Künstler zur Auseinandersetzung darstellender Kunst mit dem Umfeld des jeweiligen Ausstellungsortes und der sie umgebenden Natur einlädt. 2012 thematisierte der in Wolkenstein arbeitende Gehard Demetz das Thema Diktaturen durch zwei Bronzestatuen von Kindern, aber mit erkennbaren Zügen der beiden Diktatoren Hitler und Mao.

Im August 1939 wurde der Geltungsbereich der Optionsabkommen auf die gemischtsprachigen Gebiete der Provinz Trient, die Gemeinde Cortina d'Ampezzo in der Provinz Belluno und das Gebiet Tarvis mit dem Kanaltal in der Provinz Udine ausgeweitet, obwohl ungeklärt blieb, welche Gruppen in den gemischtsprachigen Gebieten tatsächlich optionsberechtigt waren. Für die Menschen aus Gröden, Lusern und dem Fersental sowie dem Kanaltal war die zonenweise geschlossene Abwanderung ganzer Gemeinden vorgesehen, die als Testversuch für die geschlossene Ansiedlung der anderen Südtirolerinnen und Südtiroler dienen sollte. Die Optionsergebnisse waren allerdings sehr unterschiedlich: Während im Kanaltal rund 82 Prozent und in Gröden rund 80 Prozent für eine Abwanderung stimmten, waren es im Gadertal und in Buchenstein jeweils nur ein Drittel, in Colle S. Lucia knapp 20 Prozent und in Cortina d'Ampezzo lediglich ein Prozent. Die Grödner Führung drängte aufgrund des dortigen „Wahlerfolgs" sogar auf eine vorgezogene Absiedlung in ein geschlossenes Siedlungsgebiet. Angeboten wurden Osttirol und später das Hochschwabgebiet in der Steiermark, doch fehlender Kulturgrund und der zu langsam vorangehende Wohnbau vereitelten die Pläne. Nach 1940 untergruben die Optantinnen und Optanten in Gröden selbst die geschlossene Umsiedlung immer vehementer, schließlich wurde sie im Laufe des Jahres 1942 auf die Zeit nach dem „Endsieg" verschoben. Einzelne Ladinerinnen und Ladiner sind tatsächlich umgesiedelt, auch nach Lienz und in die Steiermark, doch da es bis heute keine detaillierte, umfassende Statistik dazu gibt, lässt sich ihre Anzahl aus den Umsiedlungsdaten nicht herauslesen.

Hervorzuheben sind die Auseinandersetzungen in den ladinischen Tälern im September 1943 und bei Kriegsende. Diese verliefen zum Teil dramatisch und prägen die Erinnerung und die politische Landschaft bis heute nachhaltig: Wer sich fürs Dableiben entschied, wurde registriert, überwacht und die Männer illegal zur Wehrmacht eingezogen. In der Operationszone Alpenvorland wurden die ladinischen Täler zu einer Verwaltungseinheit zusammengezogenen. Es folgte eine rigorose Germanisierungswelle. In die letzten Kriegstage fiel eine immer noch nicht gänzlich geklärte Bluttat, als einige Optanten von Partisanen entführt und ermordet wurden.

Franz Trebo, Innsbruck, gelernter Maler, dann Fräser
geb. 1926 in Enneberg, Optant

Aus gesundheitlichen Gründen konnte man nach Savona zur „Erholung" fahren, da war ich der einzige Enneberger. Das war 1936 und ich hab schon die ersten paar Tage Heimweh gehabt unter all den fremden Kindern. Organisiert war das von den Faschisten und aus ganz Südtirol sind Kinder zusammengekommen, die meisten allerdings Italiener. In Savona haben die Aufsichtspersonen gesagt: „Nicht Dialekt reden!" Eines Tages sagt zu mir ein Bub, ich soll einmal ein paar Worte Ladinisch reden. Ich hab ein paar Wörter gesagt und dann ist er gegangen und hat mich beim Aufseher verklagt. Der ist gekommen und hat mir eine runtergehauen.

Ich bin sieben Jahre in die italienische Schule gegangen und anschließend noch drei Jahre in die deutsche Volksschule. Die italienische Schule habe ich persönlich nicht als unangenehm empfunden. Wir haben natürlich lauter italienische Lehrerinnen gehabt. Aber ich hab mich da nicht schwergetan. Zwei Monate bevor wir ausgewandert sind, das war im Mai '40, haben uns zwei Einheimische Deutschunterricht gegeben. Ich war bei der Großmutter Ziegen hüten, bei einem Bauern Schafe hüten, und so haben wir halt die Zeit herumgebracht bis zur Auswanderung.

Das Gasthaus in Enneberg oberhalb der Kirche hat früher Gasthaus Trebo geheißen. Der alte Wirt war der Bruder meines Großvaters. Das erste Mal nach dem Krieg sind wir von Innsbruck aus um 1952/53 hinein. Ich bin dann im Winter etliche Male rein, auch für ein, zwei, drei Wochen. Die Wirtin, die Tekla, hat sich gefreut, wenn wir wieder auf Besuch gekommen sind. Vom Vater war noch eine Schwester drinnen, die hat sich natürlich auch gefreut. Dann hat die Mutter in St. Vigil ein halbes Haus geerbt und solange die Kinder kleiner waren, waren wir etliche Male dort auf Urlaub. Mit meiner jetzigen Frau bin ich in der Fanes und Fodara Vedla jeweils für eine Woche gewesen. Man hat schon Kontakt gehabt, aber mit dem Briefschreiben war nicht viel los, außer zu Weihnachten. Aber zurückgehen? Wir hatten uns schon ein bisschen eingewöhnt gehabt, wir haben ja hier in Innsbruck zuerst einmal so eine Freude gehabt. Dann sind wir halt nicht mehr zurück.

Ladinisch rede ich nicht mehr so hundertprozentig, aber es geht schon. Wenn ich nach Enneberg reinfahre, wenn ich da nicht Ladinisch reden würde, dann würden sie mich nicht mehr ganz akzeptieren, da bin ich sicher. Ich weiß von Südtirolern – 8.000–10.000 Südtiroler sind nach dem Krieg, in den 60er-Jahren raus –, die sind jetzt auch Jahrzehnte draußen und die haben natürlich unwillkürlich etwas von dem Dialekt oder der Sprache von draußen angenommen. Da haben sich schon ein paar beschwert, dass, wenn sie heimkommen in ihr Dorf, man sie nicht mehr ganz für voll nimmt, weil sie nicht mehr rein Südtirolerisch reden.

Hier in Innsbruck hat es eine kurze Zeit lang Ladinertreffen gegeben, das hat ein Universitätsprofessor, ein Ladiner, organisiert. Aber das war spät abends nach 11, da hätte ich von der Stadt raus keine Busverbindung mehr gehabt, deshalb bin ich dann leider nicht hin. Vor dem Krieg haben die Ladiner in Innsbruck einen eigenen Verein gehabt, den Verein der Deutsch-Südtiroler [sic!] hat man ihn geheißen. Der ist 1921 gegründet worden und hat laufend Zuwachs aus Südtirol gekriegt: Männer, die nicht zum italienischen Militär einrücken wollten. Der Verein war damals sehr erfolgreich und hat etliche Sektionen gehabt: Chor, Theatergruppe, Radfahrergruppe und so weiter. Aber der ist dann 1938 von den Nazis aufgelöst worden.

Es gibt eine Erinnerung, die mich immer wieder beschäftigt: Wir, die drei Ältesten – zwei Schwestern waren älter als ich –, waren als Kinder im Sommer in Enneberg oben auf der Alm. Da gibt es einen Bach, der hat mich fasziniert und ich hab später immer wieder daran gedacht. Und jetzt, vor ein paar Jahren, als ich auf Urlaub oben war, hab ich das nicht mehr so vorgefunden wie damals. Das ist mir immer wieder im Kopf rumgegangen.

Edmund Dellago, St. Ulrich/Gröden, Exportkaufmann
geb. 1933 in St. Ulrich/Gröden, Rücksiedler

1939 hat es geheißen: So, jetzt wandern wir aus. Der Druck von den Befürwortern der Option war ja extrem stark. Ich weiß nicht, wie es im übrigen Südtirol war, aber in Gröden – sei es in St. Ulrich, sei es in Christina, sei es in Wolkenstein –, da ist großer Druck ausgeübt worden, sich für Deutschland zu bekennen. Dass man sonst nach Sizilien hätte auswandern müssen, und so Sachen sind damals kolportiert worden, denen ist später widersprochen worden, aber inzwischen hatte man optiert. Gerade in St. Ulrich hat eine ganz große Menge optiert; wenn es mich nicht täuscht, waren es um die 80 Prozent. Die genauen Prozentsätze sind nicht ganz klar, man hatte sie zum Teil verbessert. Es sind handschriftliche Notizen auf den Protokollen der Gemeinde, aber anscheinend waren es um die 80 Prozent und in St. Christina, Wolkenstein nicht viel weniger, während es im Gadertal nur an die 40 Prozent gewesen sind. Also Gröden hat sich ganz stark mit der Auswanderung auseinandergesetzt. Es ist halt so gewesen: Diejenigen Leute, Optanten, die großen Besitz gehabt haben, sind am

Anfang nicht ausgewandert, weil es nicht so einfach war, diesen dem *Ente [Nazionale per le] Tre Venezie* zu verkaufen und dann eventuell das Gleiche in Deutschland zurückzubekommen, auch wenn es versprochen worden ist. Ich kenne nur einen Fall, wo ein Grödner ein wunderbares Hotel in Kärnten bekommen hat, das anscheinend früher jüdischer Besitz war, dafür, dass er in St. Ulrich auf ein Hotel verzichtet hat.

Im Gadertal gab es damals nur Landwirtschaft. Da sag einmal einem Bauern, er soll auswandern! Der wandert nicht aus. Der ist ja dort auf seinem Hof König, da braucht es schon mehr als Überzeugung. Während bei uns die Landwirtschaft damals vielleicht zehn Prozent ausmachte, besonders in St. Ulrich. Meine Eltern waren arm. Deshalb hat der Vater gesagt: „Das ist kein Leben, wir haben keine Zukunft da, wandern wir aus". Ich bin mit sechs noch ein Jahr lang in die italienische Schule gegangen – in einer Sprache, die mir völlig unbekannt war. Aber eigentlich war die erste Klasse lustig. Ich kann mich nicht mehr erinnern, wer der Lehrer war, vielleicht war es sogar ein Grödner. Der Direktor war ganz sicher ein Grödner, ein sehr fähiger Mann, politisch sehr stark Richtung Italien tendierend, sonst hätte er den Posten nicht bekommen. Aber ich bin gleich gut reingekommen und für mich war das später ein großer Vorteil, auch wenn es in Deutschland bzw. Österreich, das damals die Ostmark war, lange Zeit nicht mehr so wichtig war, ob man Italienisch kann oder nicht. Natürlich, daheim ist Grödnerisch gesprochen worden, und als es dann geheißen hat, wir wandern aus, ist nur mehr Deutsch gesprochen worden, damit wir Deutsch richtig lernen.

1940 im Herbst hat man die Möbel verpackt und mit der Bahn nach Klausen geschickt, und wir sind ein paar Tage darauf alle raus. Es gab ein großes Hallo! Alle Verwandten und Bekannten sind zum Bahnhof mitgefahren, um sich zu verabschieden. Für mich war das eine tolle Sache, ich war ja noch nie in einem Zug gefahren und dann ein neues Land – wer weiß, wie schön das werden wird. Man hat uns ja erzählt, wie wunderbar es draußen sein soll. Auch wenn dann alles nicht gestimmt hat. Man wollte die Grödner ja geschlossen in ein Gebiet verschicken, wo sie wieder schnitzen können. Von einem Gebiet in Nordfrankreich oder an der französischen Grenze oder an der Krim oder in Kärnten war die Rede. Einige Leute sind dann auch da hingefahren, um sich das anzuschauen, aber sie sind wieder zurückgekommen und haben gesagt: „Da ist kein Platz, da sind ja schon Leute."

In Innsbruck war zuerst Warten angesagt, bis wir die Papiere kriegen. Am Anfang waren wir in Reichenau – so meine ich, hat es geheißen – in einem

Auffanglager. Das war die erste kalte Dusche für mich. Nach etwa zwei Wochen sind wir in ein Hotel an der Maria-Theresien-Straße gekommen für vier, fünf Tage. Wir Kinder sind natürlich raus aus dem Hotel und haben uns ein bisschen interessiert und mit den Leuten dort gesprochen. Da haben wir gesehen, wir waren absolut nicht willkommen. Das Netteste, das sie uns genannt haben, war *Katzlmacher*. In dem Gasthaus gab es nur so eine Art Feldküche. Das war keine Zukunft, wir waren entsetzt! Auf was für Abenteuer haben wir uns da eingelassen? Es waren mehrere Grödner dort. Es sind einige in die Nähe von Attnang in Oberösterreich gekommen, viele nach Lienz. Mit den Attnanger Grödnern hatten wir viel Kontakt, die waren uns doch ein bisschen bekannt. Da waren Kastelruther dabei und mit denen waren wir öfter Fahrrad fahren, bis Kriegsende, dann ist jeder seinen Weg gegangen. Ich habe noch viele Freunde draußen in Attnang.

1952 bin ich dann mit Familie zurück nach Gröden. Zurückblickend muss ich schon sagen, die ganze Auswanderung war für mich ein Trauma. Aber letztlich hat sich herausgestellt, dass es doch ein Vorteil war. Denn wenn ich hätte hier bleiben müssen, hätte ich, wenn es mir gut gegangen wäre, aufs Priesteramt studieren können. Es gab ja keine Schule in St. Ulrich, das ist alles erst nach dem Krieg gekommen. Draußen hat man doch eine gewisse Bildung bekommen und hat sich dann leichtgetan, hier einen guten Job zu kriegen. Als ich '52 nach Gröden gekommen bin, waren vielleicht zwei, drei Leute da, die Englisch konnten, von Französisch gar nicht zu reden. Das war dann ein Mordsvorteil für mein weiteres Leben.

Fremdsein

„Ich habe immer Heimweh gehabt, immer. Weil, es war ein kalter Winter draußen, '39, und die Menschen sind nicht so freundlich gewesen – wie es halt immer ist mit Zuwanderern."

Charlotte Müller

Abbildung Seite 218:
Die harte Realität der Auswanderung holte viele Umsiedler spätestens in Innsbruck ein, wie hier eine Auswandererfamilie vor dem Hotel Victoria, der Empfangsstelle der DUS am Innsbrucker Bahnhof. Weit entfernt von den propagandistisch verbreiteten Bildern strahlender Aufmärsche und pompöser Empfänge wartete Fremdsein, Heimatlosigkeit und Verstörung auf sie. Der ältere Herr und die Frau daneben halten eine Papiertüte in der Hand, auf der die Hakenkreuzfahne und die faschistische Fahne zu sehen sind, dazwischen steht das Wort „Asse" – wohl eine Wegzehrung, gesponsert von den Diktatoren der Achse Berlin-Rom.

Abbildung Seite 219:
Kriege und wirtschaftliche Not veranlassen immer mehr Menschen, ihre Heimat zu verlassen. Eine Einreise in den geschützten Raum der europäischen Wohlstandsnationen ist legal kaum möglich: Ausgebeutet von Schleppern und nach lebensgefährlichen Transporten stranden Flüchtlinge eingeschüchtert und hilflos meist an Grenzen, in Häfen oder Bahnhöfen. Eine Erstversorgung übernehmen oft Freiwiligenorganisationen. Im Bild kurdische Flüchtlingskinder am Bahnhof Bozen, geflohen im Zuge des Irakkrieges 2003.

Die Wirklichkeit, die die Auswandernden bei ihrer Ankunft in Innsbruck oder spätestens an ihren endgültigen Siedlungsorten einholte, entspricht einer klassischen Migrationserfahrung. Die hier wiedergegebenen Erlebnisberichte könnten wohl genauso von den in Südtirol im Laufe der 1930er-Jahre zugezogenen Italienerinnen und Italienern abgegeben werden. Das Fremdsein, die Kälte (die sich nicht immer auf die Klimabedingungen in der neuen Heimat bezog) und die Feindseligkeiten der einheimischen Bevölkerung bestimmen daher auch die Erzählungen der Zeitzeuginnen und Zeitzeugen. Wurden die Südtirolerinnen und Südtiroler aufgrund der staatlichen Wohnungs- und Berufsbegünstigungen in ihrem neuen Umfeld auch nicht immer freundlich aufgenommen, so trugen sie selbst oft nicht unbedingt dazu bei, die Vorurteile abzubauen. Zudem kamen sie nicht selten schwer mit den neuen Lebensbedingungen zurecht. Viele hatten sicher zu große, von der Propaganda aufgebauschte Erwartungen an die neue Heimat oder schlicht Heimweh. Andererseits zeigt sich auch an diesem Erinnerungsort erneut die Kindes- und Jugendperspektive. Für die Jungen war trotz aller Ungewissheit vieles aufregend, neu und schlicht faszinierend. Nicht zu vernachlässigen ist ein weiterer, zentraler Aspekt des Fremdseins, der ebenso deutlich aus den Erzählungen hervorgeht: die Erfahrung und Situation der vertriebenen, ehemaligen Bewohnerinnen und Bewohner der Gebiete in der „neuen Heimat", die ihrerseits durch die Ankunft der Fremden plötzlich selbst zu Fremden in der eigenen Heimat wurden.

Natalia Notburga Piazzi, geb. Stricker, Lana,
während des Krieges Textilarbeiterin in Österreich, dann Hausfrau
geb. 1934 in Lana, Rücksiedlerin

Bis Meran sind wir mit dem Zug und dann weiter hinaus bis Innsbruck gefahren, dann sind wir bis Fieberbrunn gekommen, mit elf Kindern. Die älteste Schwester ist 16 gewesen. Untergekommen sind wir in einem Gasthaus. Das Essen dort: ein Mus mit Marmelade drinnen! Das haben wir nicht gerne gehabt. Mit Marmelade, nicht mit Butter oder mit Milch oder Kaffee oder so etwas. Die Mutter ist dort geblieben und hat entbunden: ein Bübchen, das wäre das 13. Kind gewesen. Mein Vater ist mit elf Kindern weiter. Wir sind bis nach Niederösterreich gekommen. Das Dorf – Düring, mein ich, hat es geheißen – war bei Zwettl, das soll ja nicht mehr existieren. In dem Dorf waren wir nur kurz, denn dort schaute auf einmal ein Soldat herein: „Um Gottes Willen!", sagt er, „Da sind noch Leute!" Da sind schon die Panzer des Weges gekommen! Das ganze Gebiet sollte ein Übungsplatz werden, deswegen sind die Panzer angerollt. Wir lebten in so einem Vierkanthaus, wie es sie in Niederösterreich gibt. Nun mussten wir schnell wieder gehen. Danach sind wir in die Steiermark gekommen, nach Großreifling, in ein Wärterhaus mit einem Tunnel und Gleisen daneben. Der Jüngste wäre einmal beinahe unter den Zug gekommen. Es war schon Winter und da ist überall Schnee gelegen, bis zu zwei Meter. Ich habe da gerade angefangen in die Schule zu gehen. Dabei mussten wir eineinhalb Stunden gehen, auch durch den Tunnel, durch den der Zug gefahren ist. Wie oft die Mama damals geweint hat, sie will heim! Das Ganze ist für sie ja etwas Scheußliches gewesen.

Pater Hermann Gasser, Fügen/Zillertal, zuvor Knecht, dann Pater
geb. 1932 in Brixen, Optant

Wir kamen nach Rann an der Save, heute Brežice, das liegt an der Grenze zwischen Slowenien und Kroatien. Damals war das alles Jugoslawien. Diese Umsiedlung – da waren mehrere Südtiroler Familien beteiligt – geschah im Sinne der Besetzung fremden Landes. Die Einwohner wurden zum größten Teil von der SS vertrieben. Innerhalb von zwei Stunden mussten die alles liegen und stehen lassen. Das war einfach die SS-Wirtschaft, die mussten diese Gegenden und Gehöfte besetzen. Die haben die Inhaber verjagt, auf die brutalste Weise. Das war schon geschehen, als wir hinkamen. Es lag alles noch da: Teller und so. Wie wenn man plötzlich aufbrechen muss. Es war alles noch da! Später kamen auch unsere Möbel noch in diese Häuser.

Ich bekam vier Höfe als Elfjähriger übertragen. Vier Höfe! Die gehörten mir. Die Ortschaft hieß auf Slowenisch Cirnik, sie wurde meinetwegen umgetauft auf Tirolerberg. Dort ging ich in die Volksschule. Es war die südöstlichste Volksschule des Großdeutschen Reiches. Der Lehrer war 19 Jahre alt, ein Gottscheer, und die Schüler waren Bessarabier, Slowenen, Kroaten, Südtiroler, Steirer, alles Mögliche. Ich kann mich noch erinnern, wir spielten „Das tapfere Schneiderlein" in ungefähr fünf, sechs Sprachen. Einmal besuchte uns der berühmte Heinrich Himmler, ja, und das ist bald geschildert: In Reihe antreten, eine Stunde warten und dann „Heil Hitler!" – das war alles. Eine Mordsrede halt, das weiß ich nicht mehr ganz genau. Ich war begeistert! Natürlich, Kinder sind das leicht. Ich war begeisterter HJler! Eh klar, wie alle anderen auch!

Zu essen hatten wir nur tote Katzen und rote Rüben. Sonst war ja nichts da, wir mussten die erste Zeit auf diese Weise überleben. Nicht sehr weit von unseren Häusern ging der Stacheldraht vorbei, die heutige slowenisch-kroatische Grenze. Da lagen auch manchmal Tote. Wir haben sie auf dem Schulweg zwar gerochen, aber wir durften nicht hin, sonst hätten die Partisanen geschossen. Kinder erleben vieles anders. Ich habe das als Kind erlebt, mehr hat mich das nicht betroffen. Alles, was neu war, war für uns lustig. Es gab natürlich auch negative Erlebnisse, aber das ist Krieg und ist passé. Damals ging es vor allem auch um diese Rassengeschichten. Das mussten wir schon irgendwie lernen, soweit wir eben dazu imstande waren. Im Dorf war ein ziemliches Völkergemisch, aber alles „Volksdeutsche". Wir haben da auch dazugezählt. Die haben dort alle etwas Ähnliches erlebt, aber es sind nicht alle erschossen worden. Zum Auszug gezwungen wurden sie dann später von den Partisanen schon. Man hat gesagt, dass ich nach Ende des Krieges Gouverneur werden sollte, auf der Krim [sic!]. Die Südtiroler hätten sie dann nämlich da unten hingetan, weil sie Weinbauern waren. Die Krim ist bekanntlich ein Weinbaugebiet.

Und eines Tages kamen Partisanen ins Dorf und haben meinen Brotgeber, einen Postler aus Bruneck, einen gewissen Walter Seeber, in der Küche erschossen. In meiner Anwesenheit und in der Anwesenheit seiner Frau und seines Sohnes. Uns haben sie nichts getan, sie haben nur diesen Mann erschossen und dann die Häuser angezündet. Dabei sind unsere persönlichen Familienmöbel verbrannt. Der Vater hatte nichts mehr außer mich. Er hat mich am nächsten Tag nach Gratkorn bei Graz hinaufgebracht, mehr oder weniger barfuß und zu Fuß. Anders wäre es zu gefährlich gewesen. Er ging aber wieder hinunter. Wir waren dann 13 Jahre getrennt.

Charlotte Müller, geb. Thaler, Meran, Mitarbeit SOS-Kinderdorf, dann Krankenschwester in Tirol, nach Rückkehr Arbeit in Frisörsalon
geb. 1933 in Gries/Bozen, Rücksiedlerin

Ich habe immer Heimweh gehabt, immer. Es war ein kalter Winter draußen, '39, und die Menschen sind nicht so freundlich gewesen, wie es halt immer ist mit Zuwanderern. Der Zug hat mich gar nicht beeindruckt, aber die Kälte in Innsbruck und das Schlafen in diesem Gasthof in der Museumsstraße. Eindrücke habe ich da keine gehabt, nur fremd bin ich mir vorgekommen! Es hat immer geheißen: „Die *Walschen* sind da!" Wir waren einfach *Walsche*, nicht?

Paula Atz, geb. Morandell, Kaltern, Inhaberin eines Gastbetriebes
geb. 1934 in Kaltern, Rücksiedlerin

Der Vater ist bei der Bahn gewesen und ist versetzt worden nach Jugoslawien, nach Agram [heute: Zagreb, Kroatien], dann Cilli [heute: Celje, Slowenien]. Da konnten wir im Sommer auf Sommerfrische hinuntergehen, weil eine Cousine meiner Mama unten auf einem Hof war, den sie gepachtet hatten. Nur, und das wussten sie nicht und wir auch nicht, die Besitzer hatten sie fortgejagt und die Deutschen, oder halt unsere Leute, haben sie da auf den Hof hingetan. Man kann sich denken, was das für ein Hass gewesen ist. Unten haben wir es wunderschön gehabt. Doch eines schönen Tages sind meine Eltern arbeiten gegangen, Heu zusammentun, und die Mama hat zu mir gesagt, ich soll auf den Kleinen aufpassen. Der jüngste Bruder ist drei Jahre alt gewesen. Ich bin also allein zu Hause geblieben und auf einmal klopft es an der Tür. Eine alte Frau war draußen und hat angefangen zu schreien und zu toben. Ich habe sie nicht verstanden und sie mich auch nicht. Wahrscheinlich ist es die Besitzerin von dem Haus gewesen. Zum Glück hat sie nur mit den Händen gedroht. Ich habe den Buben genommen und bin über die Wiese zu den Meinen und habe das erzählt. Die Cousine von meiner Mama hat gesagt: „Ach, da brauchst du keine Acht geben! Wahrscheinlich ist die von da." Dann hat die Mama gesagt: „Du, das ist aber nicht ganz richtig! Wenn sie dich von irgendwo wegjagen täten?" „Nein, nein, da brauchst du dir nichts drauszumachen!" Die Mutter hat aber danach mit dem Vater gesprochen und der hat auch gesagt: „Pass auf, tut lieber heimgehen, ist gescheiter." So sind wir eben heimgefahren.

Franz Oberhofer, Pfunders, Landwirt
geb. 1934 in Pfunders, Rücksiedler

Mein Gott, die Mutter ist nicht gerne von hier gegangen. Für uns Kinder ist es nett gewesen, einmal wegzufahren und auf einen Wagen aufzusitzen. Das war, als ob man heute einen Ausflug macht. Aber das hat sich dann schon geändert. Wir sind bis Innsbruck gekommen, für drei, vier Tage. Da sind wir alle untersucht worden. Wir Kinder bis elf, zwölf Jahre konnten bei den Müttern bleiben. Die älteren nicht. Da war so ein Raum und da waren sie drinnen, alle nackt, die Frauen und die Kinder. Jeder ist ordentlich hergenommen und untersucht worden. Als Kind hat man da Augen gemacht! Dann sind wir weg. In Innsbruck sind wir morgens um sechs, sieben in den Zug eingestiegen und bis Wien hinunter und von Wien hinauf gegen die polnische Grenze. Wir sind nach Neu Titschein [heute: Nový Jičín, Tschechien] gekommen, um halb vier sind wir angekommen. Das war ein Hof mit über 40 Hektar Kulturgrund. Der Vater hat immer gesagt, er bekommt den Hof noch, aber das ist alles nur ein Bluff gewesen. Den Hof hier hat er nie verkauft. Er hat schon einen Vertrag gehabt, um zu verkaufen, aber den hat er früh genug gestoppt. Weil er doch gesehen hat, dass es nicht so gut geht.

Der Vater hat den Hof vor der Auswanderung einmal angeschaut. Auf dem Hof lebten zwei alte Leute, keine Erben und nichts. Das waren die Ersten, denen der Hitler den Hof genommen hat. Das war gang und gäbe. Dem Vater ist dieser Hof dann zugewiesen worden. Wenn es gut ausgegangen wäre, hätte er ihn zu kaufen bekommen, aber praktisch ist er nur Pächter gewesen. Das haben wir lange Zeit nicht gewusst, nicht einmal der Vater, meine ich, hat es wirklich gewusst. Draußen hat uns eigentlich nichts gefehlt, da ist es uns ganz gut gegangen. 27 Hektar sind unterm Pflug gewesen. Es ist angebaut worden, außerdem hat es Vieh gegeben. Hier am Hof hatten wir insgesamt nicht einmal vier Hektar! Das ist etwas Gewaltiges dort gewesen. Wo die Leute von dem Hof hingekommen sind, weiß ich nicht. Der Hof stand ein Stückchen oberhalb der Hauptstraße, und bevor wir weg sind, wurde gesagt, da sind zwei alte Leute spazierengegangen. Sie haben gewartet, die Tschechen.

Draußen bin ich in die Horst-Wessel-Schule gegangen. Wir haben eine halbe Stunde gehen müssen, da konnten wir beim Milchwagen aufsitzen. Es gab eine Bubenschule und eine Mädchenschule. Die Mädchenschule war in der Stadt, ein bisschen weiter weg. Wir hatten dafür ein eigenes Gewand. Wir haben nirgends dazugepasst. Wir haben zu denen nie dazugepasst, deswegen haben sie uns wohl in Ruhe gelassen.

Verfolgung

„Das ist schon auch traurig, dass sie die Juden in Südtirol zusammengenommen haben. Da sind vielleicht unsere Leute schon auch ein bisschen schuld gewesen."

Berta Stimpfl

Abbildung Seite 226:
Besonders nach 1943 wurden in Südtirol eine ganze Reihe von Menschen Opfer von Gewalt: Dableiber wurden illegal in die Wehrmacht eingezogen, italienische Soldaten und Polizisten gewaltsam aus den Dörfern vertrieben. Noch schlimmer: Juden, politisch Verfolgten, „Asozialen", Roma und Sinti sowie Homosexuellen drohte der Abtransport in die deutschen Konzentrationslager und dort häufig die Ermordung. Als die Front von Süden her näher rückte, wurden in Bozen ein Polizeiliches Durchgangslager und zahlreiche Arbeitslager im ganzen Land errichtet. Vom Bozner KZ wurden rund 7.500 Häftlinge ins Deutsch Reich abtransportiert.

Abbildung Seite 227:
Erst seit der Jahrtausendwende gibt es ein Bemühen um eine wertschätzende Erinnerungskultur. Das Mahnmal im Bild erinnert an das Konzentrationslager Bozen und steht vor der Pius-X.-Kirche in unmittelbarer Nähe zum Ort des Lagers, von dem nur noch eine Mauer erhalten ist. Dort findet jährlich am 27. Jänner, dem Tag des Gedenkens an die Befreiung des Vernichtungslagers Auschwitz, die eine Kranzniederlegung im Beisein des Bozner Bürgermeisters statt.

Der Erinnerungsort „Verfolgung" deutet auf eine ganze Reihe von Personen hin, die im Zuge der nationalsozialistischen Rassenpolitik und im Zuge der Option zu Opfern von Gewalt, Zwangsverschickung und -rekrutierung wurden, die in Konzentrations- und Vernichtungslager eingewiesen und dort auch ermordet wurden. Während der Option verband sich deutschnationaler Fanatismus mit „Rassenwahn" und wurde, besonders nach dem 8. September 1943, politisch opportun. Es kam zu gewaltsamen Übergriffen und Enteignungen, zu großteils unangefochtenen Deportationen von Jüdinnen und Juden, behinderten Menschen und Alten aus Heimen sowie zur Denunziation und Abschiebung von politisch Unerwünschten – vornehmlich Dableiberinnen und Dableibern – in die deutschen Konzentrationslager. In der Reschenstraße in Bozen entstand im Winter 1943/44 eine SS-Haftanstalt, die im darauffolgenden Sommer zu einem Polizeilichen Durchgangslager umfunktioniert wurde und den NS-Behörden als Durchgangsstation für Jüdinnen und Juden, Oppositionelle, Deserteure und Kriegsgefangene diente. Die Inhaftierten wurden bis Kriegsende auch als Zwangsarbeiterinnen und Zwangsarbeiter in den zahlreichen Außenlagern in Südtirol eingesetzt. Von rund 11.000 bekannten Häftlingen wurden etwa 7.500 in die Konzentrationslager Dachau, Mauthausen, Flossenbürg und Auschwitz deportiert.

Der diese Zeit in Südtirol prägende Antisemitismus wird in den Erinnerungen der Zeitzeuginnen und Zeitzeugen auf unterschiedlichen Ebenen sichtbar: sei es aus der Perspektive des Kindes, dessen jüdischer Freund samt Familie deportiert wird, sei es aus der Perspektive des Wachpersonals im Durchgangslager Bozen oder in den Konzentrationslagern im Deutschen Reich wie auch aus der Perspektive der Zivilbevölkerung, die von der Ansiedlung auf arisiertem Besitz profitierte und nach 1945 von Rückstellungsforderungen ehemaliger Besitzerinnen und Besitzer betroffen war. Bezeichnend ist, dass im kollektiven Bewusstsein eine Änderung dahingehend stattgefunden hat, dass ein (Teil-)Wissen um die Konzentrationslager im Dritten Reich nicht länger geleugnet wird und das Sprechen darüber auch kein Tabu mehr darstellt.

Martha Ebner, geb. Flies, Aldein, Journalistin, Publizistin
geb. 1922 in Bozen, Dableiberin

Das ist sicher ein Vorteil gewesen, dass ich damals in Deutschland war, denn ich war in den Ferien bei Mitschülerinnen, wo die Eltern schon Antinazis waren. Ich hab das alles mitgekriegt: die Kristallnacht und den Einmarsch nach Österreich und was der Nationalsozialismus wirklich ist. Dass man gar nichts mitgekriegt hat, kann man eigentlich nicht sagen. Man hat es nicht mitkriegen wollen. In den 30er-Jahren, in der illegalen Zeit, als die Leute schon wirklich treu deutsch waren, hat man natürlich noch nicht gewusst, was der Nationalsozialismus ist, aber leider ist dann bei uns, überhaupt mit der Option, ein Fanatismus eingetreten. Man hat sicher über das Ausmaß, was in Dachau und in Auschwitz und so passiert ist, nicht Bescheid gewusst. Dass die Juden verfolgt wurden, hat man gewusst, weil auch in Bozen nach dem 8. September '43 die Leute abgeholt wurden und man sie nie mehr gesehen hat. Aber wohin sie gekommen sind, das hat man nicht gewusst. Man hat zum Beispiel auch gewusst, dass Taubstumme oder psychisch Kranke und Kinder oder ältere Leute weggebracht wurden. Ich hatte eine taubstumme Cousine, die in Pfaffenhofen in Bayern eine Schule besucht hat. Die hat mein Onkel heimgeholt, weil man Angst hatte, es passiert ihr etwas draußen.

Berta Stimpfl, geb. Tappeiner, Laas, kurze Zeit Lehrerin, dann Hausfrau
geb. 1911 in Laas, Optantin, nicht ausgewandert

In der Nachbarschaft sind nicht alle zurückgekommen. Jene, denen es ein bisschen „gefehlt" [Ausdruck für: geistig beeinträchtigt] hat, sind nicht mehr wiedergekommen. Das hat man alles erst hinterher erfragt. Beim Hitler hat's geheißen: Diese muss man fertigmachen! Die Behinderten! Ich habe mir halt immer gedacht, die werden auch vergast worden sein oder so etwas. Da waren Nachbarn, Angerer hat man die geheißen, von denen ist auch einer nicht zurückgekommen. Wie alt ist der vermutlich gewesen? Vielleicht 25, 30. Der war immer auf dem Balkon und ich habe ihm vom Fenster aus zugeschaut. Solange die Eltern dabei waren, ging es denen noch gut. Dann ist die Familie ausgewandert und als sie zurückgekommen sind, hat der gefehlt. Da habe ich mir gedacht: Ja, mit denen ist der Hitler abgefahren! Wie mit den Juden. Das ist schon auch traurig, dass sie die Juden in Südtirol zusammengenommen haben. Da sind vielleicht unsere Leute schon auch ein bisschen schuld gewesen. Weil sonst hätten sie nicht gewusst, wo die alle sind!

Damals, 1943, haben wir geheiratet. Wir haben schon von allem ein bisschen gehabt, aber kleine Pfannen und kleine Häfen zum Kochen haben gefehlt. In den Läden gab es nichts mehr, die Regale waren alle leer. In Meran habe ich eine gute Bekannte gehabt, mit der bin ich dort solche Sachen suchen gegangen. Da waren die Türen offen! Es war nichts da, nirgends. Wir sind die Hauptstraße entlanggegangen und da stand wieder eine Türe offen von einem Geschäft. Und ich sehe Leute drinnen! Sonst waren auch keine Leute mehr in den Geschäften. In diesem Geschäft ist alles verkauft worden: kleine *Reindln*, kleine *Häfen*, kleine Schüsseln. Alles habe ich bekommen. Was ist gewesen? Dieses Geschäft hat einem Juden gehört. Diesen Juden haben sie am Tag zuvor weggebracht! Unten in Meran haben sie alle Juden zusammengenommen – weg! Jetzt in der Zeitung habe ich gelesen: Die sind nach Innsbruck und von Innsbruck sind die meisten dann nach Braunschweig [vermutlich eher Auschwitz. In Braunschweig gab es ein Außenlager des KZs Neuengamme für Zwangsarbeit für die Rüstungsindustrie, aber kein Tötungslager] gekommen und sind dort vergast worden! Das Geschäft eben hat diesem Juden gehört, und alles ist verkauft worden. Ich habe halt Glück gehabt, dass ich da diese Sachen gekriegt habe.

Karl Pobitzer, Schlanders, Grundschullehrer und
Mitarbeiter in der Schulverwaltung
geb. 1918 in Schleis/Mals, Dableiber

Die Dableiber sind im September 1943 dann auch noch einberufen worden, wie alle anderen. Es hing viel vom Ortsgruppenleiter, also von den Nazis, die im Ort das Sagen hatten, ab, wie man die Dableiber behandelt hat. Das war sehr persönlich. In manchen Orten waren sie sehr freundlich, in manchen Orten waren sie gegenüber den Dableibern schon nicht gerade korrekt. Aber es hat wenige Ortschaften gegeben, das muss man auch wieder zugeben, wo die Nazis jemanden ins KZ geschickt haben. Meinen Vater haben sie auch ein paar Tage eingesperrt, aber dann wieder heimgeschickt. Sie brauchtes ihn wegen des Lodens, den er verarbeitet hat. Und so viel Propaganda hatte er nicht gemacht, er hat halt gesagt: „Ich bin nicht einverstanden! Ich kann den Hitler nicht leiden, weil er seine Generäle erschossen hat, und ein Mann, der die Generäle erschießen lässt, ist kein Führer!" Dieses Argument hat er immer gegen Hitler gehabt. Bei der Option hat es geheißen, jeder Sohn von denen, die hinaus wählen, bekommt einen Hof. „Ich habe in ganz Deutschland nie einen leeren Hof gesehen", hat mein Vater da gesagt. Er war viel herumgekommen und hatte auch viele Freunde in Deutschland.

'43 ist er dann acht Tage lang eingesperrt worden. Das waren die Verwandten selber, die gesagt haben: „Den ‚Farber'" – meinen Vater – „muss man einsperren, damit er den Mund hält!" Weil er halt ein sehr kritischer Mann war. In unserer Verwandtschaft waren alle vertreten, auch die führenden Nazis waren aus unserer Verwandtschaft: Der Garber Peppi zum Beispiel war in Mals ein Begriff, der hat großen Einfluss gehabt. Als die Deutschen einmarschiert sind, haben die Nazi-Anhänger zuerst einmal jubeln müssen und danach hätten sie den Vater zwei Mal holen wollen, aber die Leute haben nicht gehorcht und sind nicht hingegangen. Mein Vater hatte nämlich großes Ansehen, er hat den Leuten immer viel geholfen. Aber dass sie ihn danach tatsächlich eingesperrt haben diese acht Tage, hat ihn den Lebensnerv gekostet Er hat immer gemeint, dass er Gutes getan hat, aber da hat er erfahren, dass das auch nichts hilft.

Karl Tarfusser, Nals, Landwirt
geb. 1926 in Nals, Dableiber

Einmal sind wir nach der Panzerfahrschule von Berlin wieder zurück nach Paderborn und über Österreich runter. In Linz mussten wir drei Tage auf die Weiterfahrt warten und einmal, einen Tag lang, mussten wir rübergehen, in Mauthausen Wache halten. Ich bin da dabei gewesen, als Wache einfach, im Konzentrationslager. Ein paar Posten bewachen und drinnen spazieren gehen vor allem. Das war verheerend! Ja, weil die Leute haben nichts mehr gewogen. Die sind derart mager gewesen, mager und zusammengefallen. Nicht zu beschreiben, wie die ausgesehen haben. Von Zeit zu Zeit haben sie Isolatoren eingeschaltet beim Zaun – da sind überall oben Isolatoren gewesen, mit Strom. „Schaut rüber, wie sie *Zitter* spielen", haben sie gesagt, wenn immer wieder einmal einer gehangen ist drüben am Zaun.
Es sind oft solche im Lager gewesen, wo die Eltern ... oder weil es Juden gewesen sind. Die Juden können ja nichts dafür, dass sie als Juden geboren sind. Oder die Frau, wenn sie einen Juden geheiratet hat, ist der Mann weggekommen, den hat sie nie mehr wieder gesehen. Die Frau ist auch ins Konzentrationslager gekommen, was hat denn das für einen Sinn gehabt? Die hat ja nicht gewusst, warum sie drin ist. Und die Männer – die haben nichts angestellt. Es hat geheißen, die ganzen Juden von Deutschland müssen verschwinden, sonst tut er sie internieren. Das hat er dann gemacht, das hat aber niemand geglaubt, dass er so langsam mit allen *abfahren* wollte. Sechs Millionen ist doch ziemlich eine Masse. Sechs Millionen Juden, die hat der Eichmann auf dem Gewissen. Ja, ich bin einmal da drinnen gewesen und habe genug gesehen gehabt.

Robert Lageder, Kastelruth, Koch
geb. 1927 in Tagusens/Kastelruth, Optant, nicht ausgewandert

Das waren wenige, die sich freiwillig gemeldet haben. Das waren am Anfang vielleicht ein paar Fanatische, nicht mehr. Manche haben sich versteckt, und die haben auch nichts zu feiern gehabt. Deserteure hat es auch gegeben. Drüben haben wir einen gehabt, der war schon eingerückt, dann ist er abgehauen. Der hat das aber nicht ausgehalten, den Winter auf der Alm und sich vor allen zu verstecken. Er hat sich dann freiwillig gemeldet und ist nach Innsbruck ins Lager gekommen. Da musste er Minenbomben entschärfen, das hat er nach dem Krieg auch noch gemacht, Bomben entschärft, drüben in Tagusens, so Blindgänger. Das hat er können. Sonst hat ihm nichts gefehlt. So schlecht ist es ihnen auch nicht gegangen, wie manche getan haben. So war es eben.

Magdalena Altstätter, geb. Künig, Schwaz,
Hausfrau, Haushälterin am Bauernhof des Vaters
geb. 1935 in St. Peter/Ahrntal, Optantin

Die Auswanderung war eine Reise ins Ungewisse und wir waren traurig. Wir waren zuerst in Innsbruck, im Gasthaus Goldener Stern in Hötting. Gekauft hat der Vater einen Bauernhof in Achenkirch. Es war ein großer Hof, aber desolat bis zum Gehtnichtmehr. Wir waren enttäuscht, entsetzt. Es war ein desolater Bauernhof, den die Deutsche Umsiedlungstreuhandgesellschaft uns übergeben hat. Also mein Vater hat schon dafür zahlen müssen. Den Hof haben sie einem Juden enteignet. Ein gewisser Hörger hatte den Hof gekauft gehabt und dann haben sie ihn enteignet, die Deutsche Umsiedlung. Nach dem Zusammenbruch hat der Jude, der nun in London war, den Anspruch gestellt, dass er das Haus wieder zurück will. Mein Vater kannte in Innsbruck einen gewissen Rudolf Schlesinger [Obmann des Gesamtverbandes der Südtiroler mit Sitz in Innsbruck], der sich für die Südtiroler eingesetzt hat, mit dem hat er sich unterhalten und ihm das Leid geklagt. Der hat das alles in die Hand genommen und sie haben dann mit dem Juden Korrespondenz geführt. Der war eigentlich ganz nett. Er hat Geld verlangt, wollte Wiedergutmachung. Er hat eben seine Ansprüche gestellt nachher. Wie der zu dem Hof gekommen ist, das weiß ich bis heute nicht. Der wird da vielleicht sein Geld angelegt haben oder was. [sic!] Das war ein umgänglicher Mensch, so eigentlich. Ja, Hörger, das steht heute noch auf dem Haus oben. Er hat uns wirklich einen guten Preis gemacht, und dann hat der Vater viel, viel Holz heruntergeschlagen, damit er das zahlen konnte.

Erich Innerebner, Lana, Regisseur
geb. 1932 in Meran, Optant, nicht ausgewandert

Wir haben immer in der Gasse gespielt, ich hatte so einen Roller. Da waren drei, vier Buben und auch zwei Mädchen. Ein einziger Bub war da, das war ein Judenkind, der war gleich alt wie ich, und alle haben „Judenbengel" zu ihm gesagt. Meistens ist er dann weggelaufen. Er mochte mich einfach, und ich mochte ihn. Er war ein sehr kluger, sehr lieber, netter Mensch. Die Familie hat im letzten Stock gewohnt und er hat mich manchmal mit hinaufgenommen. Es waren sehr vermögende Leute, der Vater war ein Arzt und sie war eine sehr feine Dame, ein wunderschönes Haus. Auf einer Konsole stand ein Reiherpaar, das hat mich besonders fasziniert. Die waren mindestens einen halben Meter hoch, aus Silber, zwei Reiher, die den sogenannten Balztanz machen. Ich hatte sowas noch nie gesehen. Ich bin immer davor gestanden und hab mir das angeschaut. Er hatte viele Spielsachen und schöne Bücher. Eines Tages, das war dann im '43er-Jahr, hat mich seine Mutter hinaufgerufen. Da waren die ganzen Möbel bedeckt, alles war zusammengepackt, viele Koffer. Sie hatte geweint und der Bub, Burschi hieß der, stand in einer Ecke und war auch ganz verweint und sie hat gesagt: „Also, Erich, wir haben dich geholt, weil der Burschi möchte sich von dir verabschieden. Wir müssen morgen fort." Er ist hergekommen, hat mir die Hand gegeben, mich aber nicht angeschaut. Sie hat gesagt: „Der Erich hat immer so gern dieses Buch gehabt, das habt ihr immer zusammen angeschaut." Das war eine Pharaonengeschichte, ein Krimi aus der Pharaonenzeit, das hat uns immer sehr amüsiert. Sie hat gesagt: „Burschi! Hol es und schenk es ihm." Ich sehe noch, wie er so den Kopf schüttelt und sie dann sagt: „Geh! Hol es und schenk es ihm!" Dann ist er mit dem Buch gekommen und hat es mir geschenkt. Das hab ich heute noch.

Anfang der 1950er-Jahre bin ich mit einem Schulkameraden in ein großes Meraner Speditionshaus gegangen, weil dort dessen Vater gearbeitet hat. Da kamen wir in einen Saal, ich hab so etwas noch nie gesehen: Da waren Hunderte von wunderbaren Möbelstücken und Teppichen, große Luster und ein großer, großer Tisch mit Silberschalen, mit Silberkannen und allem, und am Ende stand mein Reiher. Ich bin dann heim und hab das der Mama erzählt. „Ja, den Burschi wirst du nie wieder sehen", hat sie gesagt. Die Juden mussten alles verkaufen und da haben einige Leute davon profitiert – logischerweise.

Marialuise Mahlknecht, geb. Oberrauch, Meran, Arbeit im Textilgeschäft
geb. 1924 in Bozen, Dableiberin

Ich war vorher noch bei einer Tante in Düren. Dort bin ich am 28. August '38 eingeschult worden, ich kam in die Obertertia. Da hab ich schon mitbekommen, wie die Nazis arbeiten. Im November, am 9. November '38, habe ich selbst am Schulweg erlebt, wie die Synagoge gebrannt hat. In der Früh auf dem Weg zur Schule waren acht Lampen um die Synagoge herum aufgestellt, so Feuerstellen, die wurden dort in die Synagoge hineingeschoben. Ich hab zu meiner Freundin gesagt: „Warum ruft man denn nicht die Feuerwehr?". Wie wir dann um ein Uhr von der Schule zurückkamen, war bereits nur mehr ein Schutthaufen übrig. Das hat mich schon als Kind so beeindruckt. Warum das passiert ist, wussten wir ja gar nicht. Wir wussten nicht, wer da so bös war, dass das ein Politikum war. Ich war, wie gesagt, bei einer lieben Tante, die wusste von der Politik auch nicht viel. Der Onkel, der war Rechtsanwalt, aber der hat nichts gesagt. Der hat überhaupt wenig gesprochen.

Franz von Walther, Bozen, Journalist und Koordinator
der deutschsprachigen Programme des RAI-Senders Bozen
geb. 1933 in Bozen, Dableiber

Wir waren während des Krieges oben in Oberbozen auf dem Ritten und ich war Ministrant. Der Pfarrer, auch ein überzeugter Dableiber wie die meisten Geistlichen in Trient, sagt eines Tages: „Heut beten wir für diese jüdische Familie, die in Oberbozen verhaftet worden ist." Das hat er gesagt! „Die werden wahrscheinlich nicht mehr zurückkommen." Er hatte auch gewisse Vorbehalte. Aber jedenfalls hat er für sie gebetet. Erwähnenswert ist vielleicht, dass eine Nichte von den Juden von einem SOD-Mann aufgenommen worden ist. Die haben das Kind sozusagen adoptiert und dadurch gerettet. Die wär sonst natürlich mit nach Auschwitz gekommen. Das hat man dann schon irgendwie mitgekriegt. Auch der Dr. [Wilhelm Alexander] Loew [auch Loew-Cadonna], der Rechtsanwalt, war in Oberbozen und ist dann von einer Abordnung verhaftet worden. Dann haben sie ihn ... haben sie ihn ... Er ist danach an Hunger gestorben, weil er auch eine Magenerweiterung gehabt hat. Das war schon ... das war ... Natürlich, das Ausmaß der Morde in den KZs hat man nicht gekannt. Aber dass man mit den Juden, dass sie da ... das war schon irgendwie ... Die bekannten Juden sind alle weggekommen.

Italienerinnen und Italiener

„Die haben ja auch nicht gewusst, wo sie hinkommen. Die haben sich ja auch nicht wohlgefühlt bei uns da. Aber ja, was willst du denn tun?"

Anton Rinner

Abbildung Seite 236:
Die deutsche Minderheit nahm die neuen italienischen Mitbürger häufig nur in Form von Besatzern in den Dörfern, als Beamte, Militärs oder Polizei wahr. Im Zuge der Ansiedlung von Industriebetrieben wurden allerdings tausende Arbeiterinnen und Arbeiter aus dem Süden in den Norden gelockt. Für sie wurden eigene Siedlungen, die *Semirurali*, in der Peripherie von Meran und Bozen errichtet, wie hier in einer Aufnahme von 1939 Gebäude in Bozen. Kontakt zwischen den Sprachgruppen gab es lange Jahre aber kaum.

Abbildung Seite 237:
Von den *Semirurali* stehen heute nur noch wenige, die meisten Gebäude mussten neuen, größeren Bauten weichen. Für eine Aufarbeitung der Geschichte der *Semirurali* und gleichzeitig für den Erhalt eines der Häuser als Dokumentationszentrum bemüht sich eine Arbeitsgruppe im Bozner Stadtarchiv. Auch die Aufarbeitung dieser Geschichte setzte erst zu einem Zeitpunkt ein, als es beinahe zu spät war, um in Ermangelung anderer Archivmaterialien Zeitzeuginnen und Zeitzeugen der ersten Generation zu finden.

Im Zuge der Integration Südtirols in den italienischen Staatsverband wanderten bereits in den 1920er-Jahren Italienerinnen und Italiener aus dem Süden in die neue Provinz aus. Die ehemals habsburgische Beamtenschaft wurde ebenso durch regimetreue Funktionäre ersetzt wie die Belegschaft von Eisenbahn und Post. Erst mit der neuen Entnationalisierungstaktik des Regimes ab Ende der 1920er-Jahre kam es im Zug der *conquista del suolo* allerdings zu einem massiven Zuzug von italienischen Arbeiterinnen und Arbeitern für die neu entstehende Industrie in der Peripherie von Bozen und Meran. Einzelne, ebenfalls meist aus ärmlichen Verhältnissen stammende Familien kamen auf die von der *Ente di Rinascita Agraria per le Tre Venezie* übernommenen Höfe. Von ihnen gibt es wenig Berichte über fanatische Parteianhängerschaft, und die Einheimischen erkannten oft schnell, dass es sich um ebenso einfache und arme Menschen handelte, wie sie selbst es waren. Die Italienerinnen und Italiener, mit denen die deutschsprachige Minderheit außerdem in Berührung kam, waren vor allem die Beamtenschaft, das Lehrpersonal und die Carabinieri. Vereinzelt gab es auch schon italienische Touristinnen und Touristen, die ihren Urlaub in den Bergen verbrachten. In der Erinnerung der Zeitzeuginnen und Zeitzeugen ist der Kontakt mit diesen Zugewanderten daher auch bei Weitem nicht immer konflikthaft, manchmal gab es auch freundschaftlichen Austausch, und die eine oder andere Ehe zwischen den Sprachgruppen wurde auch damals schon geschlossen. In Erinnerung geblieben ist den Menschen auch die illegale Vertreibung italienischer Soldaten und Carabinieri im Zuge des Einmarsches der Deutschen nach dem 8. September 1943, auch wenn die Details dieser Ereignisse bis heute nur impliziert und nicht direkt angesprochen werden.

Natalia Notburga Piazzi, geb. Stricker, Lana,
während des Krieges Textilarbeiterin in Österreich, dann Hausfrau
geb. 1934 in Lana, Rücksiedlerin
Eine Schwester ist dageblieben, die hat einen Carabiniere geheiratet. Da waren zwei, drei Freundinnen, die haben immer mit den Carabinieri ein Gschmusi' [Techtelmechtel] gehabt, und die Schwester ist halt bei einem geblieben. Den

Vater hat das geärgert, und wie! Er wollte nicht die Unterschrift dazu geben, dass sie dableiben kann. „Die muss hinaus, weg!", hat er gemeint. Nur die Mama hat immer wieder Stellung bezogen und gesagt: „Schau, es ist ein Kind da, da kannst du nichts mehr tun." Die Schwester ist dann nach Rom gekommen, und als der Krieg aus war, ist sie auch einmal zu Besuch gekommen. Dafür hat sie einen Haufen Papiere machen müssen, Visum und alles, damit sie überhaupt über die Grenze durfte. Wir sind schon in Verbindung geblieben.
Meine Mama hat sich aber auch viel geärgert, die ist durch die Beziehung der Schwester mit dem Carabiniere in Schwierigkeiten gekommen. Die Carabinieri, kann ich mich erinnern, wollten die Mama mitnehmen, warum kann ich mich gar nicht mehr genau erinnern. Die waren so aufgehetzt. Ich weiß noch, dass wir Kinder geschrien haben. Die werden schon gemerkt haben, dass meine Eltern von den Italienern nicht so viel hielten. Sonst wären wir, von der Mama aus, eigentlich nicht hinaus, aber der Vater ...

Pater Hermann Gasser, Fügen/Zillertal, zuvor Knecht, dann Pater
geb. 1932 in Brixen, Optant

Wir Kinder lebten ja sehr viel auf der Straße, in einer Stadt wie Brixen ist das normal. Wenn man die Wohnung verlässt, ist man auf der Straße. Wir hatten dort natürlich auch italienische Spielkinder, sodass es für uns kein besonderes Problem war. Wir wurden auch in keiner Weise beanstandet, weil wir deutschsprachig waren. Ansonsten musste ich viel Wein tragen, hinaus zum Bahnhof, weil mein Vater die Holzverladearbeiten am Bahnhof überhatte und die italienischen Arbeiter halt Chianti brauchten. Das war auch so eine Erfahrung, aber sonst gab es eigentlich nichts Besonderes. Weil Mussolini die Absicht hatte, möglichst viele Italiener anzusiedeln, gab es die in Brixen, ansonsten war Brixen ja deutsch. Die Einwohner waren Deutsche, also Südtiroler. In der Arbeiterklasse gab es dann eben dadurch schon viele Italiener. Aber Konflikte gab es eher nicht. Ich erinnere mich an einen Mann im Bahnhof, der hieß Giacomo und der sprach immer zu meinem Vater: „Du bleiben hier, du nicht gehen Deutschland!" Die vertrugen sich sehr, sehr gut. Das Bahnhofspersonal war ja zur Gänze italienisch. Es gab dennoch nie Reibereien. Nein. Obwohl mein Vater praktisch nicht Italienisch konnte und mich immer anstellte, die Frachtbriefe auszufüllen.

Elisabeth Plattner, geb. Hafner, Jenesien, Landwirtin
geb. 1925 in Mölten, Optantin, nicht ausgewandert

Das Haus unter uns war eine Kaserne, da waren zu der Zeit 30 Carabinieri stationiert. Die kamen in der Optionszeit von überall her und wurden dann irgendwo in Südtirol stationiert. Leute haben sie offenbar genug gehabt. Als Italien dann zusammenbrach und im September 1943 der Hitler kam, da ist es denen nicht so gut gegangen. Bei uns daheim hatte ein Carabiniere, ein Maresciallo, eine Wohnung, weil der eine Familie hatte, die er in der Kaserne nicht haben konnte. Zuerst hat er im Dorf gewohnt und das ist nicht so gut gegangen, dann hat er gefragt, ob er nicht da bei uns wohnen kann mit der Frau und einem Kind. Ich erinnere mich noch, wie sie gekommen sind, die SOD, und ihn abgeführt haben. Die Carabinieri haben sie alle interniert. Die Männer wurden vom SOD zusammengetrieben, ja man hat gesagt, sie haben sie um den Salten herumgetrieben. Manche hätten sich eher unmenschlich verhalten mit den Carabinieri.

Die Frau vom Maresciallo ist schon etwas früher weg. Ich kann mich noch gut erinnern, sie hat gesagt, sie geht jetzt mit ihrem Kind heim. Sie werden's schon geahnt haben. Sie hatte so eine „Kopertdecke" [vermutlich: coperta = Decke] gehabt, die ihre Mutter von Hand gehäkelt hatte – die Sizilianer können solche Handarbeiten. Und sie wollte von mir, dass ich ihr die Decke abkaufe, damit sie Geld hat heimzufahren. Fünf Lire, mein ich, hat sie gekostet und ich hab grad so viel gehabt. Dann hab ich ihr halt die Decke abgekauft und sie ist weg gewesen, heim runter nach Sizilien. Von ihr hab ich nie wieder etwas gehört. Der Carabiniere, der Maresciallo, hat uns eine Tasche zum Aufbewahren gegeben. Wir haben immer gesagt: „Was wird denn mit der Tasche sein?" Wir hatten sie ins Unterdach raufgestellt. Und dann nach dem Krieg ist er wirklich gekommen, die Tasche holen! Mit seinen Sachen, die er reingetan hat.

Notburga Scherlin, Erl/Tirol, Mitarbeit in Hotelbetrieb
geb. 1928 in Kastelruth, Optantin

Unsere Mutter, wir haben natürlich auch Geld gebraucht, hat immer die Stube vermietet. Da wohnte eine Mutter mit Tochter – Italiener. Wir Kinder hatten eine Wut, dass wir in die Stube nicht hineindurften. Wenn sie das Fenster offen hatten, haben wir Geschwister – der Gottfried, die Liesl und ich – als Kinder immer Steckelen in die Stube hineingeschmissen, und die Italiener haben geschimpft. Aber wir haben sie nicht verstanden, weil wir nicht Italienisch konnten. Dann hat die Italienerin die Polizei geholt und wir haben uns auf dem

Heustock versteckt. Aber der Polizist war auch wieder so nett, der hat uns dann nicht gefunden. Am nächsten Tag ist er wiedergekommen, da waren wir natürlich da. Er hat uns an den Ohren gezogen und gesagt: „Das dürft ihr nicht mehr machen." Also ganz ordentlich, gell?

Der Film „Verkaufte Heimat" hat mir nicht gefallen. Ich weiß nicht, der war mir ein bisschen zu radikal. Ja, ich hätte ihn anders, ich hätte ihn feiner gemacht. Der [Felix] Mitterer hat das ein bisschen zu grob gemacht. Der hat die Italiener schon ein bisschen heruntergemacht. Wir haben keine solchen Erfahrungen gemacht, nein, die waren eigentlich so ganz nett. Ich hab eine Wohnung in Kastelruth und hab da Nachbarn. Das ist so ein Schlossbauernhof, Laranz heißt der, und da wohnt ein Sizilianer. Der hat sich in ein Madl verliebt und ist geblieben, und der ist ganz nett. Naja, wir sind ja christlich erzogen und menschlich. Wenn einer dir nichts in den Weg legt, dann kann man ihn auch nicht verurteilen.

Anton Rinner, Tramin, Kellermeister
geb. 1925 in Meran, Optant, nicht ausgewandert

Die Italiener haben dann alles Angestellte aus den *walschen* Provinzen hergetan, auf die Gemeinde und überall. Sogar der Mesner hat gehen müssen. Der hatte eine Familie mit sechs oder sieben Kindern. Auf den Tag hat ihn der Pfarrer entlassen, weil er für Deutschland optiert hat. Dann ist ein *walscher* Mesner gekommen, das hat den Leuten auch wieder nicht gepasst. Obwohl es ja arme Leute gewesen sind, die Italiener. Die haben auch nicht gewusst, wo sie hinkommen, die haben sich nicht wohlgefühlt bei uns da. Aber was willst du denn tun? Die sind da gewesen und haben sich alle langsam eingewöhnt mit unseren Leuten – vor allem die Kinder. Also Fanatische sind es keine gewesen, das sind alles arme Leute gewesen, von so einem Tal hinten heraus, wo alle ganz arm gewesen sind. Sie sind halt da hergekommen, haben einen Posten gekriegt und sind dageblieben.

Johann Weissenegger, Völs am Schlern, Landwirt
geb. 1933 in Völs am Schlern, Dableiber

Ein Nachbar von uns war ein Italiener, die sind '37 auf einen Hof hergekommen, den die *Ente [di Rinascita Agraria per le Tre Venezie]* übernommen hatte. Die kamen von Padua herauf. Mit Sandalen sind die auf diesen Hügel hinaufspaziert und hatten keine Ahnung, was das ist. Die hatten eine ganz andere Kultur. Auf ihrem Hof drüben – wir wohnten so 100 Meter weit weg – gab es einen Garten und die Mauer haben sie als Abort benutzt. Das hat man von uns aus gesehen! Wir hatten einen Knecht, der hat das dann in Völs überall herumerzählt: „Beim Frost", so heißt der Nachbar, „da gehen sie hinaus wie die Bienen und stellen den Hintern auf."

In der Familie waren sieben Kinder, bei uns waren es später auch sieben. Einer war gleich alt wie ich, mit dem bin ich in die Schule gegangen. Unser Vater war krank und hat mich oft angestellt, die Steuern einzuzahlen. Ins Gasthaus oben ist immer ein Beamter von Kastelruth gekommen, um zu kassieren. Ich hab dem Nachbarsbub erzählt: „Ich muss jetzt Steuer einzahlen gehen." Und er hat geantwortet: „Ja, wieso Steuer zahlen? Bei uns der Vater kriegt Geld, nicht zahlen!" Sie haben Geld gekriegt, Unterstützung, denn die haben *Ente*-Höfe gehabt. Die kriegten Geld und wir haben zahlen müssen.

Wir haben auch allerhand gespielt und geredet, oft so und oft anders. Also mal Deutsch, mal Italienisch. Die Kinder haben schon ein bisschen *Daitsch* und *Walsch* geredet. Wir haben uns aber gut verstanden mit denen, auch mit den Eltern. Ich bin wie mein Bruder in die italienische Schule gegangen und hatte ja Italienisch gelernt. Meine Mutter ist Ende der 1920er-Jahre in die Landwirtschaftsschule in Dietenheim gegangen, und die ist ja damals schon halb italienisch, halb deutsch gewesen. Der Vater hat auch so ein bisschen Italienisch können.

Südtirolervereine

„Er hat natürlich sofort erkannt, dass das ganze System dermaßen kompliziert ist, dass man sich für die Leute einsetzen muss, weil die Leute sonst Schaden erleiden würden."

Hilde Gartner

Abbildung Seite 244–245:
Fur die Ausgewanderten wurden die überall eingerichteten Südtirolervereine zum zentralen, nicht nur emotionalen Treffpunkt. Sie waren für die Organisation von Veranstaltungen zuständig und garantierten dadurch den Weiterbestand der aus dem Heimatland mitgebrachten Kultur. Daneben kam ihnen jedoch zunehmend wichtige Bedeutung im Rahmen der Abwicklung von Formalitäten zu, zunächst in Staatsbürgerschaftsfragen, danach in Pensionsangelegenheiten. Mittlerweile engagieren sich hauptsächlich die Nachkommen der Ausgewanderten in den Vereinen, ihre zukünftige Ausrichtung ist allerdings ungewiss.

Für die Ausgewanderten erhält dieser Erinnerungsort einen ganz besonderen Stellenwert. Die überall gegründeten Südtirolervereine erfüllten bald eine zweifache Funktion: Sie waren Interessenvertretung und Hort der Gemeinschaft zugleich. Wenn es um Angelegenheiten der Staatsbürgerschaft ging, betrieben sie aktive Tagespolitik. So bedurfte die Frage der Einbürgerung der Umgesiedelten in Österreich erst einer innenpolitischen Klärung, denn auch hier wurden die Staatenlosen zum politischen Spielball. Der administrative, politische und juridische Dschungel, der aus dem grundsätzlichen Wunsch der österreichischen Verwaltung zur Abschiebung der bereits Zugewanderten erwuchs, war für die Betroffenen ohne Unterstützung nicht zu bewältigen. Auch in Deutschland oder Luxemburg war das Erlangen der Staatsbürgerschaft zunächst vorrangiges Ziel. Die Südtirolervereine wurden somit zum verwaltungstechnischen Bindeglied, wenn es um Rückoption, Nicht-Rückoption, Einbürgerung und später dann um die Pensionsabgleichungen zwischen Österreich, Deutschland und Italien ging. Zudem hatten die Vereine eine wichtige soziokulturelle Funktion, indem sie Veranstaltungen und Treffen organisierten, die für den Austausch unter „Gleichgesinnten" besonders der ersten Generation sorgten. Legendär war beispielsweise das drei Tage andauernde „Südtirolertreffen" in Jenbach, das jeden Sommer nicht nur zahlreiche Tanzgäste, sondern auch viel Prominenz anzog.

Für die zweite und nachfolgende Generation waren die Südtirolervereine in anderer Hinsicht von Bedeutung. Besonders die Ausgewanderten erlebten den Bruch der traditionellen Familien- und Generationenbande nachhaltig und konnten oder wollten gerade deshalb nicht mit ihren Nachkommen über die dramatischen Optionsereignisse sprechen. So erfuhren diese oft erst im Rahmen der Treffen der Südtirolervereine oder aus Nachlässen der Eltern von den historischen Zusammenhängen und von Teilen ihrer Familie, die in Südtirol geblieben waren.

Hilde Gartner, Schwaz, Bankangestellte
geb. 1924 in Welschnofen, Optantin

Mein Papa hat 1947 in Schwaz den Südtirolerverein gegründet und mich hat er gleich dazu als Schriftführerin eingestellt. Damals hab ich keine Freude gehabt, aber dann, ich war schon 23 Jahre alt, denk ich, hat er Recht gehabt. Der Dr. Rudolf Schlesinger, ein Rechtsanwalt, der seinerzeit in Bozen eine Kanzlei geführt hatte, hat den Südtirolerverband von Innsbruck gegründet. Das war der erste in ganz Tirol. Das hat sich dann sofort auf die Bundesländer ausgebreitet. Die Leitstelle war immer in Innsbruck, das ist bis heute so.

Ich wurde zur Schriftführerin. Mein Papa hat nur gesagt: „Du, also das ist dein Geschäft!" Da ist nicht lang gefragt worden, das war eine Selbstverständlichkeit. Ich hab auch vom Dr. Schlesinger 1966 die einzige Auszeichnung in Tirol gekriegt, und ehrlich gesagt, war das damals für uns eine Ehrensache. Mein Papa hat natürlich sofort erkannt, dass das ganze System dermaßen kompliziert ist, dass man sich für die Leute einsetzen muss, weil die sonst Schaden erleiden würden.

Franz Trebo, Innsbruck, gelernter Maler, dann Fräser
geb. 1926 in Enneberg, Optant

Ich war in Bregenz seit der Gründung vom Südtirolerverband im 46er-Jahr Mitglied. Als wir dann nach Innsbruck sind, bin ich da gleich wieder zum Verband dazugegangen. Es gab in Innsbruck seit 1907 einen Verein der Vinschgauer. Das war ein rein sozialer Verein. Die Vinschgauer, die schon da waren und die es zu etwas gebracht haben, sind den Vinschgauern, die, sei es zum Arbeiten, sei es zum Studium rausgekommen sind, beigestanden. Die Vinschgauer Studenten haben bis nach dem Zweiten Weltkrieg zu einer Vinschgauer Familie Mittagessen gehen können. Das war das eine. Das andere: Eine ganze Gruppe Südtiroler ist nach Luxemburg rausgekommen. Da hat man unterm Hitler Luxemburger Bauern enteignet und hat Südtiroler Familien hingebracht, die dann diese Höfe gekriegt haben. Eine Frau lebt noch von denen, die in Luxemburg waren. Die haben während des Krieges dort schon einen Verein der Südtiroler gegründet, diese Frau hat mir noch den Ausweis gezeigt vom damaligen Verein.

In Österreich hat man erst ab 1946 die Verbände gegründet. Das war notwendig, weil da war vieles unklar. Die Südtiroler haben Deutsch gewählt, jetzt waren sie mehr oder weniger zwischen zwei Stühlen. Die Österreicher haben verlangt, dass man zuerst wieder die italienische Staatsbürgerschaft annimmt und dann um die österreichische ansucht. Das war ein bisschen ein blöder Schachzug der Österreicher, weil die hätten ja wissen müssen, dass die Südtiroler nicht freiwillig Italiener geworden sind nach dem Ersten Weltkrieg. Aber so war das jedenfalls und da war es aus sozialrechtlichen Gründen notwendig, diese Verbände zu gründen, damit sie bei der Regierung vorstellig werden. Das kann man natürlich nur, wenn eine stärkere Gruppe hinter dir steht. Dort, wo Südtirolersiedlungen gebaut worden sind, sind dann Zweigvereine gegründet worden. In Tirol war das in Landeck, Imst, Telfs, Kematen, Innsbruck, Hall, Schwaz, Jenbach, Wörgl, Kufstein, Kitzbühel und auch Lienz. Der Verein Innsbruck hat natürlich auch andere Aufgaben gehabt, sozusagen unmittelbar für die Leute irgendwas zu veranstalten, etwas tun. Das Administrative und Sozialrechtliche hat der Gesamtverband erledigt, das waren Zusammenschlüsse der Südtiroler in ganz Österreich. Außer im Burgenland und in Niederösterreich hat es überall Südtirolerverbände gegeben.

Am Anfang war die Option schon noch Gesprächsthema, aber das hat sich mittlerweile verloren. Bis auf einen Obmann, der hat das Thema immer angesprochen, zum Beispiel wenn die einzelnen Zweigvereine in Innsbruck zur Landesversammlung zusammengekommen sind. Da hat jeder Zweigobmann einen Jahresbericht über seine Tätigkeit vorbringen müssen. Der Jenbacher Obmann – Gott hab ihn selig –, er ist mittlerweile über 90-jährig verstorben, hat bei jeder Versammlung nur von der furchtbaren Tragödie geredet, von der Auswanderung. Einmal hat er eine Weihnachtsfeier veranstaltet, eine schöne große Feier, aber sonst war seine Aktivität gleich null. Nur das war sein Thema. Einer hat bei einer Versammlung angesichts seines Berichts gesagt: „Das kann man ja auf einem Tonbandl aufnehmen und jedes Jahr abspielen."

Marianne Tschurtschenthaler, geb. Harasser, Schwaz, Verkäuferin
geb. 1936 in Girlan, Optantin
Ein Vereinsleben haben wir nicht so gekannt, wir waren nur kurze Zeit bei der katholischen Jugend. Doch beim Südtirolerverband hat mich der Tati dann schon früh eingeschrieben. Ich bin schon seit den 1950er-Jahren dabei. Aber wir haben uns nie als Außenstehende oder als Auswärtige gefühlt. Wir waren immer dazugehörig.

Gebhard Leitinger, Schwaz, Unternehmer
geb. 1951 in Schwaz, Sohn von Optanten

Normalerweise ist es ja so, dass man die Wurzeln als junger Mensch nicht so hinterfragt. Aber als ich älter wurde, hat mich das angefangen zu interessieren. Wohl auch, weil meine Gattin ja auch Wurzeln in Südtirol hat und aus ähnlichen Beweggründen. Sie ist aus der ladinischen Kultur stammend, aus Arabba, dem Buchensteingebiet. Für uns war es immer, wenn wir über den Brenner gefahren sind, einfach ein intuitives Gefühl: Jetzt fahren wir heim hinein! Für mich als junger Bub war es immer sehr traurig, wenn die Rede auf Südtirol, auf Brixen gekommen ist – zu Hause oder auch im Gespräch mit Bekannten der Familie. Meine Mama war dann sehr traurig und hat angefangen zu weinen. Wenn ein junger Bub seine Mutter weinen sieht, ist das ein prägendes Erlebnis, und für mich war dann Südtirol etwas Heiliges. Das hat sich später natürlich relativiert, klarerweise, aber dass Südtirol etwas Besonderes für mich ist, hat sich eigentlich durch mein ganzes Leben – jetzt bin ich schon im siebten Lebensjahrzehnt – gezogen. Nachdem meine Mama 2007 gestorben ist, wollte ich eigentlich ihre Mitgliedschaft beim Verein der Südtiroler in Schwaz nicht einfach so verschwinden lassen, sondern wollte ihre Mitgliedsnummer mitübernehmen und als Mitglied eintreten. Dass es dann so gekommen ist, dass ich den Verein in Schwaz, der ja eigentlich am Boden lag, übernehmen hab können, war ein persönlicher Glücksfall. Denn jetzt im Ruhestand – ich war viele Jahrzehnte selbstständig – hab ich die Zeit und Muße, das zu tun, was ich meiner Mutter schuldig war. Aber nicht aus sentimentalen Gründen, sondern weil ich der Meinung bin, dass gerade jetzt mit der Europaregion Tirol die Zeit reif ist, geistige Grenzen abzureißen und diese Verbindungen, die über Jahrzehnte auf Sparflamme gelodert sind, wieder zu aktivieren. Ich sehe die Südtiroler in Schwaz als Botschafter Südtirols in Nordtirol. Wir sind aber auch Botschafter Nordtirols in Südtirol. Aus dem Grunde ist Südtirol für mich ein ganz wichtiges Element in meinem Leben.

Anhang

Verzeichnis der Zeitzeuginnen und Zeitzeugen

Theresia Sanin, geb. Christof: 52, 85, 107, 169, 174, 183–184, 193
Edmund Dellago: 185, 215–217
Georg Dignös: 54, 108
Johann Fischer: 101, 121–122, 165–166
Martha Ebner, geb. Flies: 92–93, 230
Hilde Gartner: 70–71, 114–115, 139–140, 248
Pater Hermann Gasser: 105–106, 117, 222–223, 240
Anna Degasperi, geb. Gius: 159–160, 176
Marianne Tschurtschenthaler, geb. Harasser: 143, 193, 249
Theodor Hofmann: 124–125
Theresia Gufler, geb. Holzknecht: 135
Erich Innerebner: 234
Erich Kobler: 115–116, 122–123, 168–169
Helmut Kritzinger: 60
Elisabeth Kronthaler: 101, 106–107, 147–148
Magdalena Altstätter, geb. Künig: 233
Robert Lageder: 126–127, 134–135, 150–151, 160–161, 192, 206, 233
Gebhard Leitinger: 249–250
Berta Meraner: 61
Paula Atz, geb. Morandell: 150, 224
Franz Müller: 123–124
Franz Oberhofer: 131–132, 156–157, 224–225
Hermann Oberparleiter: 55, 62–63, 175–176
Marialuise Mahlknecht, geb. Oberrauch: 52, 78, 191–192, 235
Elisabeth Riedl, geb. Oberrauch: 78, 191–192
Josef Peer: 76–77, 93–94, 159, 166
Johann Pfanzelter: 142–143, 157–159
Elisabeth Plattner: 61–62, 76, 84–85, 94–95, 133, 241

Karl Pobitzer: 77–78, 85–86, 125, 174, 231–232
Agnes Gius, geb. Pugneth: 108–109, 116–117, 156
Anton Rinner: 149, 242
Notburga Scherlin: 99, 241–242
Giuliana Hüttner, geb. Scherlin: 55, 59–60, 100, 208
Anna Mair, geb. Scherlin: 60–61, 100–101, 166–167
Maria Sigmund: 54–55, 109, 207
Walter Silbernagl: 62, 71, 91–92, 183
Alois Steinegger: 127, 167–168, 184
Leopold Steurer: 200–201
Regina Dodner, geb. Stockner: 70, 87, 95, 148–149, 177
Natalia Notburga Piazzi, geb. Stricker: 52, 221–222, 239–240
Berta Stimpfl, geb. Tappeiner: 67–68, 94, 169, 181–182, 192–193, 230–231
Karl Tarfusser: 68–69, 77, 149, 176–177, 182, 191, 208–209, 232
Charlotte Müller, geb. Thaler: 63, 133–134, 142, 223
Paul Thöni: 69–70, 78–79, 86–87, 143, 151
Franz Trebo: 79, 113–114, 141–142, 214–215, 248–249
Martha Verdorfer: 198–199
Franz von Walther: 52–54, 132–133, 190–191, 207–208, 235
Johann Weissenegger: 83–84, 242–243
Joseph Zoderer: 140–141

251

Abbildungsverzeichnis

Titelseite links: Abschied von auswandernden Optantinnen und Optanten am Bahnhof Brixen, Ausschnitt, Südtiroler Landesarchiv/ Bildarchiv Urban Rienzner
Titelseite rechts: Zeitzeugin Berta Stimpfl, geb. Tappeiner, während eines Interviews zum vorliegenden Buchprojekt, Institut für Zeitgeschichte Innsbruck/Vereinigte Bühnen Bozen
Rückseite: Zeitzeuge Pater Hermann Gasser, während eines Interviews zum vorliegenden Buchprojekt, Institut für Zeitgeschichte Innsbruck/Vereinigte Bühnen Bozen

S. 3: Annemarie Molling, Innsbruck
S. 46–49: Eva Pfanzelter, Innsbruck
S. 56: Südtiroler Landesarchiv/Sammlung Option - Tiroler Geschichtsverein
S. 57: Deutsches Schulamt, Bozen
S. 64–65: Entwurf von Arnold Holzknecht und Michele Bernardi. Über die tatsächliche Art der Umsetzung entscheidet eine von der Gemeinde bozen beauftragte Arbeitsgruppe.
S. 72: Südtiroler Landesarchiv/Sammlung Option - Tiroler Geschichtsverein
S. 74: Val Gardena/Gröden Marketing
S. 80: Staatsarchiv Bozen (Konzession Nr. 8 vom 14. August 2014 des Ministeriums für Kulturgüter und Aktivitäten)
S. 81: Archiv Edition Raetia, Bozen
S. 88: Ludwig Steinberger: Deutsch-Südtirol in Schmach und Schand – mit ihm das ganze deutsche Land?, München 1932 (Andrea di Michele, Bozen)
S. 89: Wikipedia (Llorenzi)
S. 96: Autonome Provinz Bozen, Amt für Film und Medien
S. 97: Eva Pfanzelter, Innsbruck
S. 102: Südtiroler Landesarchiv/Sammlung Option - Tiroler Geschichtsverein
S. 103: Othmar Seehauser, Bozen
S. 110: Südtiroler Landesarchiv/Sammlung Option – Tiroler Geschichtsverein
S. 111: Eva Pfanzelter, Innsbruck
S. 118: Südtiroler Landesarchiv/Bildarchiv Urban Rienzner
S. 119: Othmar Seehauser, Bozen
S. 128: Südtiroler Landesarchiv/Foto Excelsior - Varini
S. 129: Othmar Seehauser, Bozen
S. 136: Archiv Neue Heimat Tirol, Innsbruck
S. 137: Eva Pfanzelter, Innsbruck
S. 144: Archiv Wilhelm/Hofinger, Innsbruck
S. 145: Eva Pfanzelter, Innsbruck
S. 152: Autonome Provinz Bozen, Amt für Film und Medien
S. 153: Othmar Seehauser, Bozen
S. 162: Südtiroler Landesarchiv/Sammlung Sommavilla Romeo
S. 163: Alexander Alber, Bozen
S. 170: Regina Dodner, Milland
S. 171: Christian Mahlknecht, Klobenstein
S. 178: Helmut Alexander, Innsbruck
S. 179: Othmar Seehauser, Bozen
S. 186–187: Karikatur Peppi Tischler, Meran
S. 194: Fotocronache Olympia, Mailand
S. 195: Leonhard Angerer, Brixen
S. 202–203: Anonym (Gunther Waibl, Bozen)
S. 210: Südtiroler Landesarchiv/Sammlung Option - Tiroler Geschichtsverein
S. 211: Simon Perathoner, St. Ulrich
S. 218: Annemarie Molling, Innsbruck
S. 219: Othmar Seehauser, Bozen
S. 226: Stadtarchiv Bozen/Projekt „Geschichte und Erinnerung: das NS-Lager Bozen"
S. 227: Othmar Seehauser, Bozen
S. 236: Stadtarchiv Bozen/Projekt „Semirurali"
S. 237: Othmar Seehauser, Bozen
S. 244-245: Eva Pfanzelter, Innsbruck

Verwendete und weiterführende Literatur

Agostini, Piero/Zendron, Alessandra, Quaranta anni tra Roma e Vienna, Turin 1987.

Alexander, Helmut/Lechner, Stefan/Leidlmair, Adolf, Heimatlos. Die Umsiedlung der Südtiroler, Wien 1993.

Arbeitsgruppe für ein Museum in den „Semirurali" (Hg.), Nicht nur Semirurali, Bozen 2013², http://www.gemeinde.bozen.it/cultura_context.jsp?ID_LINK=2972&area=11, eingesehen 16.09.2014.

Astenwald, Michael, Genese, Transformation und Persistenz der Südtiroler Siedlungen in Innsbruck – Neu-Pradl. Politische, ideologische und städtebauliche Hintergründe einer Siedlungserweiterung der NS-Zeit, sowie deren Verflechtung mit Österreichs Sozialem Wohnbau von 1918–1945, Dipl. Innsbruck 2011.

Böhler, Ingrid/Pfanzelter, Eva/Steininger, Rolf (Hg.), Stationen im 20. Jahrhundert (Innsbrucker Forschungen zur Zeitgeschichte 27), Innsbruck 2011.

Bußjäger, Peter/Concin, Josef/Gerstgrasser, Karl, Die Bludenzer Südtiroler-Siedlung und ihre Bewohner. Zur Entstehung und Sozialgeschichte eines Stadtteils, Geschichtsverein Region Bludenz 1998 (Bludenzer Geschichtsblätter 43/45).

Delle Donne, Giorgio (Hg.), Incontri sulla storia dell'Alto Adige, Bolzano 1994.

Di Michele, Andrea, Die unvollkommene Italianisierung. Politik und Verwaltung in Südtirol 1918–1943 (Veröffentlichungen des Südtiroler Landesarchivs 28), Innsbruck 2008.

Di Michele, Andrea/Taiani, Rodolfo (Hg.), Die Operationszone Alpenvorland im Zweiten Weltkrieg (Veröffentlichungen des Südtiroler Landesarchivs 29), Bozen 2009.

Dietrich-Daum, Elisabeth/Kuprian, Hermann J. W./Clementi, Siglinde/Heidegger, Maria/Ralser, Michaela (Hg.), Psychiatrische Landschaften. Die Psychiatrie und ihre Patientinnen und Patienten im historischen Raum Tirol seit 1830, Innsbruck 2011.

Eisterer, Klaus/Steininger, Rolf (Hg.), Die Option. Südtirol zwischen Faschismus und Nationalsozialismus (Innsbrucker Forschungen zur Zeitgeschichte 5), Innsbruck 1989.

Erhard, Benedikt (Hg.), Option – Heimat – Opzioni. Eine Geschichte Südtirols/Una storia dell'Alto Adige, Wien 1989.

Ertl, Thomas (Hg.), Der Ötzi pflückt das Edelweiß. Bausteine Tiroler Identität, Innsbruck-Wien 2011.

Foppa, Brigitte (Hg.), Schreiben über Bleiben oder Gehen. Die Option in der Südtiroler Literatur 1945 – 2000 (Labirinti. Collana del Dipartimento di Scienze Filologiche e Storiche 67), Trento 2003.

Foppa, Brigitte, Nur net rogeln! Zum Umgang mit Option und Widerstand in Südtirol. In: *Skolast*. Zeitschrift der Südtiroler HochschülerInnenschaft 54 (2009), Heft 2, S. 74–87.

Gatterer, Claus, Schöne Welt, böse Leut. Kindheit in Südtirol, Wien 1969.

Gelmi, Josef, Fürstbischof Johannes Geisler (1882–1952): Eines der dramatischesten Kapitel der Südtiroler Geschichte, Brixen 2003.

Giacomozzi, Carla/Paleari, Giuseppe, Das Polizeiliche Durchgangslager Bozen. Geschichtlicher Überblick und Dokumente. Projekt „Geschichte und Erinnerung: das NS-Lager Bozen", http://www.gemeinde.bozen.it/UploadDocs/6715_Lager_BZ_ted.pdf, eingesehen 16.9.2014.

Grote, Georg, I bin a Südtiroler. Kollektive Identität zwischen Nation und Region im 20. Jahrhundert, Bozen 2009.

Grote, Georg/Siller, Barbara (Hg.), Südtirolismen. Erinnerungskulturen – Gegenwartsreflexionen – Zukunftsvisionen, Innsbruck 2011.

Hartungen, Christoph von/Heiss, Hans/Pallaver, Günther/Romeo, Carlo/Verdorfer, Martha (Hg.), Demokratie und Erinnerung. Südtirol – Österreich – Italien. Festschrift für Leopold Steurer zum 60. Geburtstag, Innsbruck-Wien-Bozen 2006.

Hartungen, Christoph von/Miori, Fabrizio/Rosani, Tiziano (Hg.), Le lettere aperte 1939–43: l'Alto Adige delle Opzioni, 2 Bde, Bolzano 2006.

Heiss, Hans, Von der Würde des Scheiterns: Hans Egarter 1909–1966. In: *Skolast*. Zeitschrift der Südtiroler HochschülerInnenschaft 54 (2009), Heft 2, S. 8–9.

Heiss, Hans/Pfeifer, Gustav (Hg.), Südtirol – Stunde Null? Kriegsende 1945–1946 (Veröffentlichungen des Südtiroler Landesarchivs 10), Innsbruck-Wien-München 2000.

Hosp, Inga, Hitler verkauft Südtirol. Die Option von 1939 in Erinnerung und Auseinandersetzung (Bayern – Land und Leute), München 1989.

Iblacker, Reinhold, Keinen Eid auf diesen Führer. Josef Mayr-Nusser, ein Zeuge der Gewissensfreiheit in der NS-Zeit, Innsbruck-Wien-München 1979.

Kertész, Imre, Roman eines Schicksallosen, Reinbek bei Hamburg 2002.

Kienzl, Peter, Alltagsgeschichte – die Telfer Südtiroler Siedlung: Ein Geschichts-, Lese- und Bilderbuch, das ein „Siedlunger" schreiben musste, angesichts der Schleifung der ältesten Häuser der Südtiroler Siedlung in Telfs, Telfs [2012].

Kirchler, Gebhard/Tasser, Rudolf, Die Option. Unterrichtseinheit für die Oberschule, Bozen 1989.

Magri, Lara, Le opzioni in Valcanale nel 1939 (I Quaderni del Museo 2), Malborghetto 2012.

Meier, Christian, Das Gebot zu vergessen und die Unabweisbarkeit des Erinnerns. Vom öffentlichen Umgang mit schlimmer Vergangenheit (Schriftenreihe der Bundeszentrale für Politische Bildung 1063), Bonn 2010.

Messner, Reinhold (Hg.), Die Option. 1939 stimmten 86% der Südtiroler für das Aufgeben ihrer Heimat. Warum? Ein Lehrstück in Zeitgeschichte, München-Zürich 1989.

Nora, Pierre (Hg.), Erinnerungsorte Frankreichs, München 2005.

Obermair, Hannes/Risse, Stephanie/Romeo, Carlo (Hg.), Regionale Zivilgesellschaften in Bewegung/ Cittadini inanzi tutto. Festschrift für Hans Heiss, Wien-Bozen 2012.

Ostermann, Patrick/Müller, Claudia/Rehberg, Karl-Siegbert (Hg.), Der Grenzraum als Erinnerungsort. Über den Wandel zu einer postnationalen Erinnerungskultur in Europa (Histoire Transcript 34), Bielefeld 2012.

Pallaver, Günther/Steurer, Leopold (Hg.), Deutsche! Hitler verkauft euch! Das Erbe von Option und Weltkrieg in Südtirol, Bozen 2011.

Pergher, Roberta, A tale of two borders: Settlement and national transformation in Libya and South Tyrol under Fascism, Diss. Ann Arbor 2007.

Pergher, Roberta, Staging the Nation in Fascist Italy's "New Provinces". In: *Austrian History Yearbook* 43 (2012), S. 98–115.

Pfanzelter, Eva, Die (un)verdaute Erinnerung an die Option 1939. In: *Geschichte und Region/Storia e regione* 23 (2014), Heft 1 (Themenheft „Option und Erinnerung" hg. v. Eva Pfanzelter), im Druck.

Pfanzelter, Eva, Die Südtiroler Option 1939: Rezeption, Erinnerungs- und Erfahrungsgeschichte, museale Darstellung, http://www.uibk.ac.at/zeitgeschichte/aktuelles/option_projekt_dt_engl.pdf, eingesehen 24.08.2014.

Pfanzelter, Eva, Südtirol unterm Sternenbanner. Die amerikanische Besatzung Mai–Juni 1945, Bozen 2005.

Pfeifer, Barbara, Im Vorhof des Todes. Das Polizeiliche Durchgangslager Bozen 1944–1945, Dipl. Innsbruck 2003.

Pichler, Walter, Späte Anerkennung für Deserteure. In: *Skolast*. Zeitschrift der Südtiroler HochschülerInnenschaft 54 (2009), Heft 2, S. 122–125.

Rief, Fabian, Die Südtiroler Siedlung in Reutte: die Entstehung eines Reuttener Ortsteiles im Zuge des „NS-Volkswohnungsbaus" für Südtiroler Umsiedler im Gau Tirol-Vorarlberg, ergänzt durch eine Oral History-Untersuchung, Dipl. Innsbruck 2012.

Romeo, Carlo, Hans Egarter e la ricezione della Resistenza sudtirolese in Italia. In: *Skolast*. Zeitschrift der Südtiroler HochschülerInnenschaft 54 (2009), Heft 2, S. 58–67.

Romeo, Carlo, Tirolo, Alto Adige, Trentino. Un sguardo storico/Tirol, Südtirol, Trentino. Ein historischer Überblick, Bozen 2013.

Scarano, Federico (Hg.), Tra Mussolini e Hitler. Le opzioni dei sudtirolesi nella politica estera fascista (Storia internazionale dell'età contemporanea 11), Milano 2012.

Schmid, Harald (Hg.), Erinnerungskultur und Regionalgeschichte, München 2009.

Schreiber, Horst, Nationalsozialismus und Faschismus in Tirol und Südtirol. Opfer, Täter, Gegner. Mit einem Beitrag von Gerald Steinacher und Philipp Trafojer (Tiroler Studien zu Geschichte und Politik 8), Innsbruck-Wien-Bozen 2008.

Schweitzer, Sabine, Wanderndes Gedächtnis – Wandelnde Erinnerungen. Migration und Akkulturation von Südtiroler Umsiedlerinnen und Umsiedlern, Diss. Fiesole 2002.

Solderer, Gottfried, Gell, hinter den Bergen ist Deutschland. Die Option 1939, Bozen 2009.

Steininger, Rolf, Südtirol im 20. Jahrhundert: Vom Leben und Überleben einer Minderheit, Innsbruck, Wien 1997.

Steininger, Rolf, Südtirol. Vom Ersten Weltkrieg bis zur Gegenwart, Innsbruck 2012.

Steurer, Leopold, Südtirol zwischen Rom und Berlin 1919–1939, Wien-München-Zürich 1980.

Steurer, Leopold, Überlegungen zum Widerstand der Südtiroler gegen Faschismus und Nationalsozialismus oder über die Verwechslung von „Anti-Faschismus". In: *Skolast*. Zeitschrift der Südtiroler HochschülerInnenschaft 54 (2009), Heft 2, S. 10–21.

Thaler, Franz, Unvergessen. Option, Konzentrationslager, Kriegsgefangenschaft, Heimkehr: Ein Sarner erzählt (Piper 1360), München 1991.

Ventresca, Robert A., Mussolini's Ghost: Italy's Duce in History and Memory. In: *History and Memory* 18 (2006), Heft 1, S. 86–119.

Verband Angehöriger und Freunde psychisch Kranker (Hg.), Wahnsinn und ethnische Säuberung. Deportation und Vernichtung psychisch Kranker aus Südtirol 1939–1945. Akten des Kongresses vom 10. März 1995, Bozen 2000, S. 49–54.

Verdorfer, Martha, „Das ist den Leuten durch die Propaganda so eingeimpft worden …". In: *Skolast*. Zeitschrift der Südtiroler HochschülerInnenschaft 54 (2009), Heft 2, S. 112–116.

Verdorfer, Martha, Zweierlei Faschismus. Alltagserfahrungen in Südtirol 1918–1945 (Österreichische Texte zur Gesellschaftskritik 47), Wien 1990.

Volgger, Friedl, Mit Südtirol am Scheideweg. Erlebte Geschichte, Innsbruck 1984.

Wedekind, Michael, Nationalsozialistische Besatzungs- und Annexionspolitik in Norditalien 1943 bis 1945. Die Operationszonen „Alpenvorland" und „Adriatisches Küstenland" (Militärgeschichtliche Studien 38), München 2003.

Welzer, Harald/Moller, Sabine/Tschuggnall, Karoline, Opa war kein Nazi. Nationalsozialismus und Holocaust im Familiengedächtnis, Frankfurt am Main 2002^3.